中日历史问题译丛

ある戦後
——中国と日本のはざまを生きる

直面战后
——活在中日之间的人生

〔日〕仁木富美子　著
周颖昕　译

社会科学文献出版社
SOCIAL SCIENCES ACADEMIC PRESS (CHINA)

《中日历史问题译丛》序言

2006年12月，中日两国历史学者开始了由政府间达成共识的共同历史研究工作，其目的是为了突破由于历史问题给两国关系造成的障碍。

在中日两国关系的发展中，至今仍存在一些重要的障碍。历史问题，主要是历史认识问题，则是最敏感和关键的障碍之一。作为一衣带水的邻邦，中日两国间有着两千多年交往的历史，其中以友好往来为主流。虽然这种友好往来拉近了中日两国间的距离，但近代以来由于发生了日本侵华战争那样的不幸，两国间的距离又开始拉大。当然，战争已经是半个多世纪以前的历史，问题是在冷战开始后，日本极端民族主义思潮抬头，一些人同战前一样把战争定位在"自卫战争"及"亚洲民族解放战争"的性质上，用所谓的"大东亚战争肯定论"掀起了战后为侵略战争历史翻案的浪潮。而且随着时间的推移，这种历史翻案浪潮有愈演愈烈的趋势。这一历史翻案浪潮甚至得到一些日本政治家的支持与纵容，违背了中日两国的共同利益，伤害了战争受害国人民的感情。这是造成中日两国间历史问题迟迟不能解决，以至于影响两国关系健康发展的根本原因。

不过，战后60多年来，中日历史认识问题还存在另一个侧面，那就是致力于和平与发展，消除战争带来的负面影响而进行的努力。特别是中日邦交正常化以来，为谋求两国关系的和平友好与发展，为建立和平与繁荣的东北亚，为解决历史问题，两国政府和人民已经做了大量的工作。《中日联合声明》、《中日和平友好条约》和《中日联合宣言》等政治文件，就是两国政治家付出艰辛努力的结果，也是对历史问题进行理智思考的结果。这一结果通过现在中日两国间战略互惠关系的深化得到了充分肯定，是两国关系长期健康稳定发展的基础。在这样的大背景下，对侵略战争的历史进行认真反省和谢罪的日本进步力量一直在努力。战后初期，以日本共产党为中心的左翼势力，主张从政治上彻底追究日本的战争指导者的责任并进行反省，并为此开展了十分活跃的左翼大众运动。自由主义知识分子，从民主主义的立场出发，对以军人为中心的国家及军队指导者进行了强烈批评，反省知识分子在战争中缺乏反对勇气迎合战争的态度，提出了"悔恨的共同体"概念。20世纪60年代中期以来，反对美国对越南战争的社会思潮又促使日本年轻一代思考日本对中国战争的侵略性与加害性。从80年代开始直到今天，针对日本社会始终存在的不承认侵略战争责任和否认侵略战争历史事实的言论与行动，具有正义感和历史反省精神的日本人更没有停止思考与斗争。无论从政治的立场，还是从宗教的立场、市民主义的立场及女权主义的立场，都存在对日本战争加害责任进行追究的思考与活动。这是促进中日历史认识问题解决的积极因素。

对于前一种否认侵略战争责任的历史认识，我们要毫不妥协地表明不允许对侵略战争的历史进行翻案的立场，因为这是与战争历史相关联的斗争层面的问题。当然，我们强调牢记历史的目的绝不是在延续仇恨，而是要以史为鉴、面向未来，让中日两国人民在和平的环境中世世代代友好下去。而对于日本社会思考与反省侵略战争历史的活动，则应当充分肯定其对日本社会政治、法律、伦理道德不同层面产生的影响，不过，由于不同的立场对战争责任的认识程度有所差别，表现形式千差万别，其内部有时还有十分激烈的争论，把握其整体情况并不容易。历史认识是一个复杂问题，即使在同一个国家内部，涉及地域、利益、感情等诸多因素，对某一历史问题的认识都可能存在差异；而在对战争被害与加害具有完全不同体验的两个国家的人民之间，历史认识的差异可能就更大。无论从政府间还是民众层面思考历史认识问题，都需要我们冷静看待不同国家历史发展过程中客观存在的差异性。对于战后日本在历史认识问题上存在着多元化的状况，对于不同的社会集团、不同的社会层面对历史问题认识上的差异，我们需要全面完整地了解，只有在充分了解的基础上，充分发挥积极因素的作用，才能推动共同历史研究的进展。

我们在中日共同进行历史研究过程中深切地感受到：近代中日两国各自都走过一段相当曲折的道路，深入了解对方的历史和现在的认识，依然是十分重要的任务。如果说直至近代初期，中日两国间还可以通过"笔谈""览其名胜，阅其形势，询其民物，溯其肇始，悉其沿革"，甚至一起吟诗作歌、相互唱和的话，那么，进入近代社会以来，中日之间仅用这样的交流方式则已经不可能了。特别是在思想认识方面，这种原始的交流很难实现深层的沟通。这是因为，近代的中日两国不仅在政治方面，而且在文化方面也走了不同的道路，语言文字都有"异化"的过程。面对这一现实，为了了解战后日本在历史认识方面的多元化状况，我们一定要潜下心来，深入研究对方。所以我们认为有必要在中日历史研究领域里，通过学术著作的翻译出版建立一个相互了解进而达到相互理解的平台。

第二次世界大战结束后，欧洲的民间与政府间在共同进行历史研究乃至共同编写历史教科书方面的积极努力，取得了许多令人鼓舞的成功经验。欧洲的经验证明：开展共同的历史研究与创造良好的国际政治关系是相辅相成的。当然，欧洲的实践已经进行了数十年，而东亚的实践现在刚刚开始，任务将非常艰巨。我们希望以中日共同进行历史研究为契机，通过历史学者的共同努力，特别是通过这一套丛书来逐步消除误解，深化相互理解，缩小历史认识上的差异，为发展两国关系创造有利的环境，将东亚的历史经验贡献于世界。让我们为实现这样的目标而努力。

中日共同历史研究中方委员会

2008 年 5 月

1

前　　言

　　每天都被那些必须要做的事情追赶着，无暇回顾从前，转眼间自己已这样度过了八十余年。可以说，我是在与众多的人邂逅相识后，在他们的支持下，才得以坚持活到今天的。我与他们，是超越了国界的人与人之间的交往。

　　迄今为止，我从没有对任何人说起过自己的过往。

　　现在，我在这里拿起了笔，想向那些在几亿光年的时空交错中，我有幸邂逅的人们致谢；如果通过本书，能够与生活在下一个几亿光年时空中的人们对话，那是何等愉快的事啊。我就是抱着与本书的读者——您对话的想法撰写本书的。

　　这本小书分为三大部分。

　　第一部分即第一章，说的是二战前的事情，也是我的孩提时代（包括少女时期）的事情。在这部分将简明扼要地介绍几件对我的思想和思维方式产生影响的事情。

　　第二部分即第二章，说的是日本战败前后的混乱情形。1945年5月的东京大空袭之后，我被命运抛入社会独自漂泊。这一时期的经历锻炼了我独立思考与行动的能力。我体验了农村生活，目睹了山村的贫穷。

　　1946年，我回到东京。第二次世界大战后，我的生活是从参与最初的学生运动，即"拯救海外父兄学生同盟"的活动开始的。

那以后的我，一头扎进了对人的彻底研究中，开始思考什么是学问。作为一个以日本文学研究为目标的少女，我选择了语言哲学。为了读懂索绪尔①的作品，在参加"拯救海外父兄学生同盟"的同时，我还专门去东京雅典外语学校学习。

1947 年我开始学习德语，它帮助我思考"存在"。在患有重病深感绝望的情况下，我先后学习了松尾芭蕉②（文学）和克尔凯郭尔③（哲学）、马丁·路德④（宗教）的思想。

德语让我选择了马丁·路德的道路，选择了"背着自己的十字架，追随我"。对于我来讲，意味着放弃走做学问的道路。

我离开了东京，成为一名地方教师。

第一章和第二章的时期，是为迎接我的战后生活做准备的时期。

第三章说的是自己当教师的事情。

成为教师后，我没有了为自己的事烦恼的空闲。我鼓励学生们制做他们梦想的计划，并不断地为实现这些计划，与同事和学生们共同努力。书中介绍了计划阶段、追求的过程、遇到的阻力等，虽然很简单，但我还是想具体写一下。读到这里的读者，请您在我描述的这些画面之上，构建您自己的设计图。我的画面里一个是学校场景，另一个是劳动场景。

第四章说的是日本教职员工会⑤时期的事情。

---

① 索绪尔（Ferdinand de Saussure, 1857～1913），瑞士语言学家。祖籍法国。现代语言学理论的奠基者，也是结构主义的开创者之一。——译者注，下同

② 松尾芭蕉（1644～1694），日本江户时代前期的一位俳谐师。他的作品风格表现了作者纤细的感觉，表达一种悠闲的生活态度，被誉为日本"俳圣"。

③ 克尔凯郭尔（Soren Kierkegaard, 1813～1855），19 世纪上半叶丹麦宗教哲学心理学家、诗人、现代存在主义哲学的创始人，后现代主义的先驱，也是现代人本心理学的先驱。

④ 马丁·路德（Martin Luther, 1483～1546），16 世纪欧洲宗教改革倡导者，基督教新教路德宗创始人。

⑤ 日本教职员工会（日文名为日本教职员组合，简称日教组；英文名为 Japan Teachers' Union，缩写为 JTU），成立于 1947 年 6 月 8 日，是日本最大的学校教职员工会组织，是日本工会总联合会下属的重要产业工会。

　　本书中收录了我担任日本教职员工会的妇女部部长、中央执行委员时期的论文和发言，是以国际大视野来观察事物的成果。

　　第五章说的是我退休以后的事情。

　　1989 年，我退休后，可以自由地支配自己的时间了。第五章总结了 1990～2000 年代的工作。

　　这一时期，为了搞清楚以前工作时遗留下的许多疑问，我多次访问中国，开始援助因日本的缘故陷入贫困的山区。"中国山区教育援助会"制订了以十年为一周期的援助计划，我们与近两千名援助人员一起坚持走下来。这一时期都做了些什么事情？书中图 5-2 和图 5-3 的地图可帮您确认。

　　我人生旅途的终点，回归到了图书馆。

　　1990 年代中期，我开始与"中国归还者联络会"①（简称"中归联"）接触，2002 年中归联解散时，"抚顺奇迹继承会"记录了中归联各位会员的证言，同时继续为"反战和平""日中友好"而努力。

　　中归联的财产原本分散在日本国内的 7 个地方，需要集中到一处去，由于没有找到合适的仓库，就租用了我家附近一个农机仓库的一角，将国友俊太郎希望"年轻人阅读"的这 2500 册图书，一一整理出来，成立了图书馆。作为一个用来专门思考战争与和平问题的图书馆，加上学者与其他来馆人员赠送的图书，目前该馆藏书已超过 5 万册。读者既有日本各地的，也有国外的。

　　这个图书馆以及中归联和平纪念馆，是经历过 20 世纪战乱的人们，留给 21 世纪的地球居民的礼物。

---

　　①　中国归还者联络会是经在中国战犯审判和关押后，回到日本的战犯成立的旧军人组织。该组织成立于 1957 年 9 月，会员资格为"侵略中国之战犯而中国以宽大政策使其归国之人"。对于日军侵华时期的罪行，如 731 部队、南京大屠杀等，该会会员以自身的经历或以证人的身份进行宣讲，将日军罪行公布于世，以警后人。该会成立之初有会员 1014 名，随着岁月流逝，大部分会员衰老或故去，无法开展活动，于 2002 年宣布解散。该会的活动由新成立的"抚顺奇迹继承会"接替。

希望您不仅看到"表面上的活动",还能读懂支撑这些"活动"的"内心之旅"。因为我觉得只有在那里,才有可能与您对话。

仁木富美子

2010 年 4 月

第一章
战前（1926~1944）

图 1-1　童年是在这面围墙之内度过的
（这扇逐渐老朽的门是 1998 年由仁木日出雄拍摄的）

1　童年时代

我的童年是在中国的济南度过的。

围墙之内

中国的传统建筑中有一种叫作四合院的，院子大门的屋顶是3米见方的四方形，门板的厚度大约10厘米。进院子后，中间还有一扇门是一模一样的，可以直接通向后院。下雨天可以在那里玩。内陆的夏季很炎热，院子的四角有大圆柱支撑，上部再用圆木椽子搭在一起，并覆盖有苇席，四角用细绳拴住，可以把苇席展开或收拢，这叫作天棚。遇到闷热的暑天，还会有冰块运到院子里来。

我父母都不是大声讲话的人。因为我体弱多病，幼儿园时期的运动会、汇报演出等，我都只能当一名观众。

母亲待孩子睡觉后，就到隔壁房间做些编织缝纫之类的家务。当时还很少有机器编织的东西，我的夏装、冬装都是母亲用缝纫机做出来的。

上小学一年级后，我拿着写有"开了，开了，樱花啊，开了"的课本回家时，父母首次看到彩色的课本，比孩子还要高兴。

后来风琴和筝也运来了，母亲辅导我练习这些乐器。母亲的义甲是四角形的，我的是圆形的。

我上学、放学时，专门有个男仆跟着。但我很不喜欢，和朋友边聊边走时，我就让那个跟着的仆人在路对面走。当时正值九一八事变发生不久，出于安全上的考虑，不管我怎么说不喜欢有人跟着，父母都不答应我。

暑假从 7 月 1 日开始，我提前几天与母亲一起回了趟日本。别府的附近有个叫龟川的地方，我们在那儿的温泉旅馆旁边的民居里租了套房子。母亲要在这里疗养。我只记得每天黄昏要散步。秋天，我们又回到了中国。

母亲之死

第二年 3 月，母亲住院了。一天晚上，已经很晚了，我突然被父亲叫醒："富美子，妈妈去世了。"我一下跳了起来。父亲马上又出去了。我的任务是叫醒弟弟，陪着他玩。我让从前一年秋天就来我家帮忙的日本阿姨在里屋把滑梯架好，让弟弟在那玩耍。关于母亲是如何从医院回家以及葬礼的事情，我已经什么都不记得了。事情办完后的某天，父亲带着我去了一座寺庙（日本真言宗的寺庙）参加一个追悼会，那是妈妈生前参加的插花会的朋友们为她举办的。后来，在某位曾给过我们很多帮助的九州的朋友家里，我看到了那时拍下的照片。照片上写着"仁木君江夫人花道追悼会"的条幅下，摆列着很多盆插花，我和父亲站在阿姨们当中。我穿的衣服是又轻又薄的玻璃纱，后来我回忆起来，当时应该是快接近夏季的时节了吧。

一天傍晚，我和弟弟坐在后院墙边的秋千上，突然我猛地将身子使劲向后一仰，大声说道："死了！"弟弟大吃一惊地问道："姐姐，死了？"我非常认真地回答："对，死了。"弟弟听后哇哇大哭。对于我们姐弟，"死了"这个词是相当恐怖的。

关于学校的记忆，我脑海中已经是一片空白了。

室外探索

　　阿妈问我："小姐，你去吗？""好的，我去。"说完我就跟着阿妈一起出门了。有一次，踏上大街上商店之间的台阶后，我看到一条狭窄的通道，通道两侧也都是商店。来到另外一个地方后，那儿也有一条很不起眼的台阶，下了台阶后，我已经完全记不清刚才自己上来的那条街道了。不过，看到这样的街道后，我突发奇想，觉得自己一下子理解了中国人的想法，"如果被人追赶的话，晓得这样相似的路，就可以安全地逃走"。我没对阿妈说，当然也没有对自己的父母提起过。

　　男仆带我去过另外一个地方。一个男仆的主人家中正在举办花园聚会，来了很多客人。因我不是主人邀请的客人，而是由我家男仆带来玩的，所以尽管有人让我吃东西，我也没伸手接。只是看看屋檐下的雕塑，欣赏欣赏盆景，找到了很多与我家不同的四合院的特点，并且独自为这些发现高兴不已。回家的时候，我请男仆带我从与来时不同的门出去。这也是我父母所不知道的事情。

　　为什么今天要写这些呢？因为，长大成年之后，当我采访那些参加过中国革命、在极其艰苦恶劣的环境中坚持斗争的人们，或参观他们当时的住所时，我的视线经常与孩提时期自己的视线重叠在一起。

2 转校生眼中的京都

在东山散步

从小学三年级的 7 月开始到六年级的第一学期结束，我是在京都度过的。那时住在父亲的朋友 K 先生位于三条的家里。父亲与 K 先生商量后，先决定了孩子们要上的学校，然后再在那附近寻找合适的房子。漫长暑假三分之一的时间，我是在纪州（和歌山县）白浜过的。回到京都 K 先生的家后，每天早晨，父亲和 K 先生都会带着我去东山一带散步。从蹴上的水源地附近出发，经南禅寺、永观堂再到黑谷。南面则从知恩院、清水寺出发，走得远的时候就会到丰国庙。走一圈回来后，才可以吃早餐。这是我春假、暑假每天必须做的事情。走得远的时候则需要一天的时间，从岚山到保津峡的深处，从比叡山到大津，一路上可以从与大人的交谈中学习到历史知识。还有，可以通过散步增强我的体力。

上锦林小学

盼望多时的学校终于确定下来，家也安定下来了。家的位置在平安神宫的南侧，学校在平安神宫的北侧，沿着丸太町街走过去，第一锦林小学和第二锦林小学相向而建。第一锦林小学是男校，第二锦林小学是女校。我转入了第二锦林小学的三年级。两所学校的校舍都是黑沉沉的木结构建筑。在音乐课上要学会识五线谱，大家一起练习和声，余音绕梁形成一种美妙的和谐之音。这对于当时只学过数字简谱的我来讲，震撼实在太大了。课间休息时，同学们到南面的走廊下，聊得不亦乐乎。小学三年级学生们聊得神气活现，虽然说的都是些从收音机、父母那里听来的内容，但却把这些当作自己的事情一样认真地分析着、苦恼着。那时正面临着学制改革的问题，有人提出了要将义务教育学制延长为九年的方案。小学三年级的很多女生都认为，在同一个地方待的时间过长，会让人腻歪。其实我们既没有受谁委托讨论这件事情，也没有人主持讨论，大家都自然地围绕着这个话题讨论，对于这样的学习氛围，我感到很高兴。

第二锦林小学的新校舍在北面建成后，女学生都搬了进去。那时在学校学了这样一首歌："选择吧，大家都要选一个好人，推选一个正确的人。为国家，大家一起走上这条路，阳光照耀一重樱，照耀一重樱。"我们不仅被要求在学校唱，在回家路上要唱，到哪里都要唱。我们被告知公开选举的重要性，还负责挨家挨户地投递相关资料。

第一锦林小学的男生们搬入第二锦林小学的旧校舍，第一锦林小学的旧校舍很快就被拆了。第一锦林小学新校舍建成后，实现了男女同校，第一锦林小学与第二锦林小学的孩子们分别选择离家近的学校就学。我进入了第一锦林小学，奶油色的、贴着瓷砖的钢筋水泥校舍以及教学方法都是新式的。美术室利用天井采光，每人都有个画架。手工室里的曲线锯也够一个班级的学生每人一架同时使用，最早的手工课是男女一起做乒乓球拍。不知为何，没有开设家政课，也没有家政课用的教室。一般上课的时候，除了教科书，学校推荐的参考书也可以堆放在课桌上。在这里我遇到了好老师和好朋友，学习起来非常快乐。放学后，我们先回趟家，各自借了兄弟的自行车，然后一群人到冈崎的美术馆前集合，先绕着馆骑两圈，再在那里的院子里一起做作业、聊天。学校西边是图书馆。去上学时，如果走近道，就可以从平安神宫旁边的武德殿中间穿过去。二月立春前一天的节分①那天，平安神宫的御苑对外开放，我就从中间穿过去上学，觉得很有趣。京都四季分明，培养了我对"物之哀"意境的感受能力。

这时照顾我和弟弟的是一位老爷爷和一位老奶奶。他们虽然与我们没有血缘关系，但是与我们住在一起。

有一次去看大文字山的大文字烧②，在疏水河③畔，我听说爆发了"七七事变"，那时我正上五年级。

不久，父亲就从中国撤回来，带回了新妈妈和出生不久的婴儿。第二天一早，我看到桌上摆着削得整整齐齐的铅笔，感到心中热乎乎的。我从一年级起失去了母亲，养成了什么事情都自己做的习惯。在饭桌上，我对新妈妈真诚地说了一句："谢谢妈妈。"我开始喜欢新妈妈了。

第二年，六年级第一学期结束后，我们全家又去中国了。与朋友告别真是件让人难受的事情。

━━━━━━━━━━━━

① 节分是指立春、立夏、立秋、立冬的前一天，是日本的传统节日。日本有在节分这一天夜里撒黄豆驱赶恶鬼的风俗。
② 大文字烧是日本盂兰盆节的一个部分，大正时代延续至今的京都大文字烧祭典，就是用送魂火的方法把祖先的灵魂送回阴间。人们要用松木烧出75座火床，形成一个辉煌的"大"字。"大"字篝火的75个火丛必须在晚上8点同时点燃。
③ 疏水河是一条将琵琶湖水引入京都的人工运河，开凿于明治初期，被认为是日本近代初期最大的水利工程。

3 少女眼中的战争片断（1）

上青岛的小学

K 先生在青岛也有房子。据说 K 先生在青岛的房子和我们家在济南的房屋建筑、家具都与以前一样，丝毫没有被损坏。也许是因为 K 先生、父亲与周围的人相处得很好，所以邻居们都帮忙照看了吧！这就不得而知了。1937 年的回国与 1945 年之后的回国，两者的不同之处在于，与普通百姓之间的交往以及其间是否有侵略军的介入。

由于济南还没有专门为日本人开办的女校、中学，所以，我与大弟弟、爷爷、奶奶一起留在了青岛，住在 K 先生的家里，其他的亲人都去了济南。

我到青岛的日本第一小学六年级插班就读，但是我觉得那个学校太乏味了。上地理课时，坐在我旁边的同学突然把手高高举起，向老师告发说："老师，仁木在看其他书。"老师立即走到我身边，看到我的参考书就说："别看了，把书收起来。"下课后我被叫到老师的教员室里："这个学校还没有你那种学习习惯。你可以在家里把教科书和参考书的重要部分挑选出来，制成一份比教科书、参考书还好懂的学习笔记。笔记中如果有老师没讲过的内容，你也可以写上，拿来给老师看看。"所以，我只有地理科目做出了不错的笔记。

青岛高等女校的老师们

1939 年 4 月，我进入青岛日本高等女校读书。

我对学习的基本态度是在京都的第一锦林小学养成的，在青岛高等女校的老师们让我利用图书馆学习的方式中，得以将这种学习态度实践并扎根下来。因此，我对那里的老师们感激不尽。

我曾在 1960 年代写过一篇回忆文章，其中记录了当时的情况。下面就是相关内容。

学生的主体性

恩师们

炎热的夏季。各种事情把假期搅得不像个假期。今天，我转动一下时光机器让时光倒流吧。

哲学家之王马可·奥勒留在《沉思录》中认为，自己能有今日，一切皆拜他人所赐，他时常感谢双亲、老师、朋友。我们往往醉心、自满于自己获得了什么，但如果能够逐一地感谢曾经帮助过自己的人，那才是真正幸福的事。此时正处于热烈讨论教育问题的时期，每每听到相关的话，我就不断历数年轻时自己所邂逅并教诲过我的恩师，感谢之意不绝。

我在女校读书（相当于现在的初一到高一的阶段），是从昭和 14 年（1939）到昭和 18 年（1943），在思想统制最严厉的战争时期的中国青岛。现在看来，那里聚集了很多见识高远、学问扎实的老师。

50 日元的旅行

有次在一年级的地理课上，老师要求把教科书合上，只看地理书上附的地图，然后让我们按照地图说出关东地区的地势、山脉的走向、河流的样子等。被点名的小 U 认真地解读了地图。我们为了能过关，也认真研究地图。结束后，打开教科书一对照，发现刚才小 U 说的与教科书上所写的一模一样。我们在第一节地理课上，就学到了自己怎样去发现教科书上所写的内容。

"用 50 日元，在近畿地区旅行一个星期。"老师在那堂课上给我们出了这个命题作业后，图书馆的书立刻成了抢手货。我第一次知道了这个情报机构式的地方，产业、交通、文化等方面的信息一个不漏都能查到。作业还要求必须在经过的地方买到合适的土特产礼物。以近畿地区的某个地方为出发点，必须将 50 日元物尽其用。我把这当成真要去完成的旅行，认真地制订了计划，交了作业。

就是从那时起，我迷上了《日本地理风俗大系》《世界地理风俗大系》。我把那几册红色的大开本的书从头到尾仔仔细细地读完了。

这位老师的考试就更别开生面了。考试之前他一定会把题目都印出来发给我们，大大小小 100 道试题，其中教过的和没教过的掺杂在一起。他还明确地告诉我们考试题目就在其中，所以我们只好放学后争先恐后地去图书馆找答案。

这位老师在一年级时还教授我们日本史，他将神话与历史的不同之处清楚地告诉我们。入学不久后的 4 月，他就要求我们读《古事记》。我老老实实地从图书馆借来翻译成现代文的《古事记》，和原文对照着入迷地读了起来。

记得好像是在第二学期，在"平安的文化"这部分的报告中，我负责"文学"这部分。负责这部分的人要代替老师做讲义，而教科书中只有几行文字的描述。我从图书馆借出两册关于平安文学史的书，一口气读完了。其中一册是五十岚力的著作，他是早稻田大学的老师，那时我才知道日本人的名字有很多种读法，另外一册是谁写的就记不清了。

源平时期①，"欲忠难孝，欲孝难忠"这句话道出了平重盛的迷茫。"如果是你，你会如何做？"我被问到这个问题。我们听故事都听得入迷了，突然被问到这个问题时，不禁深思起来。老师并没有要求学生们回答这个问题。"我是个倔强的人，所以一定会与父母吵架。我不认为听从办了错事的父母的意见就是孝，纠正父母的错误才是孝。在忠这个问题，也是同样的道理。人如果走上了错误的道路，那才是既不忠也不孝。"

这位老师就是堀内先生，他的父亲是外交官，任领事之职。第二年，他去抚顺任教了。他给我留下了非常深刻的印象。

图1－2　青岛高等女校二年级时的照片（左一为作者）

推动历史前进的事物

教授二年级东洋史的是本田先生。他介绍完世界三大文明的发祥地埃及、美索不达米亚、中国后，话锋一转，"要成为

---

① 　源平时期是指平安时代末期（公元1180年前后），源氏与平氏两大武士家族集团争夺权力时期，后以源氏集团的全面胜利而结束。

文明的发祥地，需要什么要件？"这种教授方式与指定要读什么书的方式不同，他是要让我们从老师的讲解中，发现某种规律。先生的发问经常很突然，学生们不能心不在焉。本田先生还在四年级时教过我们，科目是日本文化史。教科书当然是从天孙降临的事情开始讲，在那个时代这是很普遍的现象。但先生的讲义不同，他从日本列岛的原住民开始讲，从阿伊努上溯到克鲁波克鲁人①，让我们不仅要学习大和民族的历史，还要思考人类的历史。本田先生在东京大学学的专业是考古学。

三年级的西洋史由稻垣先生担任。他关于文艺复兴与宗教改革的著名讲义让我难忘。当讲到路德在维登堡城堡大教堂的大门上张贴出《九十五条论纲》，讲到他独自一个人登上法王厅的台阶，祈求"只有我一人站在这里。神啊，请帮助我吧"时，先生用大大的德文把这段祈祷写在黑板上，对我们说："学德语的人，最起码要记住这些德文。"我对德语产生兴趣，对能让个人如此强硬地对抗世俗权威的圣经产生兴趣，就是从那时开始的。

学习法国革命的内容时，我不仅看了《红花侠》《双城记》，甚至看了托马斯·卡莱尔②的作品。拿破仑的传记我觉得太通俗，还专门找了研究性的书籍来看。我觉得特别不可思议的是，教学活动并不仅限于教室。稻垣先生值夜班的日子，每到第二天，早早就能听到从值班室的窗户传来的他朗朗的练习德语的声音，此事颇有名。

对文学的领悟

我上一年级时的班主任，是教授国语课的辰野先生。最早的国语课，一般是用两三个小时泡图书馆，充分查阅《国语

---

① 克鲁波克鲁人是阿伊努族神话中的小矮人，也有人译为"地精"。
② 托马斯·卡莱尔（1795～1881），苏格兰评论、讽刺作家，历史学家。

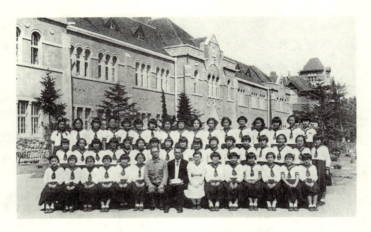

图1-3　青岛高等女校校舍前与校友的合影

辞典》《汉和辞典》等。图书馆里有适合各年级使用的辞书。我由此知道了查阅字典辞书的有趣之处。《广辞林》《汉和辞典》这类辞书不能满足我时，我就开始看《百科事典》。父亲为我买了平凡社的《百科事典》，我用起来很方便。在图书馆里，我看了玉川的百科。我的西洋文学史的入门知识，是从玉川的辞典介绍中获得的。

对文学的领悟，让我欣赏到文学之美，这多亏了辰野先生。我把课本中出现的文章，从头到尾都找齐了。那时，每隔三天就有一艘船从日本开过来。从书店中寻找、购买新到的图书是我的乐趣。一年级的时候，我从白秋①、露风②的诗集开始；三年级的时候，我的书架上已经有了《源氏物语》的全套注释本了；四年级时，我的桐木箱中有多少书我不记得了，但肯定有《古今集》的翻印本，我决定要把本国文学当作专

---

① 白秋，即北原白秋（1885～1942），日本童谣作家与诗人，他的诗意境深远，语言华丽，旋律轻快，主要表达个人感受，有唯美主义倾向，还有一些反映社会生活的诗篇。

② 露风，即三木露风（1889～1964），日本象征主义代表诗人。1908 年真正代表其风格的第一本诗集《废园》问世，震动了整个日本文坛。

业去学习。辰野先生的语法课讲得很生动，古文的活用形、未然形、连用形等，他并没有要求我们死记硬背，而是说，可以分为第一活用形、第二活用形，很巧妙地将江户时代的学者、明治时代的学者的观点糅合了进去。学生们自然会循着引导去看语法书。图书馆里有好多语法书。我们还制作了自己的笔记本，积极地从古文中寻找特例，然后再去咨询老师，我们都以此为乐。《教育敕语》中有"一旦緩急あれば義勇公に奉じ"（一旦出现紧急情况，要勇敢奉公）这样的话，因为是假定式，所以我觉得"緩急あらば"这种未然形才是正确的，那种已然形是错的。我把这个问题问到老师那里，把老师也搞糊涂了。老师解释说，因为原文是用汉字写的，本来应该没有假名标注，后来才加上的，所以出现了这种情况。在《教育敕语》这种至高无上的指示里挑毛病，在那个年代是不可想像的事情。

阅读课是我们系统地阅读古文的课程。三年级时，三浦先生担任此课讲师，在讲了《方丈记》①后，他问我们是如何看待这种思想的。有人说："在这种非常时期不能说这种话，不健康。"我说："人所做的事情就是无常的持续。不宜把它归结为健康或不健康，更重要的是，在思考死亡时，能够明白无常的观念。"先生听后说："是啊。"有次先生病了，我们去看望他。当时我是拿着广重②的《东海道五十三次》的版画集和朋友一起去的。那时教师一般都住在教职工宿舍，宿舍是一个有四个房间的带有小院的可爱住处（比起现在的教职工住宅，那可是高级的，但当时学生们比老师住得更高级）。其中的一间完全当作书库，里面有很多藏书，给我留下了深刻的印象。

---

① 《方丈记》是鸭长明隐匿日野山时回忆生平际遇、叙述天地巨变、感慨人世无常的随笔集。
② 广重，即歌川广重（1797～1858），日本著名浮世绘画家。他于1833～1834年间画的55幅风景画系列《东海道五十三次》。

先生把收入的一大半用于买书了，我一直很尊敬先生。我从三浦先生那里，学到了如何看待对人生的各种阐释。毕业于早稻田大学的辰野先生、毕业于东京大学的三浦先生，还有毕业于国学院大学的饭岛先生，教给了我如何严谨地给词语下定义。另外一位毕业于广岛高师的年轻老师，我忘记了他的名字，虽然教过我，但我们没有缘分。他只是拿着教科书照本宣科，丝毫不变。我们也对这位先生失去信心，并且同情他，从不向他提问。年轻学生的判断是很无情的。

思考语言与文学

教授英语的大前先生也是一位非常令人难忘的老师。那是一年级英语课时候的事，当时我正在学习发音符号，有一次说起了日语罗马字的书写问题。

他没有讲述日语是否可以用罗马字来拼写，而是介绍了用日本汉字表示罗马字的主张，他说："这个问题可以这样考虑。"这是我第一次遇到有关日语、日本汉字的问题。那以后的几天，我和朋友们讨论这件事，几乎夜不能寐地思考这个问题，纠结于日语的问题。总之通过这个事件，我认识到了日语本身包含的问题，认识到在各国语言中，对于日语应如何存在的问题，必须要进行科学的思考，尽管至今我还没能得出一个结论。与我关系很好的小 T，由于他父亲职业的原因，他是在美国出生的。上英语课时，大前先生用英语向小 T 提问，要求小 T 用英语回答。小 T 不喜欢显山露水，但先生却并不在意。在那个没有外语环境的时代，我们很羡慕先生与小 T 的对话，深受鼓励，觉得应发奋学好英语。太平洋战争开始后，听说有的日本本土的学校的英语课全部停了，但是我们却一直照常上课到毕业。而且还听说，因为《友谊地久天长》《夏日最后的玫瑰》是敌国的歌曲，所以被下令禁止演唱。我记得我们认为"艺术是没有国界的，我们应该明确地表达自己的意志"，仗着这样的想法，我们故意在午休时，到校长室和教职工办公室前的草地上集合起来，大声齐唱这两首歌。那时，大街上已经到处都贴着"鬼畜美英"这样的标语。

由于过度认真

数理科的老师是什么样呢？每位先生都教得非常认真。包括升入专科（2 年制，与师范同级）的在内，我们班大部分都升学了，这样的教育对我们来讲是弥足珍贵、终身受益的。但是，可能是由于他们过度认真地对我们进行了教育，所以我自己没有再凭自身之力去寻找什么学问而听之任之。如果凭自己的性格爱好自然发展的话，我有可能选择数学作为自己的专业。而我最终选择了文科，是因为文科老师们的教学方式，唤起了我对学问的兴趣。

终生的老师

曾经有很长一段时间，我一直认为自己受到的教育是理所当然的、是自然而然的，常有不满之处却很少有感谢之情。可是，当我听到同时代的在其他地方接受教育的人的成长经历后，我才逐渐意识到，以前自己当作理所当然的事，其实是非常珍贵的恩情。

我回到东京后，进入女子专科学院学习。在那里邂逅了自己终生的老师 S 先生。当我不冠姓名，单纯只叫先生的时候，一般都是指 S 先生。因为他一直坚持反战的观点，所以在昭和 19 年（1944），他被学校开除了。这位 S 先生言传身教，教会了我从历史中发掘人物，使我学到了作为负责任的女性的生活方式，学到了人生最重要的是要坚持维护正义与真实。

《爱弥儿》中有这样一段话："教师给予孩子的印象，首先必须是自己认可的（从自身的经验中）。"能留给学生们的，除去是自己曾有强烈印象的事情以外，别无其他。文化最终是由一个人传递给另外一个人的。在人海中，我们必须要努力恢复每个人的人性。上原专禄在《国民形成的教育》中指出："机械地传达教师的思想、认识，并不是真正的教育。应该在教育活动中承认儿童的主体性，要通过儿童的人格来建立认识，必须考虑这种教育方式。"现代的教师要更加信任学生，要更加相信他们的潜能。新的教育方法只有建立在信任的基础上，才有可能开花结果。

《学校的图书馆》第 202 期，

全国学校图书馆协议会，1967 年 8 月

聆听大自然

在女校上学时期，每逢休假，我都要回到济南的家里。有一次穿着外套，应该是寒假的时候，父亲带着我们去郊外的千佛山，弟弟也一起去了。踩着枯草向上爬了一阵子后，就看到一座小庙宇，从庙里传来"南无阿弥陀——，南无阿弥陀——"的念经声。"这个，念的是日语的经吗？"我问父亲。"原本是梵语，是古印度语。佛教从印度经中国、朝鲜传到日本来的，所以念经听起来是一样的"，父亲答到。

我们在一个再也看不到小庙宇、一望无际的高处停下了脚步，向远处眺望。平原和山地都被枯草覆盖着。远处的丛山，就像乳房似的高耸挺立。这座山仿佛是个想伸开手足躺倒的人，但因为已经没有空隙了，只好被迫屁股着地，在狭窄的地段光溜溜地萎缩着，看上去好可怜。我感到有些伤感，好像听到从地球表面形成的褶皱中，传来了倔强的大地无法随心所欲地生存的呻吟声。

图 1 - 4 　在千佛山与父亲、弟弟和朋友

去大明湖途中

　　夏天，我们全家一起去济南城里的大明湖附近游玩。据说那里还有姜太公钓鱼的遗迹，但我不知道具体在哪里。我们租了一条船，沿岸划行，把岸上的庙宇依次都游了个遍。到最后一座庙宇时天已经全部黑了，黑黝黝的庙宇中，硕大的佛像浮现在半空中，有种说不出的恐惧感。

　　上了高中后，我也去过大明湖。不过在去大明湖之前，我们先被带到一所大学校园内的展览馆参观学习。那是个宣传戒毒的展览，展示了从美丽的芥菜花在原野中怒放，然后变成鸦片，再到侵蚀人的肉体、吞噬人的神经系统的全过程。那是一个庞大的模型，把鸦片的危害真实地展示了出来。那个大学叫齐鲁大学。这是我后来才知道的，这所大学是英美的基督教教会系统在山东共同创建的，设有文、理、神学、医学四个学院。

　　父亲沉默地把我们带进去，又沉默地把我们带出来。但凡是自己能够看得懂的内容，父亲就什么也不说。通过这一展览，我知道了有关鸦片的事情。

路毙的尸首

青岛是德国人规划的城市，商业区域、工作区域和住宅区域都被有序地划分出来。

有一阵子，每天早上在去学校的路上，都会看到有小孩或者大人横尸街头，这让我很心痛。放学回家的时候，那个地方已撒上石灰，尸体也被处理完了。我当时哪里知道日军会进行霍乱细菌战呢。

移民满洲

由于我晚上睡得比较晚，所以阿妈每天都要在晚上 10 点左右过来往炉子里添最后一次煤。尽管我每次都对她说："没关系，添煤的事我自己可以做。"但她还是认为那是她分内的事情，一定要过来添。她计算着我从学校回家的时间添煤，把我的书房总是烧得暖暖的。

可是有一天，她添完了煤后却不离开，在我旁边磨蹭着。我问道："你有什么要说的吗？"她便哭着说道："前几天刚回到家，就听见全家人都在讨论去满洲的事。我说那地方人生地不熟的我不愿去。我公公一听便勃然大怒，对着我丈夫大声说道：'不想去就别带她去了。到了那边，好姑娘有的是，只要肯花钱。到时候我再给你买一个更好的媳妇儿，把这家伙就扔在这儿吧。'"她说不愿与自己的丈夫分开。我说："我也不赞成买卖婚姻。也许是你突然提出了反对意见，你公公被惹急了才大发雷霆的。你还是先回家商量。你如果不愿与丈夫分开的话，最好还是一起去。我当然希望你能一直在这里，可我也不知道自己能在这个家里待多久，我从这个学校毕业后，就要回日本了。我忘不了你，你也经常念叨一下这个你曾经照顾过的我，哪怕再困难也要咬紧牙关挺住。加油啊！"我拍着年纪比我还大的她的肩膀，感到心里很不是滋味。几天后，她就与丈夫一起去了满洲。

满铁沿线在不断开设新工厂，最有名的是抚顺煤矿。煤矿的劳动力需要从中国关内补充。日本在殖民地的劳动政策就这样逐渐形成，最终发展到"强掳劳工"的地步。不过当时还是采取招募的方法。这一切，我都是后来才知道的。

划着小船歌唱的青年

有一天黄昏，我一个人向着小港的方向散步。大港是大型轮船的出入地，小港多停泊着渔船。

一个青年上船解锚后，大声唱着歌向海湾方向划去。歌曲的旋律十分悲伤，听起来像是亡国之歌。我在岸边走着，看着在夕阳中他渐渐远去的背影，心中一直追随着那打动人心的歌声。

1941 年 12 月 8 日早晨

1941 年 12 月 8 日早晨，正是学生去学校上课时分，商业街上的外国公司的门上都挂上了"日之丸"旗，门前还站上了日本兵。原来是太平洋战争爆发了，刚一宣战，日军便迅速地把外国公司都给接收了。

这是后来听民团（居住地的自治组织）的人说的。他说，他们在第二天就去接收了外国人居住的住宅。两国虽说是宣战了，但是一国之平民是否有权利去接收另一国平民的住宅呢？我当时听了他的话之后就有了这样的疑问。据说他被那家人这样数落："你来时乘坐的汽车，在昨天之前还是我的呢。"他说他听了以后感到非常羞愧。

民间的组织为什么要做那样的事情？我的心里一直都留着这个疙瘩。

4 少女眼中的战争片断（2）

船不来了

1943 年 3 月，从女校毕业后，我决定去实践女子专科学校攻读国文。父亲在那年的 2 月初先回了日本。因为父亲的妈妈，即我的祖母去世了，他去料理后事。

原本每三天来一次的日本船只，从 2 月的某天起，就完全不见踪影了。传说是被鱼雷击沉了。没有办法，我只好和女校的学长们一起，于 4 月初坐火车先到釜山，然后再从釜山换乘关釜联络船到达下关。

我在下关下船后，与到下关接我的父亲一起转赴东京。

关根庆子先生

我进入实践女子专科学校的国文科预科学习，关根庆子老师第一次走进教室就对我们说："不要对学校抱什么希望，因为这里只有失望。要好好利用学校自己学习。"当时我听了十分惊讶，这句话后来成为我的精神支柱。

1944 年，文部省发出通知，要求男子学校学生要进行军事训练，女子学校则必须要保证锻炼身体的时间。那么这段时间做什么好呢？班代表召集大家苦思冥想，说什么组织灭火训练、长刀练习等，想了好多后去与老师商量，谁知却被老师劈头盖脸地呵斥了一顿，垂头丧气地回来了。据说，老师这样说："亏你们还是国文科的学生，成天就知道考虑这些事情吗?!""作为国文科的学生，应该研究一下这场战争是从哪种思想流派中产生的，从国学的源流中去寻找，要好好地珍惜时间。"这一席话如晴空霹雳，让我们幡然醒悟。班级代表制订了研究贺茂真渊①、本居宣长②的计划后交了上去。但这次被教务卡住了，最终还是安排了灭火训练。比我们高年级的学生，已经被动员去了造币厂、光学机械厂干活。夏季过后，听到学校里的同学们都在说"太过分了"，循声望去，只见走廊里张贴着被学校开除的老师们的名单，那都是同学们非常敬重的老师。连一声告别的机会都没有，关根老师就被一纸通告开除了。后来，学校又开办了学校工厂，生产东芝的真空管。

1945年5月的东京大轰炸中，学校被烧毁。8月战败。

关根庆子博士追悼文集刊行会编《心低志高——
　　关根庆子博士的一生》，风间书房，1999

中野先生

中野先生是英语课的老师。她的丈夫是早稻田大学的总长，父亲是严本善治。比起她教的英语来，我更清楚地记得她给我们讲的她自己年轻时憧憬的下田歌子、她父亲创办的明治女子学校、《默移》作者相马黑光的故事。

---

① 贺茂真渊（1695~1769），日本国学大师。
② 本居宣长（1730~1801）是日本复古国学的集大成者，提倡日本民族固有的情感"物哀"，为日本国学的发展和神道的复兴确立了思想理论基础。

在青山南町的生活

1943 年，我开始在青山南町的分区宿舍生活。这里是市内寂静的住宅区的一角。这一年的 4 月 18 日，联合舰队司令山本五十六元帅的飞机，因密码被破译，在飞往布干维尔岛途中被击毁。山本战死的消息是在他死后一个月才公布的，所以我们知道的时候已经是 5 月了。讣告公布后，因他的家离我们宿舍比较近，在吊唁的人来之前，我们被召去帮忙打扫他家的庭院。从瓜达尔卡纳尔岛撤退的日军，最终在阿图岛集体自杀。同宿舍里，有位从阿图岛来的上一级的同学。这年的年底，学生兵开始被送上战场。

在国学院大学的礼堂里，武田祐吉先生、折口信夫先生每天晚上都举办《万叶集》的讲座。那是应各大学学生的要求开设的。市内各所学校的学生们纷至沓来，礼堂每次都是座无虚席。这个讲座在学生兵上战场的那晚结束了。临别时折口先生对学生们说："你们一定要活着回来。我等着你们这些继承学问的人平安归来。"

1944 年的事情

我升入本科一年级了，学生中还有四年制女校的毕业生。那时外地①的女校都是四年制的。国内（日本本土）的女校分为四年制和五年制。在这里我遇到了两位至今仍交往着的朋友：一位是住在市川的 M，后来进了早稻田大学；另一位是从札幌来的 A，当时她准备报考东京都立大学的法语文学专业，尽管后来她父母不再给她提供生活费，她仍坚持一边做都立大学英文系的助手打工挣钱，一边继续完成学业。

---

① "外地"指当时日本本土之外的日本殖民地。

我与长城

战鼓逐长城，焦石落瓦崩。烽熄云散日，待我复来登。

1944 年夏天，一位少女乘坐火车穿过山海关时，感慨万千，不禁写下了上面这几句话。由于海上航线完全断绝，我只好从青岛出发，坐火车经济南、天津、山海关到达奉天（沈阳），再南下过鸭绿江一路到达釜山，换乘（下）关釜（山）联络船到下关后，再坐一天一夜的特急列车才到达东京。途中，要在山海关和安东两次兑换货币。那时的津浦线经常遭八路军袭击，所以火车上也严格执行灯火管制。

东京的朋友问我："不害怕吗？"我答说："如果我是中国的学生，没准我会参加八路军呢。"朋友吓得马上阻止说："别那么大声说这种话。"听说我的邻居一家都去了重庆，那个被高高围墙围起的大院，已经成了日本宪兵队队长的住宅。

当时我们经常观看有关欧战的纪录片。我看到难民们成群结队逃难的镜头时，那些难民与日本人在中国大陆颠沛流离的画面在我脑中相重叠。并没有什么理由，这是少女的第六感直觉吧。那时上映的是介绍柏林奥林匹克纪录片《美之祭典》，到处还都在宣传日本皇军的赫赫战果。

《无人区　长城的浩劫——兴隆的悲剧》，
青木书店，1995

学校工厂

一年级的第一个学期，我们还在继续上课。不过高年级的学生被动员去了造币厂和光学工厂工作，已经不到学校来了。分区宿舍已经被关闭了，大家都转移到常盘松的总部宿舍。也有很多人回家了，宿舍里空荡荡的。舍监要按灯火管制的要求在宿舍里来回巡视，我们睡得晚的人必须小心翼翼地用窗帘把窗户遮得严严实实，不让一丝灯光泄漏出去。

从第二个学期开始，学校变成了东芝的工厂，连一年级学生都被动员起来。我们最开始几天听一个比较年轻的技工讲解真空管的知识。我们的工作是给万能接收机的真空管中心部分的隔级做整形。他多次告诫我们："不要成为机器。"他知道美国与日本在技术方面的差距，在这个动员浪潮中，他想努力传达自己能传达的东西。工作开始后，经常能听到从邻座传来的关于战局的消息，他的哥哥是个大学生，在家里能听到这些消息。

当年的 12 月，炸弹落到了东京。

第二章
战败前后的混乱期
（1945~1948）

图 2 – 1 "拯救海外父兄学生同盟"时期与补习学校的
学生们一起（最后一排左二为作者）

1　1945 年

东京大轰炸

1945 年 3 月的大轰炸，烧毁了东京的下町。防空警报响起时，敌机就已飞到了头顶，所以遇难者众多。尸体都被烧成黑炭一样，堆在一起，其中也有我认识的人。

4 月 15 日的轰炸烧毁了高轮一带地区。我去给排队避难的人们送饮用水，一位大婶对我说："我的儿子对我说，你先逃出去，只带着祖先走就行了，他把这个给了我。"说着她从铅桶里掏出她家祖先的牌位给我看。"谢谢你给的水。"她一边说着，一边拖着磨秃的木屐，消失在人流中，那木制牌位在铅桶里磕碰出的寂寞声音也随之远去。

5 月 25 日的轰炸烧毁了东京大部分地区。那天晚上，我和朋友正在学校宿舍的前院里。以前一直听人们说 B29 轰炸机笔直地朝自己飞过来是非常危险的，但这次它真的笔直地冲着我们飞过来了。周围已经被燃烧弹照得如同白昼。虽然大家都用水、沙土去灭火，但火势蔓延得很快，等我们意识到周围已经没有人时，我就和朋友两个人向八幡神社树林方向逃去，一直跑到两个人都累得几乎动不了才停下。这时刚好有颗燃烧弹掉在不远处炸开，燃起熊熊大火。如果不及时扑灭，火越烧越旺，烧成一圈，被困在里面的人都会被烧死。但是燃烧弹附近的人谁也不动，虽然手里都拿着毛毯、棉被等东西。没有办法，我们二人只好干了起来，把拿在手里的毛毯在附近的水池里浸湿，照着在学校学过的样子，喊着"一、二、三"，从两边同时铺展开来，把湿毛毯盖到燃烧弹上面。

火势弱了下来，形成一个出口，大家从八幡神社的树林中逃脱出来，也有人跳入水沟中。我和朋友过了桥，在大楼的后面躲了一夜。背后小山上的学校，就像过节时的装饰彩灯那样美丽地燃烧着。

那天晚上，听说逃往代代木练兵场方向的人们遭到了定时炸弹的袭击，一直到早晨都没逃出。天亮后，我们回到学校，水泥结构的宿舍已被烧成一片灰烬，什么都没留下。只是离墙壁一米远的地方有把木椅子孑然而立。那是我们使用过的椅子。后来听说，当时能熊燃烧的火焰直往上烧。那些扔在防空洞里的背包倒是安好无事。

万叶植物园、广场、屋顶上都有没引爆的燃烧弹，滚落得到处都是。上到三层的图书馆一看，书还保持着书本的形状，但已成了灰烬，书上的文字还能按照黑色的印迹辨认出来，但一碰就会散落。这个图书馆连续燃烧了一个星期。

傍晚，家在市川的朋友来接我。她是一大早就从家里出来的，总武线的车开到御茶水站停下就不开了，她在那儿下车后步行来到涩谷接我。她对我说，来晚了很对不起。我向宿舍管理员打了个招呼，就和朋友步行离开。正巧这时有辆军用卡车停下来，说是两个人的话没问题，把我们塞进车里捎带我们走了一段。到了御茶水再乘电车，黄昏降临时我们终于到达了市川市。

《女性展望》第 581 号，
市川房枝纪念会出版部，2006 年 5 月

图 2 - 2　实践女专前（由于空袭，学校校舍
烧得只剩外壳了，1946 年 4 月摄）

体验农村生活

父亲因为担心时局变动，所以多寄了些钱来，并告诉我不要全
部花完，要存下一些以备急用，并说如果在东京住不下去了的话，
可以到九州的 H 家里去。正是这样我才得以挺过战争末期和战后
初期。

我连续几天从市川到学校去整理烧毁的校园，并拜托朋友待学
校确定了开学时间就通知我，然后就动身去了九州。H 家是大分县
幸崎的农户。养子被征去当兵了，家里只有老爷爷老奶奶和带着婴
儿的年轻妈妈（我管她叫大姐）。从第二天开始，我就成为这个家

庭的重要劳动力。我收割小麦,然后再一粒一粒地放入石臼碾碎,再放入磨面机。还有割麦子,用脱谷机把麦穗先打下来,放入脱麦机。插秧、除草、种大豆、种红薯。一天干下来让我筋疲力尽、头脑发空。但我每次看到绿油油的叶子在太阳照耀下闪闪发光时,就快乐得不能自已。那阵子,每天晚上我都在看《善的研究》,用"认识的主体"——我的眼睛,仔细地观察自然,那种喜悦让我感觉到主体的充实。

进入 8 月后,我每天早上都去车站买票,但总是买不到。就像宫本百合子的《播州平野》里所描写的那样,洪水、空袭使得山阳线全线瘫痪。我终于买到了 8 月 15 日早晨的票,然后我去与大姐一起往盐田里撒海水。回家后可不得了了,听说有个重要广播,虽然没太听清楚,但知道好像是说战争终于结束了。老爷爷老奶奶让我立即把票退掉,说是东京不知道会发生什么事情,不能让我去东京了;并说从这个村出去的在东京某大学任教的老师昨天夜里刚回来,等会儿让他抽空到这里来一下,让我向他打听打听,如果没问题的话再去也不晚。总之,他们让我不要慌,好好想想。

底层的目光

秋天,我在去东京的途中,顺便去了一趟四国。因为我的祖籍在四国,我想看看德岛县胁町到底是个什么样的地方。从车站下车后,就能看到吉野川上挂着的绳索,摆渡船沿着绳索把我送到了对岸。我不知伯父是做什么的,我去时他因患感冒卧病在床,所以我留下来照看了他几日。总觉得他大概是村子里的负责人。去山里背柴火时我跟着他一起去,一走进山后的人家,他就进去和人家谈话,一谈就是好几个小时。那是 1946 年的 2 月,存款都被冻结了,每家只能用 500 日元的新币。山里的人们希望伯父能够替他们反映情况,所以络绎不绝地来到伯父家。我默默地听着,一边帮着伯父整理记录他们所述事项的文件。对山里人来说十分重要的财产，其实比起我那可怜的存款还要少得多。

夏日小景 "高松栈桥"

"呜哇、阿伊，呜哇、阿伊。"

喉咙都快要喊破了，痛苦高亢的声音，嘎吱嘎吱地让人断肠。等候联运摆渡船的人们排成了长龙。等候的队伍从室内一直排到站前大街上，排了两三条大街。人们倚靠在大件行李上，愤怒与抱怨都发泄完了，在阳光的照射下，整个队伍笼罩在沉重的氛围中，谁都懒得说一句话。

别府航线开船的日子，每天都会有大量的人集中到这里来，不光是候船室前面，就连后门口也挤满了人，场面相当混乱。一个声音突然从入口附近的墙壁那里传来，又一下子跑到烤焦的柏油路面上。啊哟！一个衣衫破烂的小个子蠕动着，只见他小小的后背随呼吸而不断剧烈起伏。

"呀，傻瓜，混蛋，傻瓜，混蛋！"肮脏的脚在空中乱蹬，身子痛苦地扭动着，头往地上撞着，他不断地举起手来拍打地面。这是个看上去只有 10 岁左右的少年，他似乎把全身的力气都化作了叫声，"傻瓜，混蛋，傻瓜，混蛋"像飞石一样不断地从他嘴中蹦出来。

人群聚拢又散去，又聚拢。少年身上穿的和服的下摆被踢开，瘦骨嶙峋的脚伸了出来。下身什么都没穿，屁股红肿溃烂得跟猴子屁股似的。不仅如此，向后撅着的两腿之间，长着一个长六七厘米的肉块儿，油光锃亮得令人恐怖。他稍用力就会全身抖动，鲜红的肉块儿也跟着颤动。这是恐怖的脱肛。

"这样子不疼吗？"一个工人样子的人低着头说，"呸"地吐出一口痰，使劲晃着手腕离开了。脱出体外的肠黏膜仍开裂着，脓水也要流出来了。

"啊，啊——"，叫声直往口干舌燥的人们的内心深处钻。只是一声长，一声短的，除了声音以外，他的泪水都已经哭干了。叫喊着活下去，成了他自然的表达方式。他被肉体的痛苦折磨得满地打滚，时刻与肉块儿斗争。这已经超越了悲惨，整个气氛变得相当严肃。

大多数人都觉得有些惨不忍睹，大家都在寻找，他的父母亲去哪儿了，怎么让孩子成了这样呢？

"这可怎么办好？唉！"

人们又搜肠刮肚地去回忆起自己要办的事情。有人似乎为自己的软弱感到耻辱，有人似乎意识到自己的能力太小，极力装出一副与己无关的样子，准备重新回到那毫无意义的排队中去。

就在这时，一个小个子、看似他姐姐的人回来了。十七八岁，蓬头垢面，穿的衣服很不合身，只有胸前搭叠勉强扣得上。这个女人训斥了他两句，然后就面无表情地在他脚边坐下来。她前屈着身体，捏住自己袖口捉了一只虱子，朝着太阳的方向，用黄黄的牙齿一口咬了下去。

有几个人默默地在他们面前放下几文钱就离开了。不知她是否知道，只是依然蜷曲身子，又一口咬了一个虱子。

在水上警察的前面，有一个满脸天不怕地不怕表情的男子，在自己面前摆了一长溜用白米饭做成的寿司卷，正在四处张望，等待着买主的出现。另一少年正在卖 10 元一碟的烤小红薯。他也突然皱起眉头，"啊，傻瓜，混蛋"，肆无忌惮地叫骂了起来，骂声在 6 月的空气中回荡着。

2 1946 年

回到东京

1946 年 4 月，我又回到东京复学，住在目黑车站附近。当时的食物都是按量配给供应的。我们在宿舍里把供给的蔬菜粉做成菜团子放在米里一起煮熟，然后做成黑黑的、外面粘了一层白米粒的饭团子。我早上用计量器称好后，分成早饭和午饭两份，然后放进书包出门。到中午打开饭盒时，饭盒里就只剩下一半了。可是，这还算是好的，后面将会提到"拯救海外父兄学生同盟"的学生们，他们有的人从前一天起就断炊了，没有一点食物，即便是那样的便当，他们也只能轮流匀着吃。

我们宿舍前面有个蔬菜水果批发市场，我每天早上都去买一个苹果，中午时躺在学校的草地上，一边看书，一边啃苹果。

由于学校宿舍已烧毁，以前负责宿舍事务的工人现在管理学校事务，夫妻二人在校内居住。她太太经常在放学后，站在我经过的路上，把我拉到她们的房间里，让我坐在坐垫上，给我吃白米饭团，说她回了趟枥木县老家，带了大米回来。我看她是打心眼里高兴，于是边谢边吃了起来。

当时经常有满载亚洲救济联盟（LARA）救济物资的卡车开进学校。学生们都欢呼着围上去，我则根本不参与，也不曾领过衣服、鞋子等东西。"这算什么呀，在这个时候还拿这些东西来。"我对美国人的行为很生气。

"拯救海外父兄学生同盟" 时期

那时的东京是一片焦土，人们都处于极端饥饿状态。负责运送归国人员的列车源源不断地把从海外撤退的人往回拉，但国家铁路局的人手不足，难以负载，期待回国的人们简直都快绝望了。

1945 年 9 月，3 名大学生聚在一起组成了"拯救海外父兄学生同盟"，主动做起处理战后问题的工作。11 月 17 日，这个拯救海外父兄学生同盟在共立大学的礼堂举行成立大会，响应号召前来参加集会的多达 2000 余人。他们在舞鹤、佐世保迎接从朝鲜半岛、中国回国的人们，组织他们乘坐列车到品川（负责运送归国人员的列车开到品川就停了）后再按照不同的目的地，引导他们分别去东京站或者上野站换车。有的人一时还无法确定自己到底要去哪里，所以"拯救海外父兄学生同盟"在品川站前开设了高轮宿舍，并且还与上野的宽永寺商议，请其开放大厅，当作临时宿舍，允许人们在这里暂时居住一个星期。我也去品川站接站了。到那里一看，我惊呆了，有很多妇女竟然也都剃了光头，看上去疲惫不堪。只要你一伸手，就会有小孩紧紧抓住不放。一看到那些被陌生人紧紧地抱在怀里的孩子的样子，就能猜到这些孩子在回国途中遭受了怎样的苦难。医学部的学生们拿着药品，从佐世保、舞鹤上车，一路上随车负责照顾和护理他们。

我回东京比较晚，到 1946 年 5 月才开始参加这个组织的活动。不仅是父母在海外的学生们，连父母不在海外的一般学生也不断参加进来，所以组织改名为拯救海外同胞学生同盟。我被分配到总部工作，在九段的学生会馆里，最初负责厚生部的工作。当时正好经过交涉搞到了几百把雨伞。那些雨伞运抵时，分发雨伞的通知已经发了出去。从第二天开始，陆续有学生来领伞。我就一面说着"辛苦了"，一面把男性用的雨伞分给男生，把女性用的雨伞分给女生。这项工作把我的心愿——不要被无情的雨淋湿了——无言地传达给了他们。把雨伞一把把分发给他们，就是我最初的工作。同盟的学生们的日常由以下三个方面构成：学校、生活、发自伦理要求的运动。他们就像一个家庭一样，关系非常好，互相帮助。

同盟领导们为了这个大家族，要求文部省免除学费和实习费。1945年12月10日，文部省发布了文部次官通知，决定免除外地来京求学学生的学费等。医学系学生们把医疗班的活动也搞得风生水起，他们在佐世保、博多、舞鹤等地迎接从国外撤退回国的船只，为下船上岸的人们进行及时治疗。随后，他们还随车乘坐到东京，一路上在车内巡回医疗，随时发放药品、照看患者等。他们所用的药品最初是从制药厂获得的，后来经交涉，可以直接从厚生省领取，而且还从海外同胞援护局得到了若干报酬。

列车站台的服务也很繁重。1946年1月，进入品川站的运送列车一天2辆，每辆车乘坐300～700人。从3月20日起，运送工作的规模越来越大，从中国、朝鲜半岛回国的船只陆续进港，最后到达品川站的列车变成了一天16辆，学生们则默默地承担了铁路职工、搬运工、旅行社职工该干的工作。海外同胞援护局也给他们发放了若干奖励报酬。但是对于那些没有家庭经济支持的学生来说，这点钱难以维持生计。领导们还请"日本剧团"① 帮助我们义演，但当时的情况我并不太了解。大概是在1946年秋天吧，中山悌一在共立讲堂为大家演唱了舒伯特"冬之旅"的全部歌曲。我当时在休息室，担任送茶水的工作。我听说这场演出全部免税，所有收入都分配给学生当生活费。

夏天，我被调到文化部去，负责面向学生们出借图书、编辑发行《通信》。我就是在这里学会编辑工作的。因为我是最年轻的，领导们都告诫我，学生的本分是做学问，要警惕不要陷入运动中。

在只能住一星期的临时宿舍里，没有去处的人们很难安置。学生们又与厚生省交涉，在多摩川建造了固定宿舍，让他们在那儿定

---

① 日本剧团是位于东京都千代田区的剧场。

居，还东跑西颠地为他们寻找工作，并且还为他们建造了福利工厂。

从海外归来的孩子们，学期途中回国的，如要转国内的中学、女子学校的话，只好留级一年，从低一年级开始学习。学生们联系到了靖国神社的空闲屋子（社务所），在那里开办起了补习学校。经与文部省交涉，文部省承认这个补习班为正规学校。10月1日举行开学仪式时，文部省初等中等局的日高局长还专程前来参加。补习班分为上级（中三、中四）与下级（中一、中二）两部分，我在每周一下午，给下级的班级上国语课。这个班里共有大约20个孩子，来自东京都内的各个地方。经与国家铁路局商议，我们给孩子们发放了免费月票，让他们可以免费乘坐公交车。上级的国语课由东大美学专业的S担任。12月24日，学生中有很多人跑去埼玉县购买面粉与红薯粉，直到半夜才回来。第二天，孩子们带来红薯馅儿的包子与茶饭团儿，一起庆祝日本的第一个圣诞节。孩子的父母们为了自家的生计努力工作着。1947年3月，学生们又一个个陪着孩子去参加升学考试，他们分别考入了东京一流的中学和女子学校。

经过多次讨论后，学生们终于决定在那年春天解散这一组织。国家铁路局的人手也够了。政府似乎也在考虑将各项工作任务归还给各个机关。学生们决定各自返回校园，那是在全学联成立之前，太宰治自杀前一年的事情。这项运动后来反映在一部名为《何日花开》的电影中，这部电影是曾参与过运动的学生加入电影行业后的作品。

上面的内容，是在1978年应《大分合同新闻》之约而写，但是我已经忘记了自己曾经写过这些内容。这次偶然有机会翻拣出来，重读一遍后，重新确认了我在战后活动的原点。

刊登于报纸的原稿，限于篇幅，只是叙述了个大概。正如文中所述，我大约是最年轻的。那是一段专注于观察、倾听的努力学习的时期。我默默地学到了很多东西。

用于本书时，我又增加了部分内容。

我自己拥有属于个人的雨伞，是两年之后的事情了。我在文部省教育研修所就业后，第一次领到工资才给自己买了一把雨伞。在那以前我都是下雨时穿雨衣的。雨小时，我竖起雨衣的领子在雨中行走，下大雨时我就不出门了。我也不曾得到过同盟的奖励金。父母不再给我寄钱来，我的存折里还存有一小部分钱。从那年的年末开始，我也打工了。当时在三省堂的古文辞典编辑部门工作，因为可以在家干活，非常方便。那是因受了金田一春彦先生的关照（我在学校曾师从金田一春彦先生学习国语，师从其父金田京助先生学习语言学）。

同盟的领导者们为适应求学、生活、伦理上的要求，曾就同盟的走向进行过激烈的争论，后来他们也都陆续毕业了。战争末期，学制都很不规范，入学的年份、战后复学的年份都各不相同。也许他们考虑得更远。前文曾提到，这个组织在1947年春解散了。虽然有留下来的人，但没能坚持多长时间。

我周围的学长们，从不强求别人做什么事，对我也是很照顾和尊重的。在那个圣诞节的前一天，出去采购红薯的人们回来时已是半夜。虽与学生食堂的阿姨约好，第二天一早要借用一个大锅，但是他们想连夜就把红薯做好。所以傍晚就从农耕班搞来两个铁桶，那是用来盛羊奶的生铁桶。医疗班的人还送来了糖精。还有几个人负责去捡柴火。学生会馆外围一米远的地方，有个混凝土的引水沟。我们在两侧用砖块架起灶台，将半夜才到的红薯洗好后装入铅桶，用报纸当锅盖盖上，点上火。围着温火燃烧的火焰，我们聊着天。煮了一个通宵，红薯总算煮好了。凌晨5点，食堂的阿姨过来叫我们说"开门了"。我们把煮熟的红薯全部捣烂后，再加入糖精，有人负责和面，有人将和好的面一段段揪开摊平，有人负责包入红薯馅儿，有人将包好的点心扑通扑通地扔入滚开的水中，这样红薯馅儿的糕点就成功出炉了，剩下的馅儿，我们包成了茶巾团①。

---

① 茶巾团是一种日式食品，将煮熟的白薯或百合根等捣碎，包在布巾里拧绞上茶巾绞纹而成。

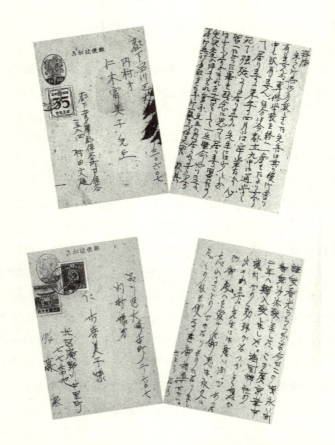

图 2 - 3   在补习学校教过的学生们寄来的讲述各自近况的明信片

　　我一个人向着御茶水方向走去，然后从另外一条路走向水道桥，终于在水道桥站附近找到了一个小小的花店，买了一朵玫瑰。这代表着我对大家的感谢之意，感谢大家的帮助，同时也包含了我对孩子们的希望，希望他们继续努力。

　　红薯糕点经由学生们的手，运到了靖国的教室里。对孩子们来说，这是回国后第一个圣诞节。他们的笑脸和前一天学生们的活动，至今仍不断地闪现在我的眼前。还有对那不知名的看门人的感谢，也是至今仍令人难以忘怀的。

每周的课业结束后，20 个孩子成串地围在我的身前身后，边聊天边向饭田桥走去的情景，至今仍历历在目。

文化部的房间一角，有一个书架，我们将它称作图书馆，那些书是高松宫宣仁亲王①（战灾援护会总裁）赠送的。战灾援护会后来改称为同胞援护会。

那时，有些大学生去朝鲜、中国东北调查没能回国的日本人的生活情况。有的人偷渡到平壤后，向金日成诉说了日本人的惨状，希望朝鲜能早日正式遣返日本人，还有人经葫芦岛去打探中国东北的情况。

那时的日本政府都做了什么

2008 年 12 月 11 日，NHK 放映了特别节目《撤退是这样实现的——通向旧满洲、葫芦岛之路》。他们用美国国立档案馆的资料，揭开了事情的真相。

长春的日本人会会长是原满洲重工业开发总裁高碕达之助，他向外务省派了密使。密使把密密麻麻地写满了半个米粒大小的字的薄纸搓成捻，缝在西服的内衬里才送出来。

那上面写着："从北边过来的难民，除了身上穿的衣服，一无所有，等待他们的是饿死、冻死。需要尽快想法救助和运送他们。"密使穿越了苏联军队、中国军队的辖区，终于回到了外务省。可是，外务省没有丝毫反应。存于外交史料馆的这份密档被放在镜框中，在影片中公映了。

他们说由于战败国没有外交权利，所以无计可施，但果真如此么？他们只不过是在没有下达命令的情况下，什么都不做而已。

美国的运送计划

1945 年 9 月 12 日，蒋介石请美国支持其将南方的国民党军队

---

① 昭和天皇的三弟（1905～1987）。

运送到中国东北。但是杜鲁门说不能与中国内乱扯上关系，拒绝了他的请求。但是既担心苏联军队的进攻，又担心八路军进入中国东北的总统亲信们聚集在白宫商议后，杜鲁门于 12 月 15 日又做出两个决定：一是支持国民党政府；二是铲除残存在中国的日本势力。在上海负责军事运输的军官理查德·威特曼将军立即制订了具体方案。威特曼于 2008 年 7 月去世，因其家人将以前放映的内容录制了下来，所以可以看到他本人也曾亲口讲述过从葫芦岛出发的运送计划。

要让日本人从中国东北回国，只能利用大连和葫芦岛的港口，威特曼向苏联申请使用大连港，但苏联方面没有答复，所以只能选葫芦岛。185 艘大型坦克登陆舰（LST）被用于运送人员。

一是要从南方运送国民党军到中国东北；二是要送日本人回国，水手的工作由日本人来做，每只船各带走 1500 名回国的日本人；三是把被强行掳到日本的朝鲜人、中国人中希望回国的人送回故乡。这是一个庞大的计划，每天 LST 要巡回在东海的三角形航线上。

30 万国民党军就这样接受了美军的安排，携带着必要的武器、弹药一起被运送到了中国东北。1946 年 5 月 7 日，LST 在葫芦岛的码头上靠岸，那是个全长 100 米的庞然大物。国民党军队下船后，日本回国人员登船。负责回国事务的，都是日本人会的成员。

1946 年 5 月 7 日，第一艘回国船只从葫芦岛起航，之后运送工作一直持续到 1948 年 8 月，105 万人离开中国东北回国。

从大连港出发的回国工作启动比较晚。1946 年 12 月 3 日，第一艘回国船只出发。那是在苏联军队的司令部、负责回国事务的司令官的指挥下进行的，第一次回国的费用，由苏联军队支付。后来，陆续有财界代表、普通人的募捐资金支持，生活穷困的人可以不必支付费用，这些事情记载在石堂清伦的《大连的日本人回国记录》（青木书店）中。包括 1947 年 3 月 30 日（"高砂丸"号）、4 月 1 日

（"惠山丸"号）两次运送在内，共有 22 万人从这里回到日本。

当时住在中国大陆的日本人有 300 万，按照威特曼计划，居住在南方和内地的人陆续聚集到上海，还有一部分在内地的人集中到了青岛，分别乘坐 LST 回到祖国。

《同胞》第 1 期

我的手边，摆放着几本当时同盟制作的蜡版印刷品。《同胞》第 1 期是在 1946 年 6 月发行的，刚刚更名为拯救海外同胞学生同盟之后出版的。通过以下文章可以了解当时的情况。

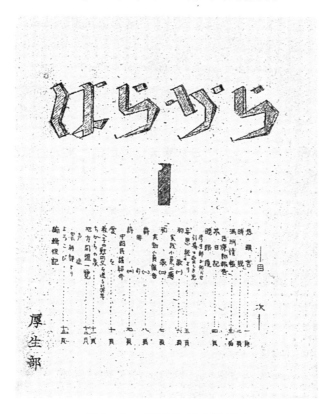

图 2 - 4 《同胞》第 1 期封面

同盟获表扬

6月25日，同盟服务部的代表在铁道局新桥管理部参加了盛大的仪式。

仪式从14点开始举行，不禁想起各位同仁艰苦工作的场面，让人无限感慨。

奖状

拯救海外父兄学生同盟

在实施铁道复兴运动的过程中，齐心协力，为实现运动目的努力工作，取得显著成绩，当为其他之模范，特此予以表彰。

昭和21年（1946）5月29日

东京铁道局长从四位勋五等　下山定则

满洲信息——6月7日从奉天出发回国的某人的谈话

奉天

8月8日（去年）苏联军队逼近国境，从牡丹江方面来了数十人避难。同月19日苏联军队进驻奉天。苏军、满人对日本人的态度还是不错，据说还有人愿意将日本人的战争遗孤收为养子。现在留在那边的日本人大概有30万，由于下令"日本人不得食米"，所以日本人只得以杂粮为主食，但营养还基本可以得到满足。但因医疗设施的不足，疾病横行，在满洲已有8000人因伤寒丧命。

受运送能力的限制，撤回者一天大约只有3000人被送到葫芦岛。

大连、旅顺

星浦别墅地带被令全部腾出，大石桥、画房之间的路线被破坏，物资无法运入，物价飞涨，生活艰难。

撤退回国只能从大连港出发，暂时无法指望。

新京①

公主岭段的其他满铁线路，由于人为拆毁与内战被破坏，要去佳木斯、齐齐哈尔、哈尔滨等新京以北地区与大石桥以南地区只能靠徒步。与以上地区的联络也很难，新京因内战遭到很大破坏。

要求满铁等各公司的技术人员在当地待命的命令已经解除，全部人员将被遣返。

哈尔滨

详细情况不明，形势不妙。停战伊始，13 岁以上的男子全部都被征用，2 月有一部分人被解雇。6 月开始，又似乎开始征用。女子情况不明。

（该人 6 月 25 日到达博多回国了）

医疗部活动情况报告

全国性的情况报告

医疗部本部正与厚生省、日本红十字会、其他相关撤离人员团体保持密切联系，与全国各支部保持着联络。现在各撤离港口都有附近同盟的医疗部开展活动。由东京同盟组织开放的浦贺港目前已停止使用。登陆后至目的地的列车内的医疗诊治活动，从九州到北海道之间，正在确定、落实责任的所属部

---

① 即长春。

门。现在约有500名医学系学生乘坐回国人员船只开展治疗工作，值得特书一笔。

东京同盟医疗部活动情况

现在共65名部员，从事以下各方面工作。

（1）在品川、东京、上野各车站开展医疗诊治活动；

（2）在回国人员暂住地、东京都内回国人员住址开展巡回诊治活动；

（3）在列车上开展诊治活动（名古屋、新潟、东北方面）；

（4）乘坐复员军人船只开展船内诊治。

4、5月的患者统计及患者发病情况如下：

（1）患者总数共计1994人（入院患者52人，死亡8人）。

（2）患者的发病情况……呼吸器官疾病患者565人，消化器官疾病患者494人，以上两项最多，表明回国人员身体的疲劳程度。传染病中麻疹患者最多，共115人，由于在列车内传染，所以大面积发病，有很多儿童并发了肺炎。另外肠伤寒、斑疹伤寒各有2人，比较少见。

（3）从满洲来的人中8成以上营养失调，全凭对祖国的执着一念才拖着病体回来。

（4）南方的回国者中8成患有全身性的皮癣，很多人患有阿米巴痢疾。

来自厚生省的医疗器械、药品的援助也正规化了，希望今后大家更加努力。

（6.26）

厚生部的通知

助学贷款

助学贷款迄今为止一直都有，但是5月份中止了。本部要处理各种问题，我们虽然做了很大努力，但还是忍泪撒下了这项工作。5 月份的经费大概在 7 月 1 日左右才能发放，现在正在进行图书的整理工作，请稍候。

物资

正在发放军队不需要的西式服装等衣物。现在正在开展橡胶长筒雨靴的发放工作，还有男用和女用两种雨伞，这些需要经过一定的手续才能获得。

关于物资方面，各机构采用不同的办事方式，都在用尽可能便宜的价格买到更好的东西，今后还要继续努力。

拯救海外父兄（同胞）学生同盟

地方同盟所在地、代表人名

札幌市北十一条西五丁目北方结核研究所内　委员长：曾根崎真吉

青森市野协青森医学专门学校内　米田正

山形市小石川町山形高等学校内　松田敬

仙台市樱小路东北帝国大学内　委员长：江部充

千叶市弥生町东京帝大第二工学部学生处内　宫崎弘

新潟市新潟医科大学学生科内

长野县上田市九崛町　上野方

浜松市浜松工业专门学校内　有我二郎

名古屋市昭和区鹤舞町名古屋帝大医学部内　委员长：相见基次

岐阜市外那珂町岐阜高等农林专门学校　委员长：石川伸

金泽市兼六公园内县立图书馆内　总务委员：山口光洋

京都市中京区三条柳马场角 YMCA 四层　委员长：塚本忠行

大阪市北区堂岛楼二层满蒙同胞援护会内　委员长：菊田米男

神户市生田区山本路 3 丁目同胞援护会近畿支部内　委员长：山口三郎

冈山市冈山医科大学眼科内　上野英高

福冈市九州帝国大学躬行会社会部室　九州学生同盟

熊本市藤崎台宫内一番地学生同盟熊本本部　委员长：井上启藏

鹿儿岛市山下町县立图书馆长室　总务：永藤文雄

声援

过来吧，就算被击倒，

就算被绊倒，

就算跌入漆黑的谷底，

也要轻声一笑，

慢慢爬起来。

（Q）

不知是否因为心情的缘故，最近看到同盟的人，总感觉他们的脸色变"暗沉"了。在这个时期一个有光泽的健康的身体，也许是个无理的要求，但还是希望大家要注意身体。

希望厚生部能不仅仅投入物资，还要考虑如何从根本上改善生活。

（R、T 生）

来自农耕部

来吧，到坂户农场来吧！

有四合米饭给你享用，

还有绝好的风景，

各位的"营养失调"与

"忧郁心情"都会烟消云散！

实际在职人员报告（庶务部）

总务部　17 位

医疗部　65 位

社会服务部　品川班　72 位；东京班　47 位；上野班　60 位

文化部　9 位

农耕部　43 位

喜讯

下面各位的亲属回国了，多么令人高兴的事啊。

同盟的同仁们也深感喜悦，祈祷各位的家庭早日恢复正常，坚定地迈向新生活。

品川班：贝山智美、武田敦、津坂基、渡边匡明、栗林正嗣、大森勇、原一雄、堀刚造、星田政弘、町田启、本多勇、增田稔、地下尚夫、今野节子、加藤美子、大谷基久子、中野镇子、伊东由美子。

东京班：吉永多嘉夫、福岛明、和岛忠乡、长正子、番匠光子、佐藤德司、龟口丰吉、野波英一郎、土方昭子、田中信雄、家方顺子、古城康子、木下田鹤。

上野班：金子节子、内藤岭、三好正美、中山丰一、管俊二、藤田八世男、竹下孝。

希冀以上各位兄弟姐妹的工作更加出色！

编写后记

这一个月，同盟经历了很多事情，但要详细表述出来，又感到有点难。同盟成立以来，做了一些漂亮的事情，同时也留有一些遗憾。总的来说，经历了这些磨炼，必然要追求更高要求。名称改了，新的力量在工作中也加强了。

在这样的情况下，文化部也确实获得了很多经验，摸索着自我发展的道路，我们要尽可能表达出内心的呼唤，这才是我们的愿望。

《同胞》采用这样的形式，见证了我们的精神层面，希望它不断推进我们同盟的工作。

总之，作为《同胞》第一期，我们推出了这些内容。这些内容可能有点单薄，作为编写人员的我们的确有这样的感觉。

如果在语言上缺乏美感，那么希望靠修饰可以弥补。只是，那种拖泥带水的感觉不是那么容易补救的。

现实的确很苦涩。直面这种现实并与其激烈抗争，就是我们在诗中、歌中，特别是在文章中追求的东西。

希望热爱同盟、与同盟共存的各位兄弟姐妹踊跃给我们投稿。——敬请期待第 2 期！

3 1947 年

躲进研究室

3 月，我辞去了学生同盟的工作，继续我的思想旅程。4 月，家里人回来了。多亏了 H 先生的家人照顾我们。那时我的笔记本的空白处，写着法国作家朱尔斯·勒纳尔的《胡萝卜须》中的一句话："可惜不是人人都能当孤儿。"

我去与父亲商量，想离开学校，但父亲劝我"最好不要这样"。所以，有一段时期，我决定对家里的事情不闻不问。国学院大学的佐藤谦三先生担心我的生活，介绍我去角川打零工。那儿的工资比在三省堂多好几倍，并且说毕业后就可正式录用我。这对我来讲确实是个好事，但是我觉得那样的话，自由支配的时间就没有了，那是我所不愿意的。所以还是委婉地拒绝了，继续辛苦地做着三省堂的事情。佐藤先生为了我，专门在自己的研究室里准备了一张书桌，让我在暑假期间可以自由地使用。因为那个房间以前禁止女生进入，学生们都觉得一下子难以适应。不过，那个研究室里有 3 名研究生，晚上将书桌当床，一天 24 小时生活在那里。我和这 3 个人很快混得熟了，他们教给我很多东西。

我在实践女专上一年级时，佐藤先生曾为我们讲授平安时期的日记文学。在国学院大学前面，有个"温故学会"，那里保存有古典书的木版。我们使用木版印刷教科书，慢慢地熟悉了过去的字体。当他从我朋友那儿得知我因空袭被烧得一无所有，不得不去九州投奔朋友时，还曾托那个朋友带给我一套最小型的《平安女性日记集》。

我在学校只选修了当时我认为有必要学的课程，其他日子都去大仓山的精神文化研究所的图书馆读书。这个习惯是在前一年参与学生同盟工作的那段时间养成的。图书馆建在高坡上，从下往上一路上都栽着桂花树，在路的尽头耸立着一栋漂亮的建筑，里面的巨大书桌配有台灯，我可以一个人在馆内待一整天。到 5 点时，就会"叮"地响一声，那是告诉大家闭馆的时间到了，我把借来的图书归还后就回家了。这里是我奢侈的书斋，我在这里继续阅读着关于思想的书籍。

我希望彻底地探索人生、追寻学问的意义。以日本文学研究为目标的少女，逐渐转向语言哲学。为了读懂索绪尔，在学生同盟时期与埋头于研究室时期，我曾专门到"雅典弗兰西外语学校"① 去听课。

从第二年开始学习的德语，为我打开了探索存在主义世界之门。在身患致命疾病深感绝望中，芭蕉（文学）、克尔凯郭尔（哲学）与马丁·路德（宗教）不断地在我的头脑中格斗着。

下面收录两篇我在那年的年底写的文章。

荒野

这几日，忽降忽停的雨水令清晨颇有寒意。空旷的荒野上没有人家，在拂晓照射下一路行走，到处可见突兀矗立的松树，爱鹰山②黑色的轮廓更加凸显。穿着草鞋的脚踏过湿润的

---

① 雅典弗兰西外语学校是日本最早的外语学校。

② 爱鹰山是日本静冈县的一座死火山，位于富士山南部，箱根的西面。松尾芭蕉于 1684 年的秋天开始他后来称之为"甲子吟行"的旅行，他从江户（现在的东京）出发沿着东海道往西行，途经爱鹰山，到达故乡伊贺国后再返回江户，整个旅程历时九个月。

泥土，感受到其柔软的弹性。芭蕉深深感谢弟子千里①默默无语地跟随自己，感受到了他对自己无言的关怀。

1683 年的冬天，芭蕉的弟子为他建了第二间芭蕉庵，但是他还是不满意。住了不到一年，他就抛弃了新建的芭蕉庵，再次踏上旅途。那天，在深川②的破屋里，掠过江面的秋风吹得芭蕉叶瑟瑟作响，一轮江月在深夜显得格外清凉孤独。

到故乡去，到故乡伊贺去，要去追悼一年前离世的母亲的悲痛心情，以及摆脱眼下的郁闷情绪，让芭蕉急切地想从现实中出走。

芭蕉曾经是反动的、反民众的、孤芳自赏的人。芭蕉曾希望自己是个奔放不羁的自由的人。为了主体达到消极式的自由，他在自己处女集《合贝》中遁入了虚幻的世界。在那里，芭蕉是绝对自由的。没有人可以扬弃他的虚幻了解他。他曾经歌颂过乍一看是半享乐式的町人生活。后来，芭蕉从爱情中出逃，只身来到江户。可是，在江户不知从何时起，一些名为弟子的人又聚集在其周围，并且自己还受到他们的照顾。

在这期间江户发生了很多事情。小石川的水道工程、芭蕉庵的消失等。有时还有入仕做官的诱惑，芭蕉还曾一度想遁入空门，这些都被后来专心于俳谐的志向掩盖并被远远地抛弃了。现在，他已抛却了谈林派③，延续了宗祇④、西行⑤的风

---

① 千里，即粕谷千里（1648～1716），日本江户时代前期著名诗人，松尾芭蕉的弟子，曾陪同松尾芭蕉一起进行荒野之旅。
② 深川位于东京东部，没有大的商业设施，以与地方密切相关的商店街为中心创造出独特的生活空间，也是深受许多伟人喜爱的城市。芭蕉曾于小名木川的北岸修建住居，芭蕉稻荷神社就是在他到 37 岁为止居住过的草庵遗迹上修建而成。
③ 谈林指僧徒聚于其间研学或议论之学林。
④ 宗祇，即饭尾宗只（1421～1502），日本诗人。代表作：连歌集《水无濑三吟百韵》（1486）、《汤山三吟百韵》（1491）。
⑤ 西行（1118～1190）是日本平安时代末期至镰仓时代初期的武士、僧侣、歌人。出家后在各地漂泊结草庵，巡游诸国，留下许多和歌。

格，在这条道路上专心地行进着。芭蕉曾希望自己是诚实的，想保持着对对方的爱意，但是在戴着假面具的孤傲的世界里，这是无法继续的。他想通过诗本身贯彻人生的奥秘。他追求将美好的事物、真实的事物用俳谐的形式形象化起来。《虚栗》的跋中，他表达了自己的想法。现在想来这也是一场赌注不小的博弈。是凶还是吉，芭蕉要为此押上自己的身家性命。但是，他不知道应该如何把想法具体化。还有，他不知道那条路是不是绝对唯一的。仿佛被诱惑人心的主控制，成了风流魔神的俘虏，他已经别无选择地、只得不分是非善恶、不论方式地沿着这条路走到底。

可是，理想与现实之间的巨大鸿沟是不会在这里消失的。人们为了食物而狂乱奔波；这里有悲伤的人，那里有哭泣的人。而且，回顾自身时，他又是个抛下亲人、抛弃寿贞的爱情的人，离开了弟子们的进贡便无法生存下去的人。这样下去行吗？不过也只能这样下去了，通过这条道路，自己只能远望这些了。行动起来吧。那不就是段旅程嘛。

"一心赴荒野，秋风吹我身"

将现实融入诗中去战斗吧。

不知从何时起，视野开阔了，微风掠过河面直扑自己的胸膛。

"啊，富士川啊。"

芭蕉喘了口气回望千里。千里正感慨万千地倾听湍急的河流发出的响声。河岸边延展出去的蒿草片片相连，被拂晓的朝露打湿，不时牵绊着他行走的脚步。

小溪旁传来的断断续续的弃儿的哭声吸引了芭蕉。隔着两三间房屋的距离，那里有一团包裹着的东西。那是才出生两三个月的弃儿，正呼唤着父母，可怜他不知道自己已经被抛弃了。

"闻猿啼而肠断的诗人啊，听到风吹弃儿的声音将如何?"

　　芭蕉没有抱起孩子。只是默默地从千里的背包中拿出吃的递了过去，然后离开。如果达不到无欲心境，那就遥看冷酷人生的众生本相吧。自己心灵已受伤，再也难以承受爱。

　　可是，老天要为你的生性鲁钝而哭泣。啊，我也为了不能拯救你的生命的我，为了我的生性鲁钝而哭泣。

　　河滩上满是石头。扛在肩头的行李，垂在芭蕉削瘦的背上摇摆着。那时，千里仍是默默地在后面追随着。

1947 年秋记

某夜静思

　　透过窗户可以看到一颗星星，它仿佛被肆虐的狂风冻僵了。诗篇的第 42 篇，就是我在今夜的祈祷。那既不是单纯的感情，也不是脑力劳动，那是被真理打碎、并将其当作志向的东西，我想把这些因素叠加在一起祈祷。现在的我，想象着路德在埃尔福特市的修道院时的情景。

　　那是个追求道义的漫长而艰苦的斗争。他在那以后深刻地体会到，人间不仅没有义，而且人类也无法求得真正的主，人类就是在信仰主的时候，也没有停止追求其自身。在这样自我追求式的自我意志中，他看到了原罪的本质。他的原罪意识超越了奥古斯丁，接近保罗。他厌恶绝望于道义的自我，将自己看作法律的敌人。同时，又被神的令人吃惊的恩宠所打动，因为神要将基督的义奉献出来。主的义体现在基督身上，他明白那是奉献自身的义。他不明白，接受这一点但又不信任这一点的自己，到底是个什么样的自己呢？他们知道这是个令人恐惧的傲慢的人吧。他明白，修道院式的谦逊并不是真正的谦逊，沐浴着主的道义的福音式的信赖中，才会有真正的生活。

"亲爱的父亲啊，您是正确的！"

路德在日后真诚地低下了自己的头。

——耶和华说：你们来，我们辩论。你们的罪虽像朱红，必变成雪白；虽红如丹颜，必白如羊毛（《以赛亚书》第一章18）。

作为人类，无论接受抑或不接受，主俨然早已宣布要宽恕其罪行。

如果罪行是心中的感情或者忏悔，这也不过是历史上主的启示而已。那里也没必要有基督。但是，主的明确宽恕罪行的宣言，说明如果把这当作人格化的语言来把握，就可以将罪行消除。将这个宣言具体化的就是基督的十字架。

预言者的语言是详尽的，一次性的，那不是思想性的东西，它完全挑起了历史的任务。它的终点是打破神话的基督的事实。于是，他在招呼着各位。

"疲倦的人们，来吧，一起休息吧。"

骄傲的以赛亚看到了人们的罪恶，但没有将其看作一个个具体化的行为。道德不是法律，而是个深刻的感觉问题。

冒犯主的光芒与秩序是一种罪恶，种种背叛的结果产生出心灵的状态——冷淡、无动于衷、绝望——这些都感受不到，觉悟不到，对侮辱、轻视表现出积极的心理反抗（第一章2～4）。第二章12～17中，则显现出了判决的视角。

只有耶和华高高在上——

在那里，人类的悔改不是问题。他是要求人类从本质上改变。

话到这里，我们再回归到人间看看吧。

在时间与永恒的结合点上，人们不断地忙忙碌碌地经营着自己的历史，如果对精神的抽象的可能性赋予现实性，给生的必然性附带上可能性也就是存在的话，可能性的问题就能用语言来说明，只有这时，人们才可能是自由的。那么，自觉的阶段就会与自由的阶段形成一定的比例。

这个时间与永恒的斗争，在自我处置的方法上面，人们可以有三种立场，用克尔凯郭尔的话说，其分别为美的、伦理的、宗教的。

在美的层面，追求的是清空一切意识，只要求单纯的直接性。人们自身也放弃了作为人的尊严，只将身体达到官能上的威猛即可。可以把它当作自觉的范围之外的东西。

在伦理与宗教的层面，可以分为两种，一种是彻底将自己作为权威，一种是将自己替换为另外的人。在伦理的层面，人们不断地努力，只为将万物的秩序放入到时间之中去。

看待设定在无限性与有限性、可能性与必然性中的自己时，急于将自己从中剥离出来，而且还要从设定走向解放，走向自身的创造，也就是走向自我。即使相信实践理性的优势地位，不断地被构成背叛行为的存在是罪恶的意识所折磨，并走向绝望，但仍然将其当作自身。然后，任何一种可能性都被自身否定的时候，人在绝望的谷底，不得不向无下跪叩头。

但是人是希望自由的，愿意相信自身的可能性。为挖掘那种可能性，会发动疯狂的战争。

人性中理性与情感是对立的，所以人性不是拯救人，而是要救人性本身。人曾经相信理性的尊严，尽管如此，也会自我否定理性的力量。认为只靠理性或者只靠情感而取得永恒，是荒唐的幻想。理性必须要听取非理性概念的呢喃。理性的活动、哲学是基于不断了解自我的局限、想要获取神的睿智的这一永恒祈愿来活动的。

客观性的认识不过是获得了似是而非的真理。尽管被意识所折磨，一直喘息于绝望谷底，人们仍不放弃对自由的渴望，坚持寻找真正的自我。这些人都沉潜到主观性中，在无限的自我反省中加以把握。

　　那么，人的自由，在现实中绝对的自由，是否存在呢？难道只允许在意念上被认为是有可能的，在其他方面就不被允许吗？我们应该有勇气回答说这是理所当然的，人只要执念于人性，就难获自由。沉迷于主观性的东西，即使在内在层面上有一瞬间认为自己与上帝同在，那就是一个有可能性达到而已，其自身也绝不是上帝。而且，其绝望的状态不会有丝毫改变。

　　这一类人，如果仍然继续相信拯救，追求自由，将会走上对人完全否定之路。在人道的方面，完全死路一条。那是留给他们的唯一的拯救的可能性。

> 我们的意志　是我们的东西
> 如何安置它　我们尚不知
> 我们的意志　是我们的东西
> 为了让它变成你的东西
>
> 　　　　　　　　　　　　　《悼念》①

　　从这里进入了第三个宗教式的阶段，当某一事物走向绝对的顺从，将把自己的意志无条件地放弃。具有自由意志的事物，将其自由意志，按照自身的自由，全部委托于他人。真正的自由正是始于自身的释放，只有能够放弃砍断罪恶羁绊的人才能享受。所有的存在于意志里的罪恶，在思辨哲学的领域中是永远不能解决的问题。自由的理念，在罪恶发生之时，基督教用原罪的教条就已经将其确立了。

　　如果现在再从另一面重温前文提到的以赛亚的话语，违背主的

---

① 《悼念》（*In Memoriam*）是英国诗人丁尼生怀念他那突然去世（1833 年 9 月）的剑桥挚友而创作的长诗，这首诗写了 17 年，完成于 1849 年。这诗原称为"灵魂的方式"，后来改称"悼念"。全诗共有 133 篇。

意志偷食禁果后而得到的人类始祖的自我意识，正意味着向罪恶的堕落。不是偷吃果实这件事本身，而是违背主的意志去吃，也就是说，他讨厌服从主的命令，以自己的良心与理性来判断、探索事物本身就是罪恶。人类最初的不服从就是罪恶，是一切罪恶的根源。所以如果人类想再回到伊甸园中去的话，唯一的绝对的条件就是对主的服从，除此之外别无他法。

那就只有信仰"最初由主创造了天地"。那意味着天生就以自我为中心的人类，要进行一百八十度的大改变。承认主就意味着放弃人类的自主权，在主面前交出所有的一切，告别自我判断与理性思考，进入信仰的狭窄之路。

然后就是爱的经营——

我不知道，那里将会是怎样一个自由的世界。陆续地，我的立场像沙堆一样崩塌了。"罗马书"与"飨宴"的矛盾，在我的心中，在今夜，噪音显得尤其喧嚣。在这种紧张气氛里，我只好祈求在正确的自我意识的基础上，选择真实的人生之路。

1947 年 12 月记

4 1948 年

在文部省教育研修所的生活

从 4 月开始，经金田一春彦先生介绍，我到文部省教育研修所国语教育研究室工作。这个研修所在第二年改名为国立教育研修所。

1948 年日本开展了一个"日本人读写能力调查"活动，这是世界上首次开展的此类科学性的文化调查，这个研修所是开展这次调查的核心机构。1946 年研修所制定了《当用汉字》与《现代假名的使用》等规定，后来一直继续对教科书、报纸、杂志、文学作品等词汇使用的调查工作，在此基础上，于 1948 年开展了"日本人读写能力调查"活动。为了考察在现代日本过普通生活所必需的、最低限度的语言与文字的理解能力、使用能力，研修所花费了半年时间设计相应的调查问题，其后又为整理这些答案，包括打分在内花费了半年时间。这个"读写运用能力"调查委员会的委员，都是赫赫有名的人物。我亲眼看到，国语学、语言学、教育学、心理学、统计学、社会学等各方面的著名学者为此次活动提供了大量帮助。CIE① 还请来了一位叫哈尔

---

① 民间信息教育局。GHQ 的一个机构，从事第二次世界大战后日本在被联合国军统治时的文化方面的信息搜集与行政指导事务，实施了教育制度改革等。

班的语言学家。

当时研修所的所长是务台理作先生，教育行政办公室里有宗像诚也先生、梅根悟先生，心理学办公室里有城户幡太郎先生（前所长），社会学办公室里有马场四郎先生，其他的后来才知道，当时支持日本教职员工会初期的教育研究集会的讲师团主力，基本都在这里了。

调查的对象是从指定的市町村里选出的 15 ~ 64 岁的人，共21000 人，是从购粮本里随机产生的。得到通知的人，负有接受全部调查的义务。调查是从 8 月展开的。

报告书的结果显示，"文盲"占 1.6%，"完全具有作为国民应具备的能力"的占 6.2%。虽然没有目不识丁的人，但具有公民资格的人只占 6.2%。国民中 93.8% 的人缺乏作为公民的资格。这大概是因为日语的记述方式比较复杂吧，其中国民的汉字书写能力尤其低。1946 年的《当用汉字》《现代假名的使用》的制定是当然要做的事情，要读懂报纸，需要具备高中二年级程度的学识水平。

本来计划将这些资料用于未来的文字记述方式的改革中，但CIE 下令停止这件事。年轻一代的人认为，CIE 的做事方式就是这样，在无害的范围内可以做些进步的事情，但如果开展实质性的改革，必然会被叫停。

国语教育研究室还从事着一项比较大的工作，就是"罗马字的实验学级"。小学的国语、社会、理科、算数的课程，在全国的90 个班级中，实验性地用罗马字教学。由于当时的罗马字倡导者各不相让，文部省把各个课程的教科书都采用了 3 种方式表述（黑本式、训令式、日本式）。虽然证明了罗马字班级比一般的班级进度要快，但孩子们到了 6 年级之后，就返回到普通学级中。这是为了让孩子们适应汉字假名混用的日本社会。

1949 年 2 月末的某日，我结束了在这个研修所的工作。在这里的我，努力学习了如何倾听、询问。

读写能力调查的工作，从始至终有 3 名东大语言学专业的研究生在研究室参与。"从明天开始就不来了啊，多谢你们的照顾。"有天听到我这样说，他们很吃惊，"一起去喝杯茶吧"，"就像平时那样，到车站说再见就好了。"我们一起走到了目黑车站。"要常来语言学会啊，等着你啊。"在这一年里，他们经常邀请我去语言学会。因为我没对他们说辞职理由，所以他们以为我是因为要考试才辞职的。

调整生活的方向

这一年来，一直从事着语言文字工作，所以对于自己的汉字水平与语言上的不纯粹也深有体会。

"起初有了语言。语言与神同在。语言就是神。"（《耶稣传》）

这个被当作"神"的语言，如果将"神"置换为"爱"，那么事情就容易理解多了。没有爱的地方，会失去语言，这是一种"致命的疾病"。

结束研修所的工作后，我闭门谢客，将自己关在只有 3 张席子大小的房间里，用了一个半月的时间，完成了三省堂的工作。从生到死，枯萎的思维开始混合着血液循环起来了。在那段时间里，我每天要用右手在有 126 个字格的稿纸上写字，大概写了三四百张。

只有每周的周日，我坚持去听塚本虎二先生的圣经讲义。听讲义是从在同盟工作的时期开始的，后来一次也没有缺席过。因为那时没有钱，一般会在前一天，拿上两三本书去旧书店卖掉，换取乘坐电车的钱和听课费。我头脑里理解的基督教在命令自己要用自己的脚去走，也就是要背负自己的十字架，追随基督。

将我从"致命的疾病"中解救出来的，是关根正雄先生借给我的《罗马书讲义中路德的根本思想》（佐藤繁彦著，创元社出版）。

　　那时的我，听从朋友的劝告，拜访了世田谷初中学校的校长。校长当时就表达了想请我任职的意思，我说："只教罗马字与语法可以吗？""可以。"这或许是他们的权宜之计，他们以为只要录用了我，以后还可以再调整吧。经过几天的考虑，我还是写信拒绝了邀请。可能因为那是所刚成立不久的新制中学，非常缺乏教师吧。

　　后来，听说大分县的盲童学校希望我能去。

　　那里也是刚刚实行新制的学校，缺乏有资质的教师。我先去学校看了看，拜访了校长，他带我参观了校舍并介绍了情况。当天学生们正好在食堂集合，召开欢送毕业生的会议，我听到了怪腔怪调的流行歌曲的声音。不知为何，我决定到这里来。校长高兴地当场让我写下需要的书籍书目，然后让我去国立医院体检。可是那里的医生很忙，没时间给我进行透视，只是问了一下"没什么问题吧？"我回答"没什么问题"。这样医生简单地问问情况就填写了体检结果。要是拍了 X 光片，可能就不会让我任职了。

第三章
战后（1）当教师
（1949~1983）

图 3 – 1 休息日带着初中生们去河边、海边、高原地区游玩（1949）

1 1949 年～ 大分县立盲人学校时期

回到东京后，又犹豫了一个月左右，直到 1949 年 5 月 5 日连休结束后，我才正式到大分就任。校长问道："你是有东京病，还是缺钱病啊？"我不假思索地回答道："两者皆有。"校长把我这么个新任教师带到那个兼作食堂的礼堂，那里正在进行辩论大赛的预选赛，是由大阪盲文每日新闻社主办的。

第一堂课

第二天就开始教课，我教授初中与高一的国语课。第一堂课是在初中二年级教室。教室的门一打开，就看到一位前一天在辩论大赛上入选的女学生。我先点名，大家都依次应答后，我说："川津，昨天可辛苦你了。你昨天说我的眼睛看不见，家里很穷，那是事实，但那只不过是一部分事实而已。我们先问一问你的朋友是怎么看你的吧。请以'川津'为题，在下面写出你们想到的有关川津的事情。""川津很和善。""川津的国语很好。""川津的声音好听。""川津很坚强。"一共 11 人，大家都说出了对川津的评价。"川津的眼睛看不见，家里穷，但这只是她的一个侧面，不是她的全部。真相不是能随意取出来展示给人看的东西，需要花时间去寻找。好比要给一个主语配上正确的谓语一样，只有经过不断的判断，才会产生下一个判断。最早的那个判断如果错了，可就全部都错了呀。要注意。"

我教的语法课，是以这种方式开始的。

女教师兼任家庭课教师

好像是在第二周的时候吧，教务主任让我兼任家庭课程的教学。我说要请专门的家庭课的教师才行，但他说以前也是由小学部的女教师担任的。没有办法，于是我就在家庭课上宣布说大家一起玩吧。在天气好的日子，我就带孩子们在外面玩捉迷藏。雨天时，则在教室内拉着风琴一起唱歌或者读书。由于家庭课是纯粹的玩耍，一个学期结束后，我又向校长要求，请他派家庭课的教师任教，所以从第二个学期开始，一位年长的师范专业的教师来教此课。

她亲自拉着孩子们的手，教授全盲的孩子们如何剥鸡蛋，教他们如何能不怕火，敢于做饭，训练他们的生活自理能力，还教他们编织花边、桌面上的台布，甚至还教大家共同制作床罩。他们制作出来的床罩，每年都由驻日美军的军官夫人们买走，所得的收入用作下一年的教材费。

进入教师疗养院

可是我的健康水平连半年都没有维持住。

9月，在医嘱下我可以晚点到校上班（10~15点）。11月，我住进了山里的疗养院（教师疗养院）接受住院治疗。院长说，头一次看到像我这样笑嘻嘻地来到这里的患者。其实，我是因为有这样的休假而高兴，因生病被禁止了一切活动，终于有时间可以一边盯着天花板一边思考问题了。我在这里度过了两年半的时间，学习到了什么是"接受"。这是作为盲校教师的必需条件。孩子们在接受了目盲这个现实的基础上，必须开创自己的人生，这个地方是个贴近孩子心灵的训练场。我在这里学习到，如果有伸出自己的手还不能解决的事情，就托付给神，向其祈祷。

这个疗养院是个有趣的地方，聚集了被诊断为患了结核病的大分县的中小学校的教师们，可以全面地了解大分县的教育中存在的问题，还可以了解工会的原型。入院几天后的一天，刚过完休息时间，不知从哪里传来了"紧急在院子里集合"的命令，之后在院子里召开患者大会。三四个男患者走到前面，提出"改善伙食"的要求。在这里，每人每月的伙食费补助金都交给疗养院集中管理，另外院里还购买附近农妇每天早上送来的鸡蛋，以补充营养。这些当然都应该包含在县里提供的经费中。有人提议，停止这两项供给，要求疗养院负责改善伙食营养。他们已经到其他医院、疗养院（结核病患者的疗养院）做了调查，同时还收集了各个医院的伙食菜单分头加以分析，并在用餐时间到实地做了调查。对结核病患者来说，伙食关系着生命，所以才有人如此担心。他们被选为谈判代表，开始争取在既不增加补助金也不买鸡蛋的条件下改善伙食。我最初还担心伙食的质量会不会就此下降呢，看来真是杞人忧天。自己的生活要由自己来维护，自己收集资料进行谈判的方法是我有生以来第一次见到。

休止符

那个时期的我还要负责照顾弟弟与妹妹，妹妹高中毕业后，正在上高级护士学校，弟弟正在上别府鹤见丘高中。我的工资每月由学校的工人帮我送到家里。弟弟拿到后，第二天放学回家时再拿到疗养院来交给我。我们将房租、两个人学校的费用、伙食费等分别装入信封，再由弟弟拿去支出。在我卧床疗养期间，他们两个人渐渐长大了。

妹妹当了护士，弟弟进入早稻田大学二部，都各自独立了。

战争末期，不顾父亲的反对，与同学们一起去海军飞行预科学校当练习生的大弟弟，战败后因没有工作而下落不明。小弟弟在东京期间，每天到东京与横滨交界处的一个贫民街的小客栈挨家挨户地去寻找，最终在那里把大弟弟给找了出来，带回家。随着军队解散，大弟弟到处流浪，那时他才不过二十几岁，后来朝鲜战争爆发，朝鲜特别需要物资，他就挑着担子往来于日本朝鲜之间赚钱。回家安顿下来后，他去了大阪，在父亲的朋友经营的公司工作，销售测量仪器，一直工作到退休。

图 3-2　妹妹的戴帽仪式那天

重回盲人学校

1952 年 2 月，我病愈出院回到学校重新教课。

我以图书馆为战场，检查了所有的盲文书籍，然后又卸下书柜的门实行开架式陈列，让学生随时随地都可以阅读。这件事情在职工会议上得到了认可。在下一个暑假来临前，我收集了 50 本初中学生必读书籍，成立了"朋友文库"。我自己拥有的书不够全面，不足的到书店买齐。我将初中部的全盲学生召集在一起，告诉他们说："我在图书馆等着你们，计划在暑假阅读的书，可以来这里取。"谁知我却在那里白等了一场。第二天，我将他们召集起来一问才知道，因为他们家里没有人念给他们听。

"家里的人也不会读吗？""是的。""是吗，那没有办法啊。从下个学期开始，我们自己做书吧。""嗯。"我为自己的愤怒而感到羞愧，通过这件事我才知道这些孩子们所处的环境是多么艰难。

高中用的教科书是文部省编写的教材。这是一本内容陈旧，罗列了各类文章的大杂烩。其它普通的高中已经在使用民间的教科书公司编写的教材了。我让学生们使用三省堂的教材，我觉得这本书不错，学生们都说自己来抄写并且决定从第二学期就开始使用。暑假来临，可是教务处、事务处都说没有足够的钱买盲文用纸。我想起了以前有个朋友曾对我说过，"美军驻地的事务所里有很多地图"。于是我去别府拜访了美军驻地事务所。我先诉说了盲童学校的财政困难，买不起足够的盲文用纸，"听说这里有许多地图，今天过来就是希望能否给我们一些不用的地图"。"这些可以吗？"那个人领着我到了隔壁房间，我看到了堆积如山的地图。"你需要多少？""先要一米左右的吧。""OK。"他挑选了高约一米的大张地图纸，装入出租车，我道谢后回到学校。

这些地图上详细地标识着各个村落的名称，我猜这大概是空袭日本时用的工具。用手阅读的盲文纸，背后印着什么内容无关紧要，所以也就没必要去多想。

　　进入第二学期后，弱视的孩子们高高兴兴地将地图纸裁成 A4
大小的纸张，又将裁剩的纸做成 B6 大小的小本子。我常在带孩子
们出门游玩时，拿着口袋书给孩子读，所以他们想"如果盲文书
也有同样大小的就好了"。我们决定在小型纸张上录入《一串葡
萄》（有岛武郎）和《春之鸟》（国木田独步）等短篇小说。

　　放学后，我将初中部的弱视学生与全盲学生召集在图书馆里，
开始转译盲文的工作。高中学生在教室里做将三省堂教科书转译成
盲文的工作。

　　我在图书馆的角落里一边回答初中生的提问，一边用盲文打字
机录入德拉的《暴风雨前》《暴风雨后》（吉野源三郎译，岩波少
年文库）。我们又到附近的裁缝家里，把裁掉的布片脚料收集起
来，自己亲手制作书的封脊封底等，这样一本书就做好了。

　　这些译成了盲文的书，与采用活字印刷的原书摆在一起，曾在
秋季举办的文化节上展览过。这个文化节展览的是县内中小学生的
绘画与书法作品，以前在教育会馆的大厅里展示，这一年的展览地
点换到了更好的地方，吸引了众多媒体与众人的目光。高中生们纷
纷来盲校访问，盲校的高中学生会也加入了大分县高中学生协议
会，从此与其他学校的高中生有了交流。

　　我到学校恢复教课后，立即向美国的海外盲人教会写信，表示
"希望能得到一套美国盲校使用的教材与教具"。凸版、凸字的地图、
学习英语用的教材唱片、前面提到的盲文打字机等物品也先后从美
国寄来了。这些器材放在有需要的学科和院系那里，可以当作参考，
以制作在自己的教室内使用的教材。美国的盲文打字机很结实，因为
只能用作单面打字，所以对于我们只使用地图背面的人来说，实在是
太好了。日本的盲文打字机，针对的是双面打字的纸张，有点奢侈。

　　后来，我们在盲校建成了盲文图书馆。设计图纸上的面积是
90 坪（1 坪 = 3.3 m²），但是县里不同意。据说理由是，"东京的才
45 坪，地方的图书馆为什么需要 90 坪？""东京的情况是，把个人
的家当作图书馆，通过邮寄就可以租借到，但是在这里，盲校的学

生要经常过来使用。而且普通的盲人也可以过来使用，大概至少可以持续使用 10 年吧。"争取的结果是，决定建 78 坪的图书馆。一本《简明英和辞典》用盲文制作下来，变成了 38 本书籍，每本 A4 纸大小、厚 5~6 厘米。由于盲文书非常占空间，所以图书馆需要较大的面积，但这很难获得理解。

从"没有收件人的信"开始

下面的文字，是从每周为别府青山高中的孩子们写的《图书馆通讯》中选用的。

三个苹果

已经是很早以前的事情了，我那时还在盲校。似乎正好是现在这个季节，我在图书馆的一角，整理学期末要用的学习资料，在旁边帮忙的初一的男孩子们，全都回宿舍去了。过了大概一个小时，全盲的 A 跑过来，"老师，这个给您"。他给了我一个苹果。A 走了以后，B 也来了。他一边与我说着话，一边蹭到那边，嘟嘟囔囔地说着什么，一会儿就走了。我发现在我的桌子上面，又多了一个苹果。这次 C 又来了，他说，现在宿舍里正在聚会，每人发了两个苹果，所以来给老师一个。我一共得到 3 个苹果。

3 个人 3 份礼物，共同点就是都是一个苹果。这个小小的礼物，并不是他们从多得吃不了的食物中挑出的（那时发点心是很稀有的事情，经常饿着肚子），而是他们削减了本应属于自己的那一份，赠送给我的东西。每个苹果中包含了他们的爱心，我获得了爱心。礼物是从心到心的赠予，所以对我来说，那天的情景，至今仍无比鲜明地刻在我心里。

《图书馆通讯》1967 年 12 月 11 日

交响乐队的聚会

上个星期日，我出席了第 10 个年头的"交响乐队的聚会"，这是盲校毕业生的聚会。我从高一到高三一直任教的那个班级，我给它起外号为"交响乐队"。"大家各具本事，如果能按照指挥合奏，一定能奏出很优美的交响乐，但是如果没有指挥，各自随意，那就如同开演前的交响乐队演奏席上的声音了，别人听不懂是什么。我们要像听从支配宇宙的主的指挥那样，好好演奏。"我以前曾这样解释过，他们很喜欢往好的方面去理解，后来就把自己的班叫作交响乐队了。

他们每年都出班级刊物《交响乐队》，还寄给我看。全班所有的人都要写，并不单单汇报每人的近况，还要写成各自工作岗位研究报告的形式，这恐怕是这个交响乐队的特点吧。这个班从专科二年级毕业的时候（高三的上一级）共有 19 人，加上中间转学进班的人，交响乐队的成员共有 24 人，大家至今仍都有联系。那天参加聚会的，是在县内工作的 13 人。

视力障碍

这个学年，我带的这个班级在盲校是个变化比较大的班级。不少孩子是后天失明，从高一到高三，他们一直为将来的出路烦恼。作为有视力障碍的人，他们有着强烈的自尊心，绝不甘心悲惨地生活。这个班级一半以上的人在这高中三年期间，曾有过上吊自杀的经历。当他们的老师，要时刻关注他们，一点都不能大意。他们逐渐克服了这些苦恼，一天天长大成人，寻找着属于自己的人生之路。

各种人生路

阿南君当了 5 年的图书委员（高中 3 年与专科 2 年），在东洋大学完成图书管理员的课程后，现在在大分盲文图书馆当图书管理员，为县里所有的盲人提供阅读服务。在校期间，他写了一篇歌德的《浮士德》读后感，凭借此文入围全国作文大奖赛。

首藤君毕业后休学一年，进入东京教育大学，现任札幌盲校的教师。虽然是全盲，但他在学校期间，把但丁的《神曲》全部译成了盲文。修学旅行时，发现他对于没能看到中宫寺的弥勒佛像感到遗憾，回到学校后我把照片做成盲画，他则把画刻在楠木板上。他还把达·芬奇的素描等都做成了盲文版。

中村君也是全盲，在国际基督教大学的复试中落榜，第二年考入明治学院大学社会学系，毕业于社会福利专业。从没有用过家里寄来的钱，因为他获得了四个地方的奖学金。他孤身一人在东京，凭借一根白色的拐杖上下学。现在在一个叫作光之家的机构工作，为那些因目盲而不具备一般能力的人寻找合适的职业。他的一篇读后感在第一次全国竞赛上获奖，阅读的作品是班扬的《天路历程》。他就业的那家机构的理事长是秋元梅吉，此人是第一个在日本主持出版盲文版《圣经》的人。

笠村君完成日本大学艺术专业的学业后，现在在大阪府立盲校任音乐教师，还兼职做附近高中的音乐讲师。他在盲校学习时，因结核病休学了两次。为此他无法拉小提琴了，改学钢琴。可是盲文的钢琴谱有限，他进入日本大学时，曾犹豫是学作曲还是声乐，最后还是选了声乐。他克服了重重困难，继续沿着音乐的道路前进。他定期举办独唱音乐会，至今仍怀有去法国留学的梦想。

小仲君与辛岛君结伴去了位于八岳的农林省的中央传习农场学习，毕业的时候，据说辛岛君（全盲）与农林大臣邻座，做了一场关于养鸡的实习报告。小仲君现在经营着一个一町步大小①的菜园，辛岛君经营着有 7000 只鸡的养鸡场。尤其是

---

① 1 町步 = 2.45 英亩，约为 9914.66 平方米。

辛岛君，能够说服当初反对自己的双亲走到现在这一步，真是相当不容易。听说最初是自己亲手削竹子搭鸡舍，现在已有了新土地，建成了钢筋结构的二层鸡舍。

池田君是整肢园的物疗主任、诗人，还是市内文学研究班的负责人，定期发行诗刊，据说他一直关注脑瘫患儿，反对越战。他还撰写木偶剧本，该剧去年在八幡市的一千名观众面前正式演出，他非常高兴。

小西是唯一的一名女生，她的梦想是建设老人之家。

限于篇幅，很遗憾我不能全面地介绍这支交响乐队的每一个人。他们在各自的道路上前进，我对这个班级的孩子所做的一个共同的评价是："他们没有一个人只是为了自己而活。"

我们大家，一定要勇敢地前行，不能输给别人！

《图书馆通讯》1968 年 1 月 22 日

图 3－3　大分县立盲校高中三年级的学生们
临近毕业的 1956 年 2 月

致力于人生发展指导

我认为，图书馆提供了学习的方法与场所，学校教育的最终目的是致力于人生发展指导。即使眼睛看不见的人，也有选择职业的自由。

刚才介绍过的那个农业二人组，最开始本想当奶农。寒假期间，我到北海道酪农大学去了一趟，想看看有没有这个可能性。接待我的大学老师在我回去时对我说："今天雪印公司的社长在札幌，见一面吧。"通过那位老师的介绍，我立即回到札幌，按照约定的时间到了酒店。

雪印公司的社长兼任酪农大学的校长。临别时，他毫无架子，很客气地在饭店大厅里仔细地听取了学生的要求和希望，与我一起探讨盲人饲养奶牛的可能性。"不过，如果牛要是跑了的话，他们可就抓不回来呀，牛的行动半径很大。他们还是选择无须跑很远的工作比较好啊。""例如？""养鸡之类。"我感谢了他的忠告后，又去了八岳的农场。

这是一所农林省直属的农场，培养负责一公顷以上大庄园的农艺师。也许是这里的老师认为盲童不适合这里，都非常吃惊，但还是同意孩子们参加考试，最后同意接收二人在这里受教育。在那里学习了两年，他们一直整理图书馆的书籍，两人都是图书委员，所以非常熟悉图书的分类法。据说是同学们帮他们贴纸条、写图书卡。他们笑着说，那是为了感谢农场的老师们。

在决定这些孩子们的人生发展轨迹的背后，有很多人的支持。

两年后，我开始接手专科一、二年级时，与前文所述的班级就不一样了。这个班级中先天性失明的孩子比较多。如果想要靠针灸的手艺生活下去，就要成为这个行当的佼佼者才行。我知道东京世田谷有个"信爱之家"，别名叫"针灸科学研究所"，我去拜访那里的平方先生后，遍访了分布在各县的从他那里出来的毕业生。信爱的毕业生男女配对，互相帮助，治疗水平受到极高评价，生活得很有尊严。

我建议弱视的孩子可以到医院的理疗科工作，全盲的孩子，在家庭允许的情况下，可以去信爱之家，其他情况的可以自己开业行医。当时如果去别人开业行医的地方工作，收入分配比是 7：3，自己拿三成。没有休息日，也没有学习针灸的机会，孩子们选择了自立的道路。

开业医生向校长施加压力，要求把毕业生"送几个过来"。校长也对我说，"介绍几个毕业生给他们吧"，但是被我拒绝了。

盲童学校的孩子在经历了六、三、三、二共计十四年的学校生活后，一个个都展翅高飞了。我到这个学校一眨眼就过去了十四个春秋，带了整整一代学生。如果继续待下去的话，自己就要成为元老了。

为此，我向教育委员会提交了希望调动工作的申请。第二天就接到别府鹤见丘高中校长的电话，"我在教育委员会看到了你希望调动工作的申请，如果你真心想调动的话，到我们学校来怎么样？"听他这么一说，我当即答应"好的"。

2 1963年 调入别府鹤见丘高中

图书馆的改造

别府鹤见丘高中是大分县升学率最高的三大名校之一，学校面积大，学生数量多。可是用在每个学生头上的人均费用，与盲校相比却有点小巫见大巫了。教师们只能用黑板与粉笔授课。

校长是大分县学校图书馆协议会的会长，我是协会的干事。所以他也不客气地要求我"把这里的图书馆想办法办得好一点"。幸运的是，另一位调入本校的 K 先生曾任过图书馆主任，所以我们二人决定一起想办法。我们先是把校长办公室的《百科辞典》搬进了图书馆，由于图书馆在学校的一角，所以我们把学生们必经的走廊上的告示牌作为图书馆专用物品，再把全体教师们签名推荐的图书目录记下来印成小册子，发给学生们。有的好书去书店找都找不到，我们专门制作了订购本，将书店买不到的书随时记在订购本上，还请书店的人来学校，请他们帮忙订购。如果有了大量到货的书籍，则请书店的人到学校出售。体育馆里堆积着按班级分类的大量的图书，这些准备工作都是由书店来做的。学生们只要按班级标识来到窗口，报上名字，就可得到书籍与预订的卡片。如果没有错误，确认后只要支付费用，就可离开了。亲身体验了购书的方式后，很多学生一次性买了许多书。

这个图书馆以前没有专业的图书管理员，虽有 1 万多册藏书，但是分类的工作没有做好，而且要重新做起来非常不易，只好发动全校教师与学生的力量来补救。暑假补习期间，完成了学习任务的班级，班主任与学生们一起来图书馆，将贴在书上的标签用水弄湿后揭下来，规定每人每天做完 50 本后就可以回去了，图书委员每天下午轮流来馆，与我和 K 先生一起，组成直角排列形式，开始分工流水作业。有人往标签上写分类号，有人贴标签，有人修改图书卡上的分类号，有人修改藏书印章上的分类号。

当时，有个图书委员提出："这个房间太暗了，如果把书架涂成鲜艳的颜色怎么样？""那就趁着书还放在桌上的空档时间涂吧。""好，那就交给你了，干吧。"于是，白色中加点绿色的明朗的书架上，摆上了穿上新装的被重新分类的图书。第二学期开学时，学生们心里想着这是自己亲手参与建设过的图书馆，渐渐地爱到图书馆来了。

这一年的读后感作文中，写《在轮下》（赫尔曼·黑塞）的人很多。"抓紧研习，以免丢落在车轮下"，教师让学生们处于自己拉着的车的车轮下，把他们救起，照顾他们养伤。看来，我们做的不是毫无意义的事情。我也暗暗考虑辞去教师的工作。

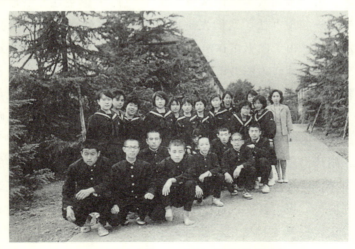

图 3 - 4　别府鹤见丘高中一年级的学生们

第二年，新校建成之时，鹤见丘高中的副校长将任新校的副校长，他对我说："一起去那边吧，一所学校的特点是在第一年内形成的，所以你第一年一定要来这里呀。"我于是把别府青山高中这个新校当作一个新的梦想，得到了校长的同意后，决定去那里了。

发现人性的对话

（1）是金米糖①，还是变色糖？

读后感作文竞赛与县里的审查沾上关系后，已经过了10年。记得好像是大前年的事了，寄往中央审查会的一类作品（文学作品）遇到了问题。那都是T高中的作品，二年级学生的《河童》（芥川龙之介）的读后感和三年级学生的《约翰·克利斯朵夫》（罗曼·罗兰）的读后感。校内评奖中，《河童》读后感评为最优，《约翰·克利斯朵夫》读后感则被认定为佳作，大家都认为理应如此。《河童》是个了不起的评论作品，作者是没有瑕疵的、没有什么爱好的优雅的变色糖。可我认为，《约翰·克利斯朵夫》这一大作中体现的笨拙的诚实感，是难以让人舍弃的。虽然是个满是伤痕的作品，但却是个生动鲜活的、斗争中的人，怎么看都像是个巨大的金米糖。当时我以重写为条件，把《约翰·克利斯朵夫》作为一类的代表报送。

如果将读后感读下去，必然会在变色糖型作品与金米糖型作品中感到两难。成长是金米糖式的，因为金米糖会在思考的方式上遇到挫折，只要将这个挫折清理掉，就是一片坦途了。作为教师，应该不要随意地砍掉突然冒出来的、看起来难看的犄角。

这个时候，我还不知道金米糖是怎么做出来的，以为就是

---

① 金米糖是一种日本的糖果。是砂糖融化后加入香料、色素再次结晶成的米粒大小的不规则状糖果，加热后可以随意捏成各种形状，类似中国的面人，可以随意加工。

一小点砂糖做出来的疙瘩。我小时候吃的金米糖里，有的放了罂粟种子。听说罂粟种子与砂糖混合在一起，糖粒子就会逐渐变大。大人告诉我，糖粒子的秘密在于罂粟种子的锯齿纹络。如果把这个比喻用于评价读后感，那么最让人感动的核心就是罂粟种子了。感动可以在各种层面上显露出效果来。我会鼓励道："干吧，干吧！"即便走形也没关系，因为我认为能伸张到何种程度才是个问题。文体也好，其他什么也好，那种糖衣总是紧随其后。也许这种说法不文雅，但我确实这样认为。

我不认为变色糖型的作品无聊。从某种意义上说，可能我正在读与自己相配的作品，所以不会露出破绽。这也许是一种在自己的能力范围内的、悠然享乐的态度。所以，一切都不要强求，在那个范围内，连教师的指导都不需要。去年入选报送中央审查会的二类（文学以外）候选作品中，A 校的学生写的《物理学的人生论》（猪木正文）（三年级 T）、《数学的故事》（矢野健太郎）（二年级 H）就是这类作品。在她们掌握的现有理科知识的条件下，尽力地发挥、写得得心应手。这样的作品读完之后让人感到快乐，在评委中都获得了好评。我认为有这种读法就不错。只是，如果要求他们再加深一下思考的深度，那么会怎么样呢？我觉得有点力不从心了。这种变色糖型的，只要不存在对她们的人格成熟与学问长进的要求，就不可能突然变得巨大。那种成长是今后要面临的长期性课题，应该由教师长久地呵护她们，选择诚实的人生之路。担任教授物理课任务的副校长，还为了这两个人做了后期的读书准备。现在 T 已经在大学攻读物理专业了。我想，犄角也罢、矛也罢、眼珠也罢，[①] 要想把变色糖变大的方法就是，在下次读书时，把变色糖变成金米糖就可以了吧。

---

① 这是日本童谣《蜗牛》中的歌词："蜗牛，蜗牛潮登登，你的头在哪里？伸出头来，伸出矛来，伸出你的头来。蜗牛，蜗牛潮汲汲，你的眼珠在哪里？伸出犄角，伸出矛来，伸出你的眼珠来。"寓意儿童苗壮地健康成长，不受外界影响。

（2）"喷发"带来改变

　　话题转到《约翰·克利斯朵夫》上去吧。那两个学生因为是我要求留下的，所以也就理所当然地转到我这里，由我来负责了。其中一个是 T 高中的三年级学生，叫片山光子。距离向中央报送的期限只有三天时间了。她最初来找我的那个晚上，我问了她很多问题。她在高二的那个夏天，读了《约翰·克利斯朵夫》，高三的夏天读了《卡拉马佐夫兄弟》（陀思妥耶夫斯基）。她曾犹豫到底写哪一个好，最后才决定写《约翰·克利斯朵夫》，并且重读了该书。我问她是什么地方打动了她？她的记忆力很强，详细地说出了理由。她确实好好地读了这本大作。我把她的话记录下来，告诉她"你现在说的话有些凌乱，我觉得好好整理一下的话，能够写成两个系列的内容"。我把记录交给她后，又让她自己加上标点符号，她看以后说：对的，一个是关于爱情经历的，一个是关系生存斗争的。我并没有谈以上内容，而是告诉她罗曼·罗兰为什么写这个作品，写这个作品的过程中发生的事情，将罗曼·罗兰写在《追寻内心的旅程》中的"解剖约翰·克利斯朵夫"念给她听。这些都证明了她把握问题的准确性，她自己发现了从杂乱的感想整理中找到了这两个角度的思维方式。我告诉她把自己想写的写出来就可以了。她回家时已经 11 点了。那个夜晚，她连夜写出来，第二天晚上就交给了我，当然已把前面的文章都抛开了。翌日晚上，我听她讲了关于爱情、关于人生的感想。抛开作品，她将这些当作现代面临的问题，探寻着自己的生存道路并且直率地询问起心中的疑问。我作为一个人生的前辈，说起了我自己的看法，有关于女子求学的意义的，还有关于日本的社会问题、婚姻的存在方式等。她蓬勃涌动的心中，又一次思考了这些问题。她 10 点左右回的家，又花了一个晚上，写出了全新的东西。因为我对她说，只要把想写的写出来就可以，所以她的稿子写了整整 7 张纸。第三天的夜晚，我们一起把多余的部分删去，抄好了稿子，第二天就必须要寄出了。本来真想再来一次，把这些都推翻再让她重写一次。因为这篇稿子紧紧抓住原著，其感想也是按着作品顺序梳理感想写成的。我想让她从自己碰到的问题出发，再一次通读作品，做最后的比较思考后再写出读后感。但是要达成这个目的，在时间与体力上都不允许。她将这三个晚上都用在了这件事情上，其时正值能力考试的测验中，白天还要参加各种考试。她笑着说"这才真是实力啊"，下午休息一会后，晚上她再次来到我这里。当年，这篇文章作为佳作获奖。她在那年春天考入九州大学的药学系，拿到入学通知书后，她高高兴兴地来向我报告这个喜讯。

这是一种下猛药式的写作方式。她好歹先把原著读完了，作为面临高考的应届三年级学生，幸亏她不是个纤弱的优等生，她把罗曼·罗兰的思想高度与自己的生命活力相结合，与克利斯朵夫共同完成了这次飞跃。我的任务，只是当她的谈话对象，通过对话将她带到跳台上去。我在这里讲述这个例子，是因为这些事情发生在短短的三天之内，在这三天中，我只是想展示出我指导的读后感写作的原型是什么样的。其他的各种实例，只是这次指导的变奏曲而已。

所谓对话，指的是将想法确切、恰当地用语言表达出来。就是要把他们当成谈话对象，直到他们头脑中的逻辑建立起来。到那时才可以说，我将此身置于作品的中心后，再谈论其他，作为作者的代言人提出疑问。把自己降为与学生同等水平，再提出疑问。要严禁没有实际内容的华丽修辞，当处于那种情况时，要进行彻底追问，让他们认识到没有实际内容。要让他们不能只满足于常识的范围内，却不用自己的手脚去感知确认，这是苏格拉底很早以前就采用的发现人性的办法。他们与我对话时，会逐渐说出问题的答案。用辩证法的方法先发现问题，再经过整理的阶段，在广阔的视野中，最后确定看待问题的出发点。写作的时候，一定能写出与以前完全不同的内容来。精神的张力通过文体的力量传达、表现出来。我不喜欢下面这种方式指导学生，比如告诉他们这里应该这样写，那里应该那样写，将文章改得如同打补丁一样。我希望与那个学生对话之后，能让他避开认识上的误区，开阔视野，这样我才可以伸出援手，让学生在人格上变得强大。先在火山内部点火启动起来，再把阻挡在火山口的石头挪开，经历火山爆发后，再改变形态。每一次的喷发都会改变形态。重新写读后感，就如同这个火山喷发的过程一样。内部的能量决定了形态的改变。那些沉溺于自己的文章，只在意雕琢词句的学生，在读后感写作中，不会有太多的发展空间。只要假以时日，犄角也罢、矛头也罢、眼珠也罢，终会变成金米糖的。

进行这类对话的时候需要注意些什么呢？前文曾写到"降低到学生的水平"，但其实"指导"的意思，不就是自己在面上，然后把他拉上来吗？确定学生们目前处于什么水平，把自己的心与学生们的心靠近（这是很难的事情），然后如同朋友般地交谈，一级一级地上台阶，将他们带到看得到风景的地方，但不要抢先发现。到底能够上升到哪个台阶，由长出金米糖之角的那一方决定。宋朝人曾做过拔苗助长的事，我们要引以为戒。

（3）新竹苗壮成长

我现在一边哗啦哗啦地翻阅着学生们写的读后感，一边回忆着他们每一个人。

与"安娜"这一主题联系在一起的，是记录波兰大屠杀事件的《绝不能忘记》、萨特的《犹太人》等。这一年，《文艺春秋》举办了《安娜日记》读后感的作文竞赛。暑假期间写了读后感的孩子们，在暑假刚结束时就向学校提交了作文，文中都涉及纳粹与犹太人的问题。H 的中学时代的朋友从纺织工厂回国了，他阅读了《女工血汗史》（细井和喜藏），同时还读了大河内一男的《贫乏物语》、大木健的《西蒙娜·薇依的一生》。M 则要写易卜生《玩偶之家》的读后感。为了帮她解决疑问，我借给她看《人的痕迹》（莫尔冈）后，她的注意力完全转移到后者，虽嘴上说只能写《玩偶之家》，但经过对书中人物杰克、约翰、克莱尔的逐一分析，她最终还是写了《人的痕迹》。看来，到哪里都有金米糖型的。集中了关注点的地方，就会长出角来，她一点都没有要把《玩偶之家》当作变色糖型那样处理的意思。读后感这种作文，并不是写完就结束了。一边阅读，一边书写，不断地思考下去，才是其本质的意义。"已经明白的事情，即使写了出来，也没有什么意思。"——不断生长的新竹的茁壮之处正在于此吧。

那是前年的事情了，每年暑假期间例行召开全县图书委员的研究会，当年还组织了课题图书的读书会，参加《未完的镇魂歌》（藤井重夫）读书会的多位学生（主持、记录等工作都由 A 校的她们负责，正因为准备工作做得很好，所以读书会很成功），没有一个人写读后感，而是选择了其他作品。如果问她们为什么没有写，答曰："因为已经讨论到这一地步，就没有必要再写了。"我想这是理所当然的事情。倒不如去选择《倾听，海神的声音》（·日本阵亡学生纪念会）、《皮埃尔和吕丝》（罗曼·罗兰）等作品。

可是，去年举办的同样的读书会上，参加《华冈青洲的妻子》（有吉佐和子）读书会的人们，还是选择这本书写了很多读后感。我认为这件事很有意思。《华冈青洲的妻子》里揭示的问题，不是高中生花两三个小时的交流就可以明白的。被揭示出来的问题需要花费许多精力理解，与朋友讨论电视剧《女人与刀》时，话题又回到这本书上。读了《日本女性史》（井上清）后，还是回到这本书上。了解了《欣悦的灵魂》（罗曼·罗兰）中那种理想的母子关系后，还又回到这本书上。讨论现代社会的家庭里普遍面临的问题，讨论家庭第一主义或者女大学生亡国论等话题时也会回到这本书上。

后藤（二年级的图书委员）写了《华冈青洲的妻子》的读后感，获得了文部大臣奖。从 8 月读书会召开，直到 11 月，她写了 5 次。在县里的审查阶段，这个作品的读后感数量众多，大部分是关于要房、要车、不要老太太式的生活感想。后藤的文章内容在 8 月份时还没走出这个范围，但是她认识到"这种要房、要车、不要老太太式的生活感想不能解决问题"。她没有断定这是女人的天性使然，而是提出了"为什么"。这个"为什么"，就是金米糖的犄角。随着写作的不断推进，问题也不断解决。她的关注点，从加惠转移到于继，在于继的"聪明与愚蠢"中看到了女性的哀伤。

（4）用语言训练思维能力

"高中的国语学习，与初中相比有很大不同，主要在于'好好写作'这一点上。入学考试结束后，直到举行开学仪式前，学生们来到学校的那天，我们被要求以'我'为题写了一篇文章。然后经过较长时间的假期，我们又被要求写 5 页长的读后感，还有作文、诗等，还被要求写与现代国语的课程同步的作文。我觉得现代国语的学习，完全是始于写作并且终于写作。写作要求自己思考，对于懒惰的我来说，是件难办的事情，但我发现了很多好处。另外还有一个特点，就是集体学习。我们的集体虽然经常偏离正轨，但也明白了大家一起学习的乐趣。给我留下深刻印象的一件事是，将波伏娃与萨特访日时的演讲内容当作评论的应用文章，在给学生上课时做了介绍。我们为了收集刊登着三篇萨特以学者为主题的演讲文章的报纸，专门抢购《朝日专刊》传阅这些文章。当终于可以理解那高深的演讲内容时，不自觉地喊出'太好了'，深切体会到了活学活用国语课的滋味……"

"一年级刚开学的时候，记得老师曾经说过'现在有的人把现代国语简称为现国，听起来都像是拳头的发音了'。现在想起来将其简称为'现国'已经过去三年了。可以说，学习现代国语的三年时间里，只有在青山高中才可以获得这么多知识。上课的时候，我全神贯注地听讲，充分调动我的思维能力。通过现代国语，我学习到了应该真正理解教科书里的文章的中心思想。做到了解中心思想之外的人类的苦恼、悲哀，了解各种各样的（像人那样）的生活方式。学习到了如何把握文章的正确的一面、美好的一面。最重要的是，我意识到我是一个人，一个女性，并且因此必须要面对各种问题。……而且，我发现了现国的魅力——不是以前那种国语，是鲜活的、永远都活生生地存续下去的国语的魅力，那是两年前的事情。我已在前面详细说到了那种魅力，虽然只是普通的赞美之词，但……"

以上是别府青山高中的第一期学生将要毕业时，在最后一堂国语课上写下的内容。现代国语是用语言进行思维能力训练的形式。我们在高一接手的孩子们，没有开展过这种思维训练，她们头脑中的词语，像沙粒一样散乱地、无序地存在着，那是没有生命力的沙粒的悲哀。语言的学习以前似乎止于单单学会替换词语的工作，没有为了形成"语言的体系"而对她们开展"语言的理论"的锻炼。当以"用语言进行创造的方式"为目标的时候，对现代国语的要求，则是任重而道远的。读后感作文是用现代国语的方式，用各学科的学问种子催生出来的花朵。无论哪个学科都需要开展思维能力的训练，如果这个语言的土地荒废了或者挖掘得不够深，不管播下什么种子，都难以扎下根来，更别说长成参天大树了。在这个人们都匆忙赶路的现代啊！我将在"有三年时间"的他们中间，让他们深耕语言的土地，剔去无用的碎石。那种阅读到各种各样、百花争春式的读后感时的快乐，只有有过农夫经历的人，才最能体会出来吧，也会想起悠然见南山的古人情怀吧。

松尾弥太郎编《读后感作文指导的实况》，

共文社，1968 年

3 1964 年~ 为了向高中女生讲述希望

1960 年代，是我教职生涯中最让我受益的一段时期。这段时间，我们抵制应试教育体制，开展探索各种教育方式的试验，在教师们讨论的基础上，一步步使之变为现实。

在新设别府青山高中开展的追求"创造的权利"的教育试验中，我同大分高中教职工会的女性教职工一起经历了追求"变化的权利"的过程。追求"山青、天高、海蓝蓝"的那段时间，我常常在屋顶上漫无边际地思索。

创造的权利

教学就是要讲述希望

10 年前诞生了一个女子高中，即大分县县立别府青山高中，那是在 1964 年 4 月。

来此就任的教师们，并不认为这所女子高中的建立违背了高中三原则①。正是从此处着眼，教职工们怀着给学生们创造一个讲述希望的教室的心愿，坚决抵制着应试教育体制。

---

① "高中三原则"即日本民众在 1950 年代制定的普及于高中的"综合制、小学区制、男女生同校制"三项原则。

在 2 月份建校的准备阶段，我们在入学指南的封面插图下，写上了阿拉贡①诗作中的一段话："教学，就是要讲述希望，学习知识，就是要将诚实铭记在心。"

T 校长说："这样啊，好，就这样吧。"随后大声将其念了出来。"以此作为本校的建校理念吧。今后，这是我追求的目标。谢谢。"

开学仪式的致辞中，T 校长适时地将其引用到其中，现在青山高中的入口处，挂有写着该文的匾额，写着教育基本法第二条的匾额挂在其相邻的位置。

鼓励大家像一个正常人那样生活下去

为了让初入校的第一届的一年级学生不至于成为新校的牺牲品，在他们入学前，学校用于配备图书馆资源的一年的预算经费，在三个月内就花光了。经费缺口的部分，学校与县立图书馆约定好，从那里借来 1000 册图书先用着。学校与全国 80 个出版社联系，请他们寄来教材辅助读本的样本。

中学的教科书是从教育研究所借来的，每类课程各 5 种，然后分配给负责各课程的教师。教师们还须注意着要与初中的课程有关联，以便让学生们顺利地完成高中的学习任务。

在宣布学校合格之后，举行开学仪式之前，学校给学生们布置了课题。那就是选择好相关课程阅读图书后，通过阅读写出 5 页作文纸以上长度的读后感。书目有小林绫的《部落的女医生》、约翰·冈德的《死亡啊，不要傲慢》（中野好夫、矢川德光译）、安娜·弗兰克的《安娜日记》（皆藤幸藏译）、石森延男的《各国旅行礼物故事》、内村鉴三的《留给后人最大的遗产》。

---

① 阿拉贡，即路易·阿拉贡（Louis Aragon，1897～1982），法国诗人、小说家、编辑，法国共产党长期支持者、龚古尔学院成员。二战中参加抵抗运动。晚年回归超现实主义。代表作有爱情诗《艾尔莎》等。

那是设下的一道门槛，它要让学生们感觉到高中与初中有本质的不同，要有一个本质的飞跃。打铁要趁热。学生们带着初入校的喜悦，来到书店里挑选着学校提出的阅读书目中的书，努力写出优秀的读后感。

经过讨论，学校决定不按学生能力的不同编排学级，并尽可能地减少授课时间。

如果将时间还给学生们自己，不是进行填鸭式的教育，而是让他们开展自主式学习的话，应该怎么做呢？老师们为此精选教材，认真改造自己的课程教材。如何克服女学生们在第二年学习松懈、第三年成绩下滑的现象呢？有的女学生，认为自己是女孩子就可以拖拖后腿，这种思想时有出现。如果说"教育就是要激发原动力"（西蒙娜·薇依的《扎根》），那就必须让她们有主动超越这种思想的力量。

为此，首先要让她们认清自己所处的位置，这样才能让她们知道自己必须做什么。让她们学会通过各种媒体，去面对与自己的狭窄的生活圈子完全不同的社会现实，让她们有勇气像其他人那样，在新时代过一种新生活，进而有意识地让她们了解女性的历史，让她们正确地延续1970年代的历史。

青山高中教育理念的基础，在于拥有图书馆。我们将女子学校存在的理由定位于追求培养出比男女同校的女学生更优秀的人来。如果比男女同校的女生更差的话，女子学校就必须要关门了。我们在讨论中逐渐统一了看法，那就是在女子教育中，要利用所有的机会与场合，强调、鼓励女子作为一个正常的人生活下去。

我们要在这所学校，将女子教育初创时期的明治女校的清新氛围，提供给现在的学生们。

"你们能说英语，能读书，对于外国发生的事情也很了解。可是你们了解日本的事情么？知道日本有红灯区么？曾为红灯区的妓女们流过眼泪么？只流泪还不够，考虑过为她们做

点什么吗?"（严本善治《女学杂志》）

一年级的第二学期，我们在俱乐部或者班级教室里访问了残疾人机构、原子弹爆炸中心、老人公寓、养护学校、盲文图书馆等，还交了不少朋友。这不是同情式的访问，而是研究式的接触。

图 3 - 5　别府青山高中的图书馆午休时间

希望她们能够顺利跨越的门槛

让孩子们阅读《伊尔库茨克的故事》（阿尔布佐夫著，泉三太郎、川上洸译）是为了让他们彻底地思考劳动与爱的意义，我希望全体学生都能通过这个题目跨越这道门槛。

一年级学生在学习图书馆使用知识时做了这个练习，于是从二年级开始，他们自己就可以组织开展读书会了。

二年级时，莫尔冈的《人的痕迹》（石川涌译）是要求学生们必须跨越的第二道门槛。田中寿美子写的《女性的生存意义是什么》作为春季的阅读课题，没有正确解读的学生还要在第二年重新理解并跨越过去。接触到这些之后，竹中惠美子、西口俊子的《女性的工作、女性的职场》、齐藤一编的

《妇女劳动》都成了 HR① 的研究课题。能让人愉快阅读的书目中，西园寺雪江的《新中国的女性们》也是不错的选择。

有了以上跨越的经验，薇依、波伏娃、史沫特莱、罗曼·罗兰、鲁迅的作品，开始被争相阅读起来。《近代日本的女性形象》（田中寿美子编）则被安排在三年级阅读，可以起到整理汇总的作用。

利用俱乐部

第一期的学生成立了一个名为"阿尔法"的俱乐部，这是个不像文艺部的文艺部。

第一个年头，俱乐部安排了考察残疾人设施整肢园的活动，并要求写出"小儿麻痹症的未来"的报告。在举行文化节期间，我们向全校师生公开了报告，因《朝日新闻》也做了相关报道，所以起到了关注县里小儿麻痹症患者情况的效果，而且东京肢体残疾儿童协会还使用了我们的报告，当作一个全国性的资料使用，大分县的社会舆论也要求建设相关的养护学校。人们逐渐有了了解残疾人痛苦的途径。

第二个年头，学生们继续利用每周一次的读书会的时间阅读《女性的工作、女性的职场》。书中统计图表的数量比较多，要将每个数字的意思搞明白不是件容易的事情，学生们按照两人一组对每一章写出阅读报告的形式，不断地解读这本书。在开展实地调研时，学生们在对别府市的职业状况进行考察与对劳动女性进行采访后，写出了报告，提出了问题，通过分析这些问题，认清了劳动妇女所面临的问题。分析问题的视角，是依靠读书会逐渐形成的。这个报告在校刊《阿尔法》上刊登，并被 HR 引用。

"我们身为一个现代人，对女性参与社会工作这件事，没

---

① Home Room，指导教室。

有感到什么特殊的便利，但其实工作的自由，并不是在某个时候从天而降的，而是经过女性长时间斗争获得的，明白了这一点，就知道选择职业时难有轻松愉快的心情。现在的自由是获胜后得到的自由，所以，我们应该让它成为更好的自由。"（研究报告序文，二年级，尾形美惠子）

第3个年头，我们以"明治以后出现在文学作品里的女性的生存方式"为题，与图书馆共同举办了公开读书会。两三个人一组针对一名作家做报告，分析作品中的女主人公或者作者的女性观。我们事先把研究主题与报告人公布在走廊里，每月两次在星期四下午2点到6点，大概有30～40人参加会议，一直持续了两个学期。涉及的作家有樋口一叶、北村透谷、国木田独步、有岛武郎、岛崎藤村、夏目漱石、森鸥外、川端康成、谷崎润一郎、野上弥生子、宫本百合子、林芙美子、石川达三。我们公布在宣传板上后，时常有年轻的老师参加会议。

寒假时，俱乐部的成员分析了讨论的内容，编撰成报告。

"以上是我们通过读书会获得的东西。我们看到页面上的女性形象，有时处于变化期间的过渡期，了解到她们生活在不能从家庭获得解放的时代，感叹那个时代没有能够与透谷、漱石等平等地对话的女性，而展现在唯美主义作家作品里的女性，我们却很少感受得到。宫本百合子、野上弥生子们的女主人公与此前的女性相比，确实更坚强，但也感觉到她们身上的小资情调与挫败感。

罗曼·罗兰的《欣悦的灵魂》中的主人公安乃德的难以撼动的坚强，是作为一个人，以新的视角看着世界而活下去的坚强；萨特的知音波伏娃的自信中充满的坚强；以上这些都是在'明治以后的文学中出现的女性'身上所不具备的。我们也试着思考为什么会有这种情况，那不仅仅表示日本女性的意识落后。包括男性在内，人们当时所处的社会，没有让人拥有作为人自由生存的自由。某人的上面总有某人在操纵着，而处于末位的，就是女性。那不仅是女性的不幸，同样也是男性的不幸。我们现在将过去女性的不足当作缺点来看，觉醒后的人开展斗争时，假设在过程中遇到了挫折，也必须要把斗争继承下去。男性与女性都是斗争中的战友，对待贫困、疾病、战争、灾害时，女性不应该成为男性身后的影子，不应袖手旁观。我们踏上社会时，就要坚定地树立这样的基本观念，认清自己应该做的事情是什么。（报告书后记，三年级，十时久佐子）"。

图3-6　与别府青山高中的图书委员学生们
讨论下一次的展览计划

贪婪地讲述

负责 HR 工作时，我每周要写 HR 通讯，担任年级主任时要写年级通讯，从担任图书馆主任的第三年开始，又在每周一向全校师生写《图书馆通讯——没有收件人的信件》。我把每周要向学生们讲的话，还有要向他们推荐的图书，写在一张纸上。学生们总是等着拿这个通讯。如果你不愿意被媒体把学生们吸引走，就要超出媒体的水平，说出必须要说的话，这样就会有尽情地讲述的众多机会。

暑假的补习进行到一半就停止了，我埋头于一项30页稿纸长的研究工作中，还要为增加选修课程、开展小组讨论学习的方式创造条件，同时还试行了信任学生的无监考的考试测试，无人监督的面包售卖等活动。我们教育女孩子不要为不必要的事情低头，把县教育委员会派发下来的短柄的扫把扔进垃圾箱，用长柄的扫帚与抹布打扫校舍。毕业仪式是学校的最后一个教育现场，在仪式上，送别的诗句用幻灯片或用舞台剧的方式赠送。第一届学生以"创造"为主题，第二届以"未完的历史"为主题，第三届以"女性百年"为主题。

这一类的尝试是从自由的讨论中产生的。有时候，校长必须要大声宣称"我是校长呀！"，要不然在教员室里没有人知道谁是校长。

虽然有女子教育、和平教育、同胞教育、公害教育项目，但这些绝不是可以分散开孤立思考的事情，我们在明确理想的人格形象时，意识到要自主地设计民主教育。

毕业前的作文题目是"青高三年里的收获"，有的学生写到，"我按要求读书了，写作了，思考了女性的生存方式。"

"老师们尊重每一个人，他们告诉我们，要自己逐渐坚强地独立思考问题，教学就是要讲述希望，学习就是要将诚实铭记在心，我要感谢老师，要把三年高中的结束作为新的起点。（藤惠子）"

终于，图书馆还是建起来了

青山高中的变质是从建校后第6年开始的。

1969年，大分县高中教职工会决定加入日本教职员工会。就在这一年，与自民党关系密切的势力退出县高中教职工会，分裂了组织。县教育委员会指派过来的校长，与身为教务长的自民党走狗上蹿下跳地、疯狂地对工会进行破坏。

那年秋天的文化节上，图书委员利用图书馆组织了一个"冲绳展"。知念、浦添、小禄高中的图书委员寄来了资料，冲绳回归本土运动协会还借给了我们几十张关于基地的珍贵照片。

展览会以冲绳方面寄来的有关风俗、生活、教育、医疗、政治、经济、历史、基地的内容为基础，并配以图解。冲绳的模型有5平方米大小，呈四方形，上面竖有明显的基地标志。布置展览时，图书委员一边说着"这样哪里还有冲绳人居住的地方?!"一边忙碌到很晚。那天的展览取得了很大成功。从冲绳寄来的小包裹中，竟然还有巧克力。本校的图书委员在圣诞节时，将亲手做的小饼干和奶糖装在铁罐里寄过去表达谢意。

如果只说表面的上事情，那么就只有这么多了。但事实上，举办文化节的计划经教职工会议表决通过后，我立即被叫到校长办公室，被要求停办冲绳展。我拒绝说，如果非停不可的话，明天就召开教职工会议表决。在那以后的一周时间里，我每天都被叫到校长办公室，而空闲时，教务长又来到图书馆施加压力。反正就是不能涉及"冲绳"。一周之后，在进入到提交教职工会议阶段前，校长竟撤回了他的主张。他们撤销了倒没什么，但紧接着第二天，全县的校长、教务长中间都流传着我在搞"左倾"教育的流言。这些情况我都没对学生们讲过。全国性的文化节活动成为一个起点，高中的学生运动就是从当年开始的。

其后，以文教委员的视察为托词，教务长到图书馆说，这个图书馆里的有关教育的图书中，带倾向性的图书太多，所以要移往书库去。"哪有这样的事情"，我听了一笑，没有答应，他是一个连《教育的森林》这样的报刊连载文章都无法容忍的人。他坚持说，图书馆里不允许放有关大学动乱的书籍。有关东京大学的学生运动的书籍，日本大学学生运动的相关书籍，都是前任的校长与教务长买的。

课程阅读图书后来也成了攻击目标。他们攻击说《广岛日记》（大江健三郎）、《日本女性史》（井上清）、《现代的人道主义》（务台理作）这样的书不是好书，说广岛是过去的事情了，井上、务台是红色人物。我还是如以前所述，回答说这些不是我一个人所能决定的，购买什么样的图书是由图书选购委员会决定的。图书选购委员会由语文教研室、图书馆室共同组成，最终还是选取了这些书。他们又说要提交给年级讨论，我说如果都交给年级，那没问题。后来他们又说提交给职工会议讨论。经过多次会议讨论，这些书的重要性越来越突出，事情向着与教务长的意图相反的方向发展，反而成了不可触动的事情了。他们还想搞乱读后感作文竞赛，但经过类似以上的层层程序，又得到了类似以上的结果，作文竞赛也成了不可触动的事情。他意识到，这个学校的骨干在图书馆。图书馆室的10名老师、2名图书管理员、54名图书委员共同支撑着图书馆，他们一直为50多位教职工、800多名学生服务，同时也反被这个群体支持着。

图书馆是一个将人、物、指导方法三者联结在一起的场所，图书馆的存在方式决定了学校的教育本质。那里如果建立了一套体系，无论是好是坏，都不是轻易能破坏的。

我虽然离开了图书馆，同伴们依然守护着它，课程阅读图书里依然还保留着那些书。

为什么追求男女同校

办校10年之后，我们又为争取将青山高中办成男女同校的高中而努力。

正如起初谈过的，我们认为创办女子学校的理由，就是要培养出比男女同校中的女生更优秀的女生来，那时是因为男女同校的学校里的教师缺乏妇女解放的女子教育思想，所以我们的教育是有效的。事实上，从青山出去的毕业生，能够勇敢地面对职场的各种风云变幻；继续升学的学生们，进入大学后也不会对课题报告发怵，当她们的朋友说起苦涩的家庭观时，她们会吃惊地过来说"她竟然说她在高中时期，完全没听说过女子的生存方式这种话"。

可是，如果女校的教师群体对女子教育缺乏妇女解放的观念，其学校教育就会把女孩子当作欺骗的对象。嘴上说着女子特性论、贤妻良母等，把女孩子培养成顺应体制的人时，就会堕落成把紧盯着裙子的长短、计算着迟到的次数，当作唯一的培养学生的目标了。教师会为了明哲保身，把学生当成管理约束的对象。

如果我把调入县立学校当作不可避免的事情，那么要想超越私立学校创立精神的高度，如果不进行相当缜密的设计与深入的讨论，是很难成功的，只会堕落成平均化的学校。那既是公立学校的长处，也是短处，还是宿命。

处于明治创始时期的女子教育，以女性人格的独立与自由为目标，兴起于私立学校，这是不可忘却的事实。

经过了日本的资本主义形成阶段，经过了甲午战争，明治33 年（1900）日本颁布了《高等女子学校令》，公立的高等女校负担起培养贤妻良母的任务。正当这种教育在全国全面铺开的时候，为什么却要兴师动众地向私立女子教育转变呢？其中有人认为有法律规范的因素，也有人公开说"因为日本被军国主义化了"，解读其中暗含的问题是极其重要的。

在逐个解析学校的兴衰时，我发现私立学校创始人的理想冲击着人们的内心。大部分私立学校都起源于基督教，其精神基础在于上帝面前人格的独立与自由、平等与友爱。这些，怎么会屈服于以军国主义为背景的官方教育呢？我认为，独立与自由、平等与友爱的思想，大多数人都正在把其变为自己的思想，至少创始者这一代人是这样的。为了自由与平等，即使拼出性命也要守卫，可是，这一类人属于少数。所以创始人的时代过去之后，私立学校也容易变成整齐划一的统治体制。处于前进过程中的资本主义社会的机制，用社会科学的方式把握并且组织起抵抗团体，仍然是难以做到的事情。

当妇女被"贤妻良母"的迷药控制，丧失了对社会进行批判的嗅觉和能力时，就可以轻而易举地将男子驱逐上战场当炮灰了。到那时，日本在军国主义的道路上就是一条道走到黑，无所顾忌了。

这与今天的情况极为相似。

妇女解放的观点与人类解放的观点是一脉相承的。必须要鼓励女子像正常人一样生活下去，不从属于任何一个男子，也不将任何人从属于自己，同时教育她们应生活在这样的人人平等的关系中。

男女同校的基础，在于必须要有人类解放的精神。"教学，就是要讲述希望。"为了给学生们讲述希望，必须要有敢于与无视自身人性的各种势力做斗争的教师群体。

"男女同校是高中三原则之一，所以必须要男女同校"这种单纯形式论于事无补，无法讨论任何实际问题。针对男女同校中对女学生的歧视以及在平等的名义下的束手无策，应该坦率地进行批评。

一个女校创立之时，教师群体已从根本上考虑了女子教育。针对文部省所说的女子特性论，从基于妇女解放的观点产生的女子教育上的发现，从人类解放的观点出发，在男女同校的环境里实行时，可以得出更为有效的结论。而且，教师的立场与能力是联系在一起的。我们的结论是，无论在任何场合，制度也不应该让自身存有堕落的危险。

一番濑康子、奥山惠美子编《妇女解放与女子教育》
劲草书房，1975

改变的权利

教师改变，教育才会改变

总之，如何确立每一位教师的主体性，如何培养教师群体，如何推出具体的教育计划，是个重要的问题。只凭个人的试验，是战胜不了今天的媒体与政府的教育攻势的。

在"创造的权利"中，我介绍了尝试创建一个学校的过程；在"改变的权利"中，我想谈一谈大分高中教职工会的女教师们是如何改变自身的。

一盘散沙似的大众，在某一天觉醒了，按照自己的意志集结在一起，我从这里谈起吧。

1969年，是大分县高中教职员工会遭到群体围攻的一年。我们把亲自民党的旧工会执行部成员赶走后，才创立了敢于战斗的组织。我从这年开始，担任了4届妇女部部长，现在是担任高中教职员工会执行委员的第二年，负责教宣（教育宣传部）的工作。担任县工会妇女协会的会长工作，也有两年时间了。

六月大会上，我们决定加入日本教职员工会，从这一组织中分裂出去的人们则另行成立了第二工会。那是个充满了背叛、中伤和怯懦的季节。其中，为了向妇女工会成员传达正确的信息，我开始每月编写发行《妇女部通讯》，这是针对热情的逃逸采取的冷静的否定措施。在那次分裂活动中，妇女工会成员毅然担当起这项工作。其间，工会民主主义的旗帜，态度明确地聚集在毫不动摇的正义之岛——大分高中教职员工会里。1969年还是有希望的年份。我们自那以后，将其称为新生大分高中教职员工会。我们在那个时刻，每个人都问自己，什么是工会？那是我与你共同创造出的善良的源泉。我们扎根于此，教育工作者之间加深了友情与联系，促进了自己的成长与发展，作为教育的守卫者一路走来。所以我们现在仍然要充满感情、自豪地使用"大分高中教职员工会"这个名称。我们选择了组织，组织培养了我们。下面的文字是第九期《妇女部通讯》的卷首语。

现代之踏绘①

磐石之根

处于暴风雨中的高中教职员工会，在 1969 年仿若扎下磐石之根，岿然不动。分裂本是悲伤之事，但新生高中教职员工会无论如何也要闯过这一关。有了这次经验，我们要弄清什么是工会，什么是教育？我们不是无知的群众，我们选择了高中教职员工会，选择了有 60 万同志的日本教职员员工会。我们不能让孩子们的眼睛被蒙蔽，要将他们培养成热爱真理与正义的人，不能让反动文教政策随心所欲地横行。

众生相

6 月以来，在我们周围出现了各种众生相。确实他们每一个人都可以说并不是坏人，但是好人偶尔也会办坏事，在无意识的情况下助纣为虐才是最可怕的呀。这种老好人应该从我们中间清除出去。我们必须对自己的行动负责任，要意识到自己的个人行动，不仅是自己的事情，还要看清有可能对哪个阵营有利。

与众不同引发的担心

"因为那个人退出了，所以我也退出。"这样的想法，一定存在于某些妇女的头脑中。害怕自己与众不同，担心自己会

---

① 踏绘是日本人在德川幕府时期发明的仪式，目的是为了探明外人是否是基督徒。踏绘有背弃基督教的意思，日本禁止基督教时曾经下令要所有教民践踏圣象以示叛教，违抗者处刑。此仪式亦用于测试进入当地的荷兰人是否为传教士。

当出头椽子这个想法本身就不好。没有可以保留意见的空间，到底是留在高中教职员工会，还是离开？离开表示要放弃所有的权利，更严格地说，是被剥夺了所有的权利，如果没有意识到这个结果的严重性，想以中立之名待在安全地带，那才是最可怜的。希望你们看清事情的真相后，早日回归到高教组的怀抱中来。

现代之踏绘

日本人长期供奉着八百万神灵，为平息各路神仙的怒气，人们忍气吞声小心翼翼地生活着。在绝对权威面前，选择"这个与那个"的经验很少，人们经常为了两全而丧失了自己的意愿。必须要看到，策划分裂的事情还会继续出现。每个人的良心，要细细分辨微小的变化，在应该说不的时候，大胆地说"不"。

离开还是留在工会——对大分县的高中教职员工来说，就是现代之踏绘考验。

1969 年 12 月 20 日

为了聚拢分散的力量

妇女部的学习会，就是在这种环境下组织起来的。针对后期中等教育的多样化问题，急需具备能做出正确判断的视角。我们为了保持步调一致，在 6 月上旬召开的妇女部委员会上，决定当年的统一研究主题为"明治以后的女子教育的历史"。我们按照不同学校或者地区，成立研究小组开展研究工作。最终研究成果将在全县集会上，由某地区代表宣读。资料由《妇女部通讯》提供、介绍，如果研究小组不能完成，可以从个人学习开始。

在同一时代的男性和女性之间，没有（从来没有）并驾齐驱的情况。女性和同辈男性比较起来，总要先进或落后一个世代。……今天的妇女们在争取独立。男性则在消受他们既得的独立……她们各不相识，只能单独作战，这样，即使她们形成比同辈的大多数男子更为自由，更为坚强的性格。

　　　　　　　　——罗曼·罗兰《欣悦的灵魂》序

　　为了将分散的力量聚拢在一起，我们组织召开了全县妇女部集会，即第一次妇女部的集会。

　　从那时开始，妇女部的集会一贯以"如何向高中生教授劳动的意义？"为基本主题，每年变换不同的切入角度，至今已经组织了6次。夏末组织的这类集会，能将全县的妇女工会成员的共同意志统一起来。

两个视角

　　这个妇女部的集会中，有两个视角。一个是教育的视角，另一个是从教育工作者的角度出发，审视自身工作的视角。当从事不同行业的妇女工会成员汇聚一堂时，必然会产生出方案。经过6年的时光，我们现在更加意识到这件事情的正确性。自己不曾拥有的东西是无法给予他人的。我们端坐在自己的工作岗位上，直视高中女教职工的问题，就仿佛在观察妇女劳工界的缩影，正是在为了解决问题而开展的斗争中，大家意识到必须要让学生们继承什么东西。在这个时候，即使存在工作上的上下级关系，那种圣职者意识也无缝可钻。

　　县劳评的山龟委员长连续3年出席了会议，都可以说他是妇女部集会的粉丝了。

　　"我这一年到头，几乎没有休息的时间，偶尔能在星期日休息一下，在这么珍贵的日子里，我为什么要高高兴兴地出席这个会议呢？因为这是妇女部的集会。这个集会的主题的设定方式、看待事物的方式以及向大家介绍的方式、宣传的方式都非常有意思，有独到之处。我们此前经历的妇女部的活动中，没有见过、听过这么新鲜的方式，真是吸引人啊。而且，高教组的妇女部的运动，从各种角度观察各种问题，但不是'劳动妇女的权利'问题，而是'妇女的劳动权利'这一根本性的问题，以此出发展开各种妇女运动。我希望大家重视这一点，更加积极地参加今后的县劳评妇女运动。"（县劳评委员长山龟健藏的致辞）

高中女生的意识与行动

在做第一次集会的准备工作时，《朝日新闻》的西部本社建议我们总结一下高中女生的意识与行为。那时，正值《每日新闻》社连载"高中生"。对方说研究小组的成员可以由我们决定，我们从九州各县收集了资料，为了加强组织，决定由大分高中教职工会妇女部接受此项任务。

在研究女子教育的历史之后，我们继续开展高中女生的问题研究。9月，在全分会的妇女部委员的共同努力下，5000篇文章与多种调查资料汇集了起来。以这些资料为基础，10月至12月，《朝日新闻》西部版以"高中女生"为题，连载了20期，这也为 HR 所采用。稿费收入成了妇女部的活动经费。20期文章题目分别为：（1）因为是女孩子；（2）伙伴与朋友；（3）笔友；（4）恋爱观；（5）申请异议；（6）社会意识；（7）大学纠纷；（8）人生设计（上）；（9）人生设计（下）；（10）母亲与女儿；（11）母亲的青春；（12）判断父母；（13）升入大学；（14）母子共同战线；（15）想成为教师；（16）西亚遐想；（17）在农村生活；（18）参加工作；（19）女性特点教育；（20）开创明天。

　　"高中女生"的最后一期"开创明天"将在下文提到。

　　这一系列的文章，是我们试图从心灵深处理解现在的高中女生的尝试。这里既存在与 30 年前的女性没什么区别的女孩子，也存在与 30 年前没什么区别的女性的问题。对人生充满期待、充满好奇心的少女们，在追逐梦想的过程中，为了获得丰富的人生，必然要经过严酷的社会考验。

　　流行的东西也好，文字游戏也好，对于这些表面上呈现出的不一般的现象，大人们会惊讶于这些新奇的事物，进而阻止孩子接触。如果被与自己有亲密关系的人所阻拦，女孩子就放弃了自己的主张，就只会成为依然被旧式意识困扰的毫无生气的女子了。如此放任下去，她就逐渐不认为自己是个人，而仅是个女性了。那样的话，就会失去破蛹化蝶后遨游天空的自由，仅剩下让蝶变回到蛹的非现实性。"母亲与女儿"那章中的生机勃勃的女儿们（二年级），将不会成为自己希望的"人生设计（上）"那章中的有现实感的女性（三年级）。在序章中提到"因为是女孩子"这句话，是因为九成的高中女生被放在从属地位的"第二性"的范围内。

　　有的家庭中存在着"因为是女孩子"这一观念，因而对女孩子娇惯宠爱。虽然参加社会工作的母亲增加了，但很多母亲希望女儿多一些快乐。社会拒绝将她们当作具备独立人格的人接受。企业把女性当作廉价劳动力，只愿短期雇用，而电视与周刊杂志互相配合，把女性当成消费女王，呼吁她们回归家庭厨房。学校将课程的框架作为制度制订出来，教师也是现代日本社会的公民，许多人都具有与普通大众相同的观念，"因为是女孩子"这句话，教师自己也无意识地使用着。同年级的男生们在这种社会风气中成长，无意中就在自己脑子里埋下了大男子主义的种子，很多人就是用这种思想对待女孩子的。如此看来，女孩子已被套上了三四重枷锁。

　　如果遇到来自面对面的突然袭击，尽管是女孩子，她们也会勇敢地面对现实进行斗争。可是，如果想要从说给自己的甜言蜜语中，去发现和寻找对自己有害的东西，那简直就是难于上青天了。在没有铁窗的牢狱中，不管有怎样甜美的睡眠，都必须要觉醒过来。鼓励她们作为一个人生活下去，就是从这里开始的。

要做到这点，必须从去除长期以来束缚女性的社会偏见开始。娜拉说过，在既身为妻子又身为母亲之前，自己首先要成为一个人。这样的娜拉应该是她们的出发点。自由人格的基础，是从经济的独立开始构建的，必须要知道女性参与劳动工作的意义。要知道，在独立的人格之间，才会享有对等的爱。我们应该向在波澜壮阔的世界史中创造出进步爱情的人们学习，学习他们的生活方式。有一个志同道合的伴侣将对自己是个莫大的鼓励。

学习女性历史，认真解读女性历史是有益处的，一些以前认定的常识性的东西就会开始动摇。该如何度过人生呢？这样的疑问自然会向自己提出。只有审视自己，审视社会，确定了自己的现实状态后，才会发现应该做什么，与人格的独立和自由相关联的意义。在三年的高中教育中，如果有学校给予了学生思考这类问题的机会，那是值得祝福的。

进行人生设计的基础是由什么决定的呢？是由在确定人生目标的高中时期接触到什么样的理想来决定的。

高中女生——年轻单纯的名称，她与悠闲成长的小学、初中阶段不同，已开始思考身为女性的困惑。有人倡导要实行更女性化的教育，有人认为只有男女同校才好，但很多人不知道她们内心的斗争。在深层次的意识中，那种斗争是贯穿于几代女性的共同经历中的。

当教师首先必须要对宠坏她们的、人类本性的东西主动地发动进攻，与其做不懈的斗争。无论哪类孩子都有"走美好人生之路""人的聪慧"的潜意识，我们要唤醒孩子们心中的这一良知，不停地鼓励和激发她们。

人只有一次生存的机会，每一个孩子都有辉煌灿烂地生活下去的权利。每年大概有 70 多万高中女生毕业，她们是将女性史延续到 21 世纪的人。

对女子教育的疑问，最终可归结为对教育的疑问。无法向女孩子明确地展示出希望的学校，一定也无法对男孩子讲述宏大志愿。

高中女生问题研究会成立

1971 年，是以实践的方式向学生们教授劳动的意义与权利的一年。在 4 月召开的妇女部委员会上，我们决定要通过课程、HR、俱乐部等场合开展具体的实践活动。

但是当年我的工作伙伴反馈来了坏消息，他们本想开始系统正式的课程实践活动，但发现"教不了"。原来，如果没有积累一定的基础，就无法回答学生们刨根问底式的提问。有的老师说，当被学生们说"老师不是精英式的优秀人物吗？"自己却什么也答不出来。所以，只在夏天召开组织的短暂集训是不够的，有人建议每月召开读书会。

如此一来，高中女生问题研究会从 6 月开始启动，定在每月的第二个星期五召开会议，时间从下午 2 点到 6 点。实行互助制，交通费靠 100 元的会费来维持。从日田、佐伯开始，研究会保持在 30~40 人的规模。除了老师之外，从事其他职业的人也可以自由参加。研究会指南刊登在《妇女部通讯》上。

家庭科问题研究会及其他

2 月的例会是个契机，从 1972 年 5 月开始，家庭科问题研究会启动了，我们约定在每月的第四个星期五召开。参加人员打破了所教课程的限制。另外，我们每个学期办一次图书管理问题研究会。1974 年的时候，我们期盼的特殊教育问题研究会也终于启动了。

我们在时机成熟的时候，促成了这些研究会的成立。本来在 1969 年就想推动高中女生问题研究会成立的，但是由于当时还不是大家的内部需求，所以推迟了两年。家庭科问题研究会是在高中女生问题研究会召开的过程中，家庭科的教师们意识到有必要成立，才逐渐发展起来的。图书馆管理问题研究也会提出了明确身份的要求，用符合专业岗位的力量，在当年就启动了。特殊教育问题研究会每年向日本特殊教育研究会输送 2 ~ 3 人过去，起到了对抗体制内部压力的核心作用。不是来自于内部需求的运动是无法持续下去的。

高中生的母亲是怎样生活的？

切入劳动这一主题，是始于对高中生的母亲们的实情调研。为了了解基本情况，原本应该是采取抽查式的，为了吸引全县所有的高中学校对这件事情的关注，需要依靠所有学校的支持。调研以第一学年的两个班级，第三学年的六个班级为对象，以各分会的妇女部委员为主体，先在各地区集中统计后，再在全县范围内统计。最终获得了 814 名学生的答案。

这次的调研活动真称得上是一次战斗，虽然以委员长的名义向校长提出了请求合作的要求，但有的校长拒绝了只以高中教职工会的名义发出的要求，有的校长担心 PTA（学校家长联谊会）会干涉，在校长会上，大家决定采取不强行回收答案的做法。分会的妇女部委员得到分会会长的支持后，负责任地向校长解释了调研的目的。

与此不同，我们在 8 个学校进行了抽样调研，并且在全校范围内进行了对有工作的母亲的数量统计活动。据此了解到，大分市内有 75%，别府市内有 85%，竹田、三重、佐伯、日田等地包括附近的农村，有 90% ~ 95% 的高中生母亲在工作。尽管如此，60% 的人处于 3 万 ~ 4 万日元的低收入阶层，10 万日元上下的占 20%，超过 10 万日元的有 10%。大量拼命工作挣钱的妇女劳动者，存在于我们的学生家中。

其中，有 87.6% 的母亲希望继续工作，不想工作的只有 12.4%。与上一年度的女毕业生的想法相比，这是个令人深思的现象，女毕业生中想继续工作的有 43.4%，不想工作的占 56.6%。

同为劳动伙伴，我们想到，有必要与母亲们挽起手来，为创造一个女性能够不受伤害的职场而努力，这些数字甚至使我们认识到，如果不告知女生们终身工作的意义，就是一种罪过。

我们将这个调研报告与上个年度报告的合并，分别寄给了各分会会长、校长、求职指导部门。

市川房枝本人将自己当作妇女运动的证人，将妇女选举当作战斗的方式，走在我们的前列，为我们打开了通往政治的大门，"不要躺在权利上睡大觉"这句话重重地锤打着我们的心灵。

县劳评妇女协会在组织召开 1974 年春天的讨论集会时，同时组织了劳动妇女集会；确定春斗的集会上还组织了每月一次的妇女纪念演讲会，邀请两泽叶子①来做"妇女解放与存在的问题"的专题时，高中教职员工会的女性成员与还未加入工会的毕业生一起参加，从这类共同参加的会议中，催生出了目前全国普遍性地参与的现状。

经过 5 年的奋斗，我们终于可以主动地参加地区共同斗争了。可以说在那以前，参加母亲大会也好，参加劳动妇女的集会也好，对每个个人来说，都属于义务参加。

女教师改变了

大分高中教职员工会的女教师们确实发生了很大变化。第二年与前一年相比，负责 HR 的教师数量成倍增加。从第四个

---

① 日本著名女性史专家（1925～）。

年头开始，在校务分配上，为了就任能直接对学生产生影响的职位，很多教师主动提出要进入人生发展指导、图书馆、特别教育活动等岗位。

E老师在任一年级班主任时，花了3个小时参加女性史读书会。升入二年级后，希望负责HR工作的F老师，准备了面向整个学级的教案和指导资料，整理了以"女性的生活方式、追求生存意义"为主题的相关资料，提供给二年级全体学生的HR课堂。同样，也为三年级的学生统一准备了以"劳动"为主题的资料。

W老师在二年级的HR课上，介绍了《伊尔库茨克的故事》。

M老师在家庭课上介绍了婚姻史。

S老师在学期结束之时，集中用了几个小时的时间，在家庭课上试着进行男女生共同学习的课程。

为夏季聚会制作的幻灯片，直接被带到教室里向学生播放，面向一年级的是"女子教育的历史"，面向二年级的是"妇女劳动的现状与问题"，面向三年级上学期的是"劳动妇女与劳动法"，对于即将毕业的三年级的则是"妇女运动的历史"，这些都取得了很好的效果。虽然计划把这些制成面向学生的教科书，但是还未实现。

为这些女高中生制作教科书以及鼓励女高中生像一个人那样生活下去，把以上这些内容揉进形式多样的课程中去，组织编制成不同的单元教程，那将是大家共同的财产，我们正在讨论如何尽早促成此事。

9月25日召开的第302次中央委员会上，因当时物价暴涨与金融紧缩引起企业不断倒闭，出现了大量失业工人，针对以上情况，会议通过了以下提案。

一、从10月开始对学生进行就业指导。

1. 要对企业进行考察判断后再把学生推荐过去。

2. 不能只根据企业的单方面说辞把学生送过去，应该要求企业维护劳动者的权利，不断改善职场条件。

3. 考察是否有工会组织，首选推荐有工会的企业。

4. 学生如迫不得已要去没有工会的企业时，要教给他们组织工会的方法以及加入全国一般性工会组织的方法。

二、对待三年级学生

1. 10 月至 12 月，必须在 HR 课程里教授劳动三权利（即团结权、集体交涉权、集体行动权）和《劳动基准法》（继续升学的班级同样）。

2. 向女学生教授女性产期的劳动权利保护方面的知识。正确教授目前妇女劳工的现状与问题，让她们有一个积极的劳动态度。

三、调查不同地区的企业状况，通过地区工会共同支持因失业而引起工潮的工会。

中央委员提出了积极建议，认为从这次活动之后，应该提交实践报告。

当冲破了地域的限制，教师与毕业生及其母亲们一起，超越自己的教师身份，作为一名劳动伙伴交流的时候，我们发现了重新审视普通高中教育的新视角。

女子教育内容包括高中生教育，应该教授劳动的意义是什么。到了第六个年头的时候，女子教育才终于打破了妇女部的局限，在高中教职工会运动中有了一席之地。

一个原则

我们认为，在这里也有与上一章"创造的权利"中报告的事情相同的原则。

当某个教师团体的教育对象是清一色的女学生时，他们不得不去思考女子教育到底是什么这一问题，这也是在思考教育的本质问题。

　　女教师们在 6 年前就开始自问存在的理由了。当她们在重新思考自己在教育工作岗位上的意义时，有一半女教师感觉到了自己对女学生的责任。思考妇女劳动的问题，就是在思考劳动、爱的意义的问题。

　　要把女子学校改为男女兼收的学校，需要男女教师将女子教育当作共同的事业。我们将任何微小的变化以及以变化为目的的方法在这里报告，这是因为拥有同样理想的女教师们分散在全国各地，大家还不知有人与自己一样也在进行着艰苦斗争。

　　事关人类思想意识的变革不是轻易地发生的，必须要有耐心。自己痛苦地认识到，多数的妇女劳动者依然在受资本的盘剥，这让人气愤不已，同时这也是一切活动的出发点。如果自己不是"愤怒的女性""不可辱的女性"，那么怎么能推动变革的开始呢？

　　我想顺便再提一下，我们的这些学习活动是有基础的，每一步都伴随着严峻的权利斗争。

　　5 年以来，我们这个组织一直守护着大龄女教师，没有一位因年龄大而退职的。妇女产假则是产前产后各 8 个星期，妊娠反应的休假时间为一个星期，所有的职位都允许产假期间临时聘用他人来代课。今年把 5 年内积压下来的问题都一一解决了。修改管理规则，确立学校图书管理员制度，10 月 1 日正式任命图书管理员上岗。在控制总需求的大环境下，用公费聘请了曾经靠个人经费聘用的人员 47 人。用县里提供的经费雇用了 8 名女宿舍管理员，这个数目超过了法定数。全国统一的罢工活动中，我们的参加人数一直高达 90%。

　　学习催生了斗争，斗争又深化了学习。即便是后知后觉，起步较晚，我们自身毕竟发生了变化。

　　大分高中教职员工会所有斗争的中心人物，是牧委员长。他沉默寡言，在我的记忆中，他是一位非常严肃的伟人。他对妇女部的活动呵护有加，认为妇女部在组织中应有自己的位置。他认为如果想做到工会运动正常运转，男女共同的斗争与努力是必不可少的，而且深知这是实现组织民主化的重要步骤。

一番濑康子、奥山惠美子编《妇女解放与女子教育》
劲草书房，1975

山青、天高、海蓝蓝

关于文化的传承

（1）目不转睛，转瞬即逝

那是很久以前的事情了，是我去东京虎门附近的晚翠轩时发生的事。现如今那里是一家很不起眼的小铺子，埋没在鳞次栉比的大厦群中，以前可是飞檐走檐的古式建筑，气势恢宏，专卖笔墨纸砚等文房四宝的老铺。我去晚翠轩要买些用于做封面的行成纸①，但发现只有简单的几种，据说由于买的人少，所以进货也就越来越少。那么，制造行成纸的技术也会随之逐渐地消亡吧。在那里我听说，曾向我介绍这种纸的 H 先生已经去世了。专门为 H 先生制造写字用纸的技师，据说也已退隐于福岛的乡村了。我不禁一边想着北原白秋的那句名诗"目不转睛，转瞬即逝"，一边找寻着记忆中的关于行成纸的事情。

H 先生是我学生时代的书法老师。起初我以为他是个爱发牢骚、令人生畏的老师，他曾狠狠地批评过我写的字结构不

---

① 一种日本传统纸张，因仿造藤原行成书法作品的用纸而得名。

好。"这是《高野切》① 的字帖","这是什么呀?"有时候,他会拿出前人的书法笔迹给我看。虽然他还是照宫公主②的书法老师,但也经常悠然地排队去小吃店吃烩饭。

有一天,先生说有想学制作行成纸的人就到我家来吧,于是我与朋友一起去了。制纸技师手把手地教我们。先在纸上涂满胡粉颜料,再染成喜欢的颜色。在木版上涂一层银后就可以压模子了,木版有波形的,还有其他各种形状的,但如果没有会雕刻这种流畅线型的雕刻技师,到那时制纸技师就该发愁叹息了。还可以把金箔、银箔嵌在里面。我当时觉得这样奢华的纸真不可思议。

我曾到技师家里学习过制作技术,所以去过麻布狸穴町那个地方。大使馆林立的使馆区后面,是个杂乱的贫穷地区,那个家很小,如同熊五郎和八五郎③的相声段子里说的那样,非常狭窄,没进门时嘴里说着"有人在家么?",话音还没落呢,人就已经走出这家的后门了,房间之简陋可想而知。相声里所讲的平民生活活生生地出现在我眼前,一丝不苟的技师看到我的来访,特别高兴,用珍藏已久的行成纸,为我带去的《紫式部日记》制作了精美的封面。

一张张仿若艺术品的纸,大概没人会做了吧。只要不是可以大量生产的纸,都会渐渐地消亡吧。在晚翠轩的店前,我好像看到了日本之美在消亡前最后的闪烁。这个春天,我在鸠居堂为学生买了面向青年人的贺卡,上面的图案仿佛是把和纸揉搓过的样子,我想,是到了考虑和纸如何在现代生活中存续下

---

① "切"是指古书迹的断片,因收藏的相关地名或持有人等而各有称呼。本来是为了鉴赏众多的古书迹及名笔而制作的书帖。后来除了用来鉴赏,主要是在练习鉴定书迹时使用,形成了独特的古笔切的排列方式。显示成熟假名的《高野切》是三人合书的作品,每人各有一组作品。其内容主要是《古今和歌集》等,被公认是平安时代的代表性书迹。

② 昭和天皇的长女。

③ 相声中经常出现的穷鬼的代名词。

去的时候了。

（2）文化的传承

之所以谈起这个与读书指导无关的话题，是因为我想思考一下关于"文化的传承"这个问题。我们往往在多数情况下将"文化"这个词当作一个抽象的概念去接受，或者认为它是存在于与己无关的其他地方。那些其实应该称作文化产物吧。文化不是存在于其他地方的，它是传承在我们每个人生活中的事物。

S先生告诉我，《三十六人集》① 使用的奢侈的纸张是多么优美。我虽然也惊叹于田中亲美先生的复原技术，但更被我们祖先那种高雅的审美观所打动。

如果没有H先生与S先生的告知，我也不会像现在这样被纸张所吸引，并且运用到日常生活中。即使没有H先生与S先生的告知，行成纸也是依然存在的，《三十六人集》也依然存在，我可能会与那种美毫无关系地生活着，它的价值也不会对我的生活产生任何影响。我就会在一个继承日本之美的圈外生活下去。当处于圈外的人不断增加，那种文化会由于后继无人而逐渐消亡，就如同行成纸一样。

体现在纸张上的日本之美是一种价值，能够体会和享受这种美的人，即便行成纸这种形式消亡，也会将其以其他某种形式传递给下一代吧。事物本身的传承并不重要，其精神的传承才是重要的。松尾芭蕉将这种现象称作"不易流行"，指的就是在不断变化的事物中追求千古不变的东西吧。

（3）扎根

"扎根，也许是人类的灵魂最重要的需求，同时也是最容

---

① 平安后期日本开始流行假名书道，这是从汉字的草体和笔记体的简体演变而成的。最初是一字一字分开书写的独草体，从 10 世纪起则是连续数字书写的连绵体，与纸张之美相对应，形成雅致的书风。《三十六人集》是其中著名的大部头，至今可区别 20 人的笔迹，可以从中窥知当时假名书法情况。

易被忽视的需求。这是最难定义的事物之一。一个人通过真实活跃且自然地参与某一集体的生存而拥有一个根，这集体活生生地保护着一些过去的宝藏和对未来的预感。所谓自然的参与，指的就是由地点、出生、职业、周遭环境所自动带来的参与。无论是谁，都需要拥有多重的根。每个人都需要，以他作为自然成员的环境为中介，接受其道德、理智、灵性生命的几乎全部内容。西蒙娜·薇依在那篇文明论《扎根》的第二部的开头部分这样写道。

当我思考自身的一点点优点，或者与其他人的各种优点的关系时，会想起 H 先生、S 先生这一类的人们。我在那里为我的根吸收了养分，有几个集体滋养了我。

其中之一，就是我担任教职后，帮助我扎根的学校图书馆协议会（SLA）。无论是全国性的 SLA，还是县级的 SLA，都是那个"鲜活地保护着过去的某种宝藏，以及对于未来的预感"的集体，凭借自然地参与其中，我了解了教育应有的状态，了解了为此努力的前辈们。教育界的糟糕状态已跌入谷底，我看到前辈们与身处其中的人们一起，无论处于何种境况，都不放弃前进的脚步。大胆的教育展望——对未来的预感，是由在现实生活、工作中得出的丰富智慧即"过去的宝藏"所支撑，然后一个个地实现改革的。我在这个过程中，继承了前辈们的宝藏，保护着这个梦想，作为一名教师成长起来。我必须要把这个梦想与宝藏传递给后来的年轻朋友们。

阿拉贡曾经说过，教学就是要讲述希望。教师必须要明确自己树立的希望是什么。自己都不相信的东西如何让孩子们相信呢？在不易有希望的时候，仍旧抱有并相信的希望，首先自己必须要清楚，无论生死我都要守护的原则是什么。要清楚地知道，在没有希望的情况下，依靠什么来支撑生活。要无尽地感谢那些在我的年轻岁月里，曾给过我各种益处的人们。那些益处源头的益处，就是苏格拉底所说的让我走向"关爱灵魂"道路的人，他们的生命已影响到我，并且这种影响现在依然持续着。这种益处的传承，从生命走向生命，就像动脉与动脉的连接一样，是付出了生命的东西。我认为，开展读书指导工作的基础，就是要对这种健全人格提出要求。

（4）幸存的人们应该保持沉默么

有关"日之九"所象征的关于爱国心的故事，以及肯定之前那场战争的论调，如今逐渐出现在教职人员中。可以看到，如果程式化地反对战争，怎么也解决不了问题。被卷入那场战争，被利用、被牺牲、被丢弃的，都是善良的普通公民们，今天还存在着因为这种善良而不能辨别敌人的危险。更加危险的是，那种善良袒护了丑恶。

逝去的人们，一去不再复返，
残存活下来的人们啊，应该明白些什么呢？
逝去的人们，连叹息的权利都没有了，
残存活下来的人们啊，在为谁叹息，悔恨什么呢？
逝去的人们，都无法沉默下去了的话，
残存活下来的人们啊，还能够继续保持沉默么？

——让·塔尔狄尔

我进行读书指导的工作，就是开始于这个阶段。

理性只能依靠愿望引导

在一年级学生的教室里，如果向学生们问起，"学习"最需要的是什么，他们会异口同声地回答"意志"。看到那种情景的我，瞬间觉得他们那么可怜。大概在小学阶段、初中阶段，即使进入高中阶段后，他们也常常不断地做出这样的回答吧。"必要时咬紧牙关忍受苦难的意志，是手工作坊中学徒的主要武器。但是，与大家的普遍认同相反，我认为那种意志对于学习来说基本没用。理性只能依靠愿望引导。"西蒙娜·薇依曾这样说过。为了让孩子有想学习的愿望，必须要使其有获得知识后的乐趣与喜悦。理性如果不是在喜悦中产生的，就不会增加，也结不出好的果实来。薇依还说过："在学习时不可欠缺学习的喜悦。缺乏学习的喜悦的地方，是没有学习的人的，那只不过是熬完了几年学徒生活后依然一无所获的可怜的学徒的生活写照。"大学生中普遍存在着"虽然入学了，但是……"这类不知自己要怎样学习、学习些什么的大学生。这样可怜的人，平均每5个大学生中就有1位，与其把这看作是大学的大众化的副产品，还不如说是因为在过去的12年学校生活中，尤其是在高中三年的学校生活中，他们缺乏学习的乐趣。当只被作为数量充填入脑时，知识就失去了理性的光辉。

如果一所学校，教师把持着学习的主导权，一味地发放各种各样的教材资料，无论昼夜地进行补习，甚至连寒暑假的时间都利用起来，学生没完没了地被考试追赶，那么学校充其量不过是一所名为学校的奴隶工厂。这类悲剧，甚至还被以"为了学生"这种教师的善意和勤劳支撑着，双重的悲剧就成为一种讽刺画了。

当我们细细地品味"理性只能依靠愿望引导"这句话的时候，学习的主体理所当然就会是学生，授课改革也就成功了。

当现在正在提倡的教育的现代化、学习的结构化成为一个问题的时候，我想应该谦虚地反省一下教师在课程学习中发挥的作用。

课程提示在教室中占用了大量时间，这种工作的一部分是不是可以交给机器完成呢？利用机器可以提高效率。或者说，在课程设计时就应该下功夫，并不是那只值200日元左右的课本才是教材，大量的图书资料也可当作教材使用。需要反复练习的课程，机器也许可以帮助我们正确、快速地完成（L. L 和 T. M 等）。制作编写教材并将其程序化，虽然花费很多时间，但这不正是教师的任务吗？通过教材激发学生提问，然后引导学生们跟着去共同思考，这应该是教学最中心的内容，让孩子们不断地思考并追问下去。只有这样，孩子们的主体性学习才会进步，才会体会到发现带来的喜悦。

这件事情只有将图书以及音像资料一元化后，建成能够提供成系统的材料的图书馆之后，才有可能做到。将那些材料配合课程教育，系统、多样地收集起来后，才有可能做到。学校的图书馆的情况，决定了学校的教育质量。管理图书馆的教师，可以说起到了观察学校教育质量的窗口的作用。虽然安于现状的想法存在于教师群中，但应该通过全体职工的合作，收集、整理、提供、运用资料，开展这方面的研究。

这件事情，确实需要花费一定的时间。改革哪有不需要花费时间的呢？我们应不懈努力，为迎接下一个时代的到来做好准备。改革还需花费金钱，对于没有经费这件事情，我们更加感到愤怒。每人都应该大声疾呼，我们需要经费！图书费由公费支出，并且有几十万日元的预算，这样的学校除东京都与大阪府外，有多少学校能做到呢？很多县和地方上的学校对此一开始就不抱希望，认为那是不可能的，图书馆的经费全是靠个人经费支撑的，这是不正常的。这种不正常的状态持续下去的话，恐怕有一天连怀疑其不正常的能力都会消失吧。物质的匮乏，要用精神来补充。教师被要求连假期都不能休息，要与学生们交流，而学生们则只被要求要具有忍耐无趣学习的意志。

图书馆是所有学校的教育活动的根基所在，是提供营养的生命源头。这里如果干涸，只剩下污水，那么集体的生命也会面临危险。

应试教育的思想基础，与产业界灭绝人性地将人当作物体一样量化的思想是一致的。与这类去除了人的本性的各种势力对抗时，图书馆就成为教师们反抗的根据地。

打入聪明才智的楔子

这是发生在两年前的事情，山川千代因《沉默》（远藤周作）读后感作文而获奖的时候。

全国青少年读后感作文竞赛的颁奖仪式按照惯例在东京会馆举行，我当天住在芝女子青年馆。被别人拉着去日生剧场看完《卡拉马佐夫兄弟》后，回来时已近 10 点。然后，无意之间，住在邻近房间的六七个女孩子来到我的房间，滔滔不绝地聊了起来。虽然是高二与高三的女生，但都是来参加颁奖仪式的，所以都是聪明的孩子。高三的孩子中，既有当年 3 月要进入东大的，也有确定马上就要参加工作的。

我听着孩子们说的内容，感觉到她们共同的不安之处。我觉得，这不正是《默移》（相马黑光）中出现的明治女校的故事嘛。一边被缠磨着，一边讨论着波伏娃的《少女时代》以及莫尔冈的《人的痕迹》中的克莱尔的生活方式等。她们都边听边表示着认可，表示要早些读到这些书。一边说着马上就要读，一边将我推荐的其他两三本书一起记录下来。她们都是在优秀老师的指导下，在良好的学校氛围中，培养出了阅读的习惯，是幸福的孩子。只是，我在那时感觉到，她们缺乏一种通过读书"意识到自己当前在社会中存在"的意义。尤其对于女学生来说，在即将迈入 1970 年代的现代社会，还一直生活在"可惜是女孩子"、"因为是女孩子"这类说法的环境中，即使是爱好学习的孩子，也有很多并不很清楚自己学习的意义，很多都将自己的愿望放在与一般人的生活方式相对立的氛围中压抑着。这是我在与她们接触之后所感受到的她们的不安。

"为了砍断你身上的锁链，自己做了多少努力呢？"

奥斯特洛夫斯基《钢铁是怎样炼成的》中的主人公保尔·柯察金曾经这样自问过。我把这个问题原原本本地转给了她们。

"你为了切断你身为学生的锁链，曾经做了多少努力呢？"

当我们迷失在森林中时，需要的是照亮路程的光，从上面照射下来的可以让我们看清事物全貌的光。甚至，需要熟知从这片森林中逃脱出去的道路，及能与我们一起结伴行走的普布留斯·维吉留斯·马罗。因为但丁就是这样获救的。

在日本这种阴暗潮湿的环境里，看不到豪爽明朗的女性，我想应该把这类女性的生活方式，展示给学生们看。然后，让他们了解这种生活方式，了解日本女性也在为自身的解放而不懈地战斗着。如果有了人生同行的伴侣，将是一个慰藉，也会产生出相应的勇气来。是否走这条路，是学生自己的选择，作为教师，有义务把这些东西展示给他们看。

"要鼓励他们相信，他们还有未曾展示出的能量"，汉斯·卡罗萨如是说。不能停止敲打，要不断地激发学生们的聪明才智。

忘记具体是什么时候了，大概是三年级学生放春假的时候吧。我在广播室和一名学生在一起，她即将毕业参加工作。她不是很爱学习的人，但是个爱热闹的孩子。由于我不教她们班，所以不曾单独与她谈过话。她正在读《日本女性史》（井上清），趴在书上，她说：

"老师，为什么把这种沉闷的书作为课程阅读书呢？总觉得与以前的课程阅读书很不一样。"

"以前是指什么？"

"《部落的女医生》（小林绫）、《居里家的人们》（丹尼斯·布莱恩著，杉捷夫译）里的人，都是我们的生活中见不到的那类，她们过着特别痛快的生活，她们让人眼前一亮。但是这本书光写女性悲惨的生活，真令人讨厌啊。"

"那么，就别再读下去了。"

"可是，不行啊，欲罢不能，就想知道后来怎么样了，就只好继续读下去。虽然不愉快，但还是一边喊着'不得了啊'，一边继续读下去。"

"是啊，你们虽然是自由自在地成长起来的，但是社会上有各种陷阱。如果打算走在 20 世纪的昭和大道上，可能既会遇到明治时期的舞会，也会被江户时代的文物所围绕，还可能会被平安朝的亡灵所惊吓——那个时候，如果能分辨出这是明治、那是江户、这是平安等不同时期的事物，就会认为那些与 1960 年代出生的我毫无关系，可以置之不理。如果分辨不清，就会苦恼于'难道那也是现代的东西么'这种问题。特别是日本女性要走的道路上，时常出现些亡灵，所以要了解亡灵的本质，最好记住他们的样貌，到时候就不惧怕了。你所说的《部落的女医生》《居里家的人们》，如果把它们比作照亮我们登山路途的书籍，那么《女性史》大概就是为我们照见脚下的绊脚石、陷阱的书。在你智慧地生活下去的路上，它一定能起到作用的。"

后来，她又对我讲了毕业后的希望。

今天，我好好地思考了她的话。无论在哪种孩子们的心里，都沉睡着"人类的愿望"、"走向美好人生的愿望"——向孩子楔入自己都意识不到的"人的聪明才智"的楔子，教师在感叹代沟存在之前，难道不是必须要做的吗。教师自身在考虑身为一个人的重要的存在价值时，应该能够毫不惭愧地、毫不羞耻地说"好"。

内在性格的确立

"高中时期确立起来的东西最终能够决定人的一生。人生面临歧路时，一定要倾听自己内心的声音，即使意识到还有其他可走的路，但最终也要遵从那个声音选择自己的道路。"

这是某位仍然走在世俗的小巷里、走在争取社会福利道路上的人的述怀，他是我曾教过的学生。

他在高中时期曾面临自杀的诱惑，面临颓废的诱惑，有过玩世不恭的阶段。现在他是个怀有爱心的真诚大胆地走自己道路的青年。

《约翰·克利斯朵夫》的"反抗"那一章中，有这样的一段话。

"他正处于闭着眼睛对幼年时代的一切偶像进行反抗的时期。他恨他们，恨自己，因为当初曾经五体投地相信他们。这种反抗也是应当的。人生有一段时期应当敢把别人眼里佩服、敬重的东西——无论是真理还是谎言——一概摒弃，敢把没有经过自己认可的东西统统否认。所有的教育，所有的见闻，使一个儿童把大量的谎言与愚蠢，和人生主要的真理都混在一起吞饱了，所以他要成为一个健全的人，青年时期的首要任务就是得把宿食呕吐干净"。

内在性格的确立，我认为就是从这个时候开始的。用自己的头脑思考，用自己的眼睛观察事物，是从对现存的一切事物的怀疑开始的。人们把这段时期称作"暴风骤雨"。无论是谎言还是真理都全盘接受，那种淡然与不动摇的固执劲儿，不就是青年么？将一切都倾诉出来，倾诉掺杂了可怕的虚伪与愚蠢的真理。产生出向往一切都不存在的渴望，因为一定要搞清楚自己到底为何物。这样掌握到的真理，不是来自于权威，而是因为自己认为正确，所以才会选择，才会以自己生存的意义为目标。大家认为，高中时代正是这个时期。我是"不可替代的一个人"这种自我意识，也是自此产生的。

作为一名教师，不能用学校与社会的规范当作挡箭牌，用那些廉价的常识论让学生们失望。不要在追求升学率的幌子下，不允许学生思考应试内容之外的东西，粗暴地要求学生在上了大学之后再思考那些东西。那是对人的本性的无知践踏。进入大学后再考虑，其实就已经错过了。在应该表达的时期如果无法表达，流淌的智慧就会凝固下来。培养出一个从模具里刻划出的老于世故的世俗之物，这难道就是高中教师的责任吗？

说起呕吐物，无论在何时这都不是什么美丽的事物。身在旁边的人，恐怕无论是谁都会皱起眉头。可是当我们的孩子感受到呕吐的痛苦时，我们会抚背帮助其呕吐，默默地将呕吐物收拾起来，以免他人看到。这种天下父母对孩子的亲情，教师应该也要具备。教师还应该考虑，要给孩子们吐空了的胃，提供什么食物最好。

倾吐，然后是选择。既存事物的破坏与主体性的选择（其间往往有死亡的介入），也许会有反复的阵痛存在，但经历了这个过程后，才会确立其内在性格。用自己的头脑分析，用自己的眼睛观察事物，做自己人生的主人，这样的生活方式才会开始。而且，如果只将既存事物破坏后就弃之不顾，那么胃里空空荡荡的小马驹会采取反抗或者不正常的行动来表现自己。被喻为助产婆的教师的作用就应在此时发挥，而且，我认为文学作品能对建立内部秩序起到一定的作用。

在某个晴朗的日子里

（1）用不和谐音创造和谐

被蓝色的海水吸引，我来到了久违的屋顶上。时间正值夏秋之交的九月，今天的风已现凉意，空气干净清爽，天空更加透明，海也可以看得更深更远。东面的大海一望无际，西面是背靠大山的处于高台上的学校。山青、天高、海蓝蓝——生活在如此优美的自然环境中，真是一种幸福啊。

我喜欢从侧面观察别府。远处群山的线条自由地流淌着。有矮胖型的，有圆滚型的，有葡匐型的，还有孑然独立型的，流畅的线条和急转直下的线条，极具个性地重叠在一起。那些重叠的线条不一定是和谐的，但是当眺望至远处的水平线时，会发现那是多么富于变幻的线条啊。无论是哪种线条，与水平线的无限相对时，都是那么简单、和谐。尽管具有多种角度，但又都各自延伸流入大海。让人觉得那仿佛是交响乐的结束乐句。而当以水平线为基点眺望隆起的线条时，多变的线条又是那样雄浑和谐。在近处观看时，貌似缺乏平衡，当离开一段距离时，看起来又和谐了。"用不和谐音创造和谐"是由赫拉克利特提出来的，这也是罗曼·罗兰作品的中心思想，我在远眺别府的山峦时，经常想到，这就是人生的中心思想。

（2）我们的小镇

小镇位于树林遥远的对面，它闪着白光，那个高高的建筑是宾馆。小镇上有1000家大大小小的宾馆与旅店，还有卖纪念品的小商店。那是别府的一个面孔，大概是代表消费文化的一个面孔。大量的女性在那里劳作，靠妇女的一双手将孩子从高中送往大学的家庭有很多。在其他小镇上，由于没有特殊技能的妇女很难找到高收入的工作，随着孩子渐渐长大，移居到别府的人也多了起来，很多人当起了旅店服务人员。她们还没有参加到工会中来，这个小镇上的旅店、商店的服务人员中，大部分没有参加工会组织。

如果把目光移到高崎山的方向，从东别府附近向山脚看去，就可以看到另外一个别府的面孔，那里有大量的结核病疗养院、精神病院、老人公寓、孤儿院、各种养护学校、残疾人中心、原子弹爆炸中心等。医院、学校、保育院等，散落在树林中。它们被大自然所包围，里面有为了明天而奋斗的一群人。在这里工作的妇女们，如医生、药剂师、护士、保姆、营养师、社会福利师、教师等，是发挥着某种特殊技能生活着的人，这里是有工会的。

每当建设学校、宾馆、道路时，会有众多的劳动者参加工作，他们是全天劳作的人。我认识这里的几位阿姨，她们正在日益老去，我担心她们老了以后怎么办。

学校的正下方是自卫队的运动场，中间位置摆着几门 150 毫米口径的野战榴弹炮，经常看到他们在操练。在到达被树林环绕的小镇前，能看到的最宽广平坦的地方就是自卫队的领域。

这就是从屋顶眺望到的我们的小镇——别府。战争与和平紧密相邻，游览区小镇的热闹繁华与医疗福利、社会福利的低调运营就那样共存着。对于居住者来说，这是个工作劳动场所的小镇。为了组织"10・8"的斗争，我们正在召开职场集会。高中教职员工会的妇女部发动了组织保育所工会的运动，这是为那些没有参加组织的母亲们提出的要求。

即使在这么个山青、天高、海蓝蓝的小镇上，历史的脚步也在不断地前进着。

（3）残酷物语

昨天，我阅读了 19 世纪著名作家利尔・亚当①的作品集。在表现其对于近代社会的低劣卑俗进行的直白（所以是残酷的）批判以及高度理想主义的方面，如果用最具理性的语言表达的话，可称作"残酷物语"，在他的小品中，鲜明地展示着。被清晰地形象化了的世界，类似于雕刻在象牙上的宝石的光泽。他的理想，如同远处的星辰闪烁的纯净光辉。一次凝望，就能凝聚一个世界，展现在人们的眼前。那是个用华丽的语言凝聚在一起构成的透明的梦。他虽被看作讽刺、嘲笑别人的人，但他其实是个真挚的人，是"行动上简朴，语言上细致，热情中有谨慎，绝望中有坚忍"的人。

似乎享受了一场精神上的贵族盛宴，我的灵魂深处被照耀，恍然大悟。平时，这种体验和对话真是太少了。相似的想

---

① 利尔・亚当是 19 世纪法国作家、诗人。

法，相似的体验，以及大众化的社会现象中，我们在无意识中就像标准件似地生活着，这太可怕了。教师与教师之间在约定的范围内谈话，教师与学生之间在约定的范围内谈话，可以说，教师在不知不觉中墨守于自己的见解。这难道不是担任教职的人所最应该警惕的事情吗？不知不觉中就变成了一副什么都了解的面孔，精神上也懈怠了。我想学习到看穿利尔·亚当本质的视角，还有从这视角看到的能够形容那个凝缩世界的语言。

"要发现像风声一样的语言，要发现能惊醒混沌睡梦的朝阳般的语言，要发现能滋润我们的干渴的语言，要疯狂地发现忘记不了的语言。"（路易·阿拉贡）

与能够交流这类语言的朋友产生的友情，推动着我们前进。而且要把自己从中收获的东西，用"开放宽容的语言，能构筑我们的爱的语言，射透云层的朝阳般的语言，像世界一样单纯的语言"撞击学生们的心灵。

（4）千年如一日

我觉得今天的天空真是干净。山端的云彩、庭院中的大波斯菊，都让我感到了秋意。高高的树梢上，松针一根根毫不犹豫地、以让我感动的力量向外伸展着。当我看到学生在台阶下抚摸流浪狗的样子，看到学生们在化学教室晃动试管的样子，情不自禁地祝愿他们的人生丰富多彩。

在这一刻，我非常有耐心。大概是因为我觉得自己活着的时候，没有实现变革吧。虽然没有停止过通往变革的脚步，而且也一定会继续努力，但现在需要变换不同的视角来看待这件事情了。既要有一个"千年如一日，一日似千年"式的长期计划，又要有在当天必须完成的事情。在体会到每天所做的微小事情对于将来重大事项的重要意义的同时，就一定要在当天完成它。不要孤立地看待每一天，要把它当作漫长历史的一环。虽然我们不知明天会发生什么，但是今天在这里，确认了今天必须要做的事情后，就把它当作今天的责任吧。"明天会刮明天的风"（明日复明日）这句话是属于不负责任的破罐子破摔的心理，应该把它换成"一天的辛苦用一天完成就足够了（今日事今日毕）"。人类会很漫不经心地产生很多错觉：以自己为世界的中心，以为自己的生命可以一直持续到明天乃至后天。只有当你认识到生命有终点时，才会醒悟到自己必须要做出重大的抉择了。

（5）走向正常化的道路

学生的力量正冲击着学校，迫使大学开始进行变革。高中毫无疑问地也同样要迎接变革的到来。这种变革不是基于企业开展多样化的后期中等教育的要求开展的，而是在保障每个人作为人的尊严与可能性的意义基础上的变革。我们必须要搞清楚，我们把能力奉献给了谁。我们不能盲目地成为政府的人力开发政策的马前卒，政府政策的重点在于全力以赴培养出3%的所谓高级精英。我们不能为这种将人分成三六九等的选拔主义煽风点火。高中教育的正常化，不是空喊几句口号就能实现的，关键在于每个人都有迈向正常化道路的决心。那种理想是理想、现实是现实，在工会组织上发言讲一套，而在学校行政会议上又讲另一套的阳奉阴违的"智慧"最终将一事无成。政治式的现实主义，只选择有利于眼前现实情况的方法、手段，而后则作壁上观；而道德式的理想主义，则是光凭口号标语来对事物进行判断、贴标签。光有标语口号是不能改变现实的，我们需要的是具体的方针政策，哪怕是只能将现状朝前推动一步的具体策略，对于今天来说也是迫切需要的。相互启发，共同讨论制定这一策略，这在今天是非常有必要的。今天需要我们做的就是，不能眼睁睁地看着家长交到我们手里的孩子们滑到车轮底下去。不能目光短浅光顾眼前，要抛开职场、推开学生、推开教育界，从"天狼星"的高度加以观察判断。

雅斯贝尔斯在他的论文《现代的政治意识——原子弹与

人类的未来》中，反复提到："在日常的私密场所，伦理道德规范能够证明人的不同类别，如果伦理道德规范不进行变革，那么是不可能改变现代世界的政治状况的。"

他还谈道，世界虽然无法从整体上改善，也无法从根本上完善，但是我们每个人仍要在自己现今所处的位置上紧紧抓住在当下被视为正确的事，这也是作为一个人必须要承担的任务。

"历史的走向，任何人都无法从整体上预见，也无法规划。但是，每个人都可以知道自己在这个世界上要做什么，世界上各种事物的定位并不充分。个体的人，一定要知道自己最想要的东西是什么，在哪里生存，为什么而工作。我们人类并不属于同一个种类。人的存在，通过各种生活方式和观点的碰撞实现，它受到真理的鼓舞，以精神式的斗争，推动着历史无穷尽地发展下去。"

我们的各种看法要在相互碰撞中，展示出应有的各种各样的共同点，在此基础上，清楚地提出自己希望，毫不疲倦地继续爱的斗争。互相对抗的势力，也会在超越纠纷的高度看待问题时，共同起到迎接下一时代的作用。

"自由与理性，日新月异地在我们的行动中交战。如果没有危险，没有不断的自我教育，没有每个个体的反复自省，人类就不是人类了。"我们不要忘记雅斯贝尔斯的这些警告。

山青、天高、海蓝蓝，在阳光闪耀的屋顶上，我任由思绪流淌，不断思索着这些事情。

《读后感作文指导的基础》，
共文社，1969

4 1960 年代的心灵之旅

别府的《圣经》研究会

这 20 年来，是别府的无教会派①圣经研究会在培养我，催我成长。

研究会的活动地点在吉田阿雅的住宅，为我们做讲解的是加藤虎之丞先生。人们在形容一个人谦虚时经常说虚怀若谷，我觉得他就像一个深不见底的无边无际的大山谷，属于那种深不可测，宽广无边的大海式的人物。加藤先生是具有自在精神的人。身为律师的他要在繁忙的律师工作中，专门腾出周日的时间来参加活动，我自己干着一份小工作，很清楚坚持每周出席是何等的困难。

加藤先生讲解《圣经》，是用非常具体的人生轨迹做比喻来讲解。通过这种浅近易懂的方式，我们把这本经典当作现代作品来学习。吉田阿姨虽然身染重病，但仍为我们提供了房间，负责联络任务，对我们每一个人都给予了无微不至的关照。藤绫子女士（小学教师）则帮助阿姨，承担了家里的杂活，这一天衣无缝的三人组合支撑的集会，就这样开始了。在这 20 年里，我得以在这所"别府"似的世外桃源中无忧无虑地生活着，与学生一起共同成长着。

---

① 无教会派，亦被称为无教会主义，是内村鉴三提倡的基督信仰，重视内心修炼，反对礼仪至上的形式，认为信基督不必然要透过制度和仪式，对日本基督教思想影响很大。

图 3-7　在吉田家里（左起：藤绫子、吉田阿姨、作者）

休止符

约伯的祈祷，父亲之死

父亲晚年的最后一年，是与我一起度过的。我家过着落后于时代的生活，连电视机都没有。收音机是由盲校弱视的孩子们用自己的零花钱，一点点地买齐零件后，为我组装而成的。为了父亲，我才买了电视机。周日时，我们一起到吉田阿姨家，听加藤先生讲解《圣经》。

不需要我为他加任何解释，我也没有要求听什么感想。加藤先生的话语是贴近每个人的心灵的，只需在一旁听，就可以明白这一点。

父亲的糖尿病越来越严重，最终住进了医院。《学生们的主体性》这篇文章，就是在那段时间里的某天，在父亲的病床前通宵写成的，本书也收录了。写完后，在回学校的途中，我将这一稿件寄出。那阵子我每个月都给《学校的图书馆》写稿。

那以后不久，父亲就病逝了。葬礼是按我喜欢的方式进行的，殡仪馆送来的葬礼用品，除了棺材与黑色的幕布外，其他的都请他们拿了回去。

我请妹妹的朋友小野茂先生担任司仪，请加藤先生讲解《约伯记》。具体帮我操办的，是青山高中的同事们，50 把折叠椅也是从学校运到院子里来的。音乐教师负责钢琴演奏，青山高中的学生们在院子中合唱《赞美歌》。

"耶和华给予，耶和华取走，耶和华之名应当称颂！"（《约伯记》）。

我在冥冥祈祷，约伯的祈祷就是父亲的。

败逃者的轨迹

那是父亲回国后的第二年或者是第三年吧，我已经记不清了。父亲曾经以寺院为出发点，徒步穿越四国地区的崇山峻岭。在人迹罕至的山岭深处的向阳洼地上有一个小果园，附近还有一间无人居住的农家房舍，那就是我祖母的家了，我的祖父很早就去世了。从那里沿着山梁再往山里走，就可以看到到处是一个个垒起的小土包，上面还压着石头。据说，那里埋着筋疲力尽倒地死亡的人。听说我们的祖先是平氏幸存者[1]，为躲避追杀，被迫背井离乡，筚路蓝缕，颠沛流离，最后客死他乡。我推测父亲的意思是要将他们的遗骨集中在一个地方加以厚葬。但我却没有那么温情脉脉。

---

[1]　平氏幸存者，日文原文为"平氏落人"，是指在 1180～1185 年间源平合战（治承·寿永之乱）中战败，为了躲避追捕而逃亡并潜伏各地的平家难民。

我觉得还是让历史中的那些人物早日归于尘土为好，我根本无法记住那些不起眼的土垒包，与其让他们挤在冰冷的石墓下面，还不如让他们自由自在地享受这干净新鲜的空气呢。

我感兴趣的是，这些平氏的败逃者后来怎么又会成为享受"蜂须贺"家俸禄的人的。当然这些我从没向父亲问起过。

回国

1947年3月，父亲他们组编成若干梯团，踏上了回国的路程。这个由数百人组成的梯团的费用，全部由父亲和一个在町内行医的医生负担。

在济南火车站，父亲很高兴，因为左邻右舍的中国人也都来送他。当地人因为担心被当成汉奸，一般是不会这样的。还有几个在中国离队了的日本士兵，由于无处可去，就被当作是我家的亲戚，父亲给他们每人都准备了行李，让他们跟着一起回到了日本。火车虽然是前进的，但是一路上走走停停，开上一段时间后又突然停了下来，说是前面不能走了，要求乘客全体下车，再由卡车分头运送。"一路上，三轮车、手推车等，这些都用上了""那些都不用管，但绝对不能离开梯团，只要一离开就会受到袭击"，当时上初中一年级的弟弟这样说。"找那些卡车就花了三四天，卡车不齐，不敢出发。所以，从济南到青岛花了一个月时间。"

这件事情可以看出父亲坚强的决心，他作为梯团的负责人，保证不死一个人，不抛弃任何一个人。

在青岛，为了防止混乱，大家住在女校的体育馆内。回国的船"不是民用船只，而是美国的LST坦克登陆舰，可大了"，"最后到达了佐世保"，弟弟说。

研究罗曼·罗兰

这20年来，我把两个人作为我的榜样，他们是罗曼·罗兰与但丁。

　　我曾将罗兰的作品逐一分解开后，再重新拼装，追溯其作品产生的过程，以了解罗兰写作时的心情。我的这一研究方法，是向罗曼·罗兰学的，他在写《贝多芬传》时用的就是这样的方法。我希望各位读者在阅读罗曼·罗兰的作品时，能穿越其广袤深邃的精神广度与深度，抵达发现崭新自我的境地。

　　说起但丁，我当时正在讲解《神曲》。在圣经研究会听加藤先生讲解圣经前，作为开场白，每次都由我先讲一章《神曲》。我是从头开始讲起的，好不容易才讲到"地狱"，这时我正开始从"炼狱"往上升。

　　我在这里不专门讲自身的心灵之旅，其实我的"心灵之旅"，只不过是体验他们的"心灵之旅"罢了。

5 1970 年代（1） 向校外发展

战后初次访华

战后，我第一次访华是在 1970 年 8 月。这次是经大分县教职员工会委员长推荐，我乘坐"教工之翼"赴华。当时，每年只有两趟飞往中国的飞机，确实是非常珍贵的机会啊。我们从香港经由深圳进入中国，中国正处于"文革"时期，能够接待外国游客的只有国际旅行社。当时沿指定路线进入中国时的那种激动，我终生难忘。

我们在上海参观了工人的住宅，在与居民的谈话中，了解了新中国成立后的变化。我们还参观了附近农村的人民公社、农民的住宅。社会主义建设正在脚踏实地稳步前进着。学校方面，我们只在北京参观了中学和清华大学。由于正在"文革"中，行政管理人员和学校管理人员的讲解介绍，听着仿佛如鲠在喉，令人无法理解。由于正值暑假期间，所以没有看到学生。

我在北京曾提出要求拜访宋庆龄女士，但听说她不在北京，我只好放弃。我曾从日本给宋庆龄女士在北京的住所发了一封信，那时她正好在上海。我的信到北京后，信的译文随后送到了上海。当我离开北京后，她托旅行社转交给我的《宋庆龄选集》才到北京，而那时我已经离开广州出发了。这本书追着我辗转北京、广州，最后终于安然到达日本，到了我的手中。我与宋庆龄女士的交往从此开始了。

1970 年代，本人"心灵之旅"的朋友是宋庆龄女士。1960 年代的朋友罗曼·罗兰与但丁，让我彻底、深入地思索人性。1970年代的朋友宋庆龄女士，令我大开眼界，使我真实地看到了她在实际生活中如何应对接二连三不断地发生在一个人周围的各种事情。收入在选集中的各篇文章无一不是在分析社会现象，讲述行为准则。每天，我坚持利用夜里的两三个小时翻译选集，愉快地与这位先驱者交流。

与县里的妇女们一起

我在这个时期任高中教职员工会执行委员，还任大分县工会评议会（以后简称为县评）的妇女协议会的主席，协议会由大分县内 20 个地区工会女工部组成，地区工会的集会基本上安排在公司下班后进行，一般在 5 点半到 6 点左右。负责组织会议的都是些中小学校的老师，他们过来帮助协调组织。我们决定编写《本市妇女劳动白皮书》后，开始搜集材料。比如请老师们开展调查，如在这个城市里都有哪些公司、工厂或是商店，居民在家里做什么副业等。因为这项工作不能拿着笔记本记录，所以要在聊天的过程中了解妇女们的工作是如何的艰辛等，回家后再把它记录下来，整理成材料。然后再将材料集中起来，按不同的职业分类整理。最后将这些材料提供给各地区和县的工会、县评，便于他们与资方进行交涉，要求提高最低工资待遇和家庭副业加工费时使用。因为有人曾批评我们说："县评、地区工会也不掌握具体数字，所以在交涉时，容易把女工都忘了。"听到这一批评后，我们才恍然大悟。这本《本市妇女劳动白皮书》是在地区工会妇女协议会成立之后做的第一件事。按妇女协议会成立的顺序，先成立的地区先调查制作，编完之后就在"劳动妇女集会"上发表。这对尚未成立妇女组织的地区

工会形成了一种压力，若干年后，全县的《妇女劳动白皮书》
都提交到县评去了。

高中的教师们来了

当 N 电线公司决定要开展全县大罢工时，大分市内的女教师
们与各分会联络，请他们利用午休时间来参加，支持他们的活动，
基本上全部人员都参加了。看到高中教师也来参加 N 电线公司的
罢工集会，那些今年春季刚刚走出校门参加工作的女职员们，在集
会后都跑过来抱着我们呜呜地大哭了起来。不论认识与否，高中的
教师们能来参加集会这一点，就让那些平时感到势单力孤的她们非
常高兴了。教师们为了不耽误授课，下午又分别回到各自的学校
去了。

收入只有顾客给的小费

别府的小山岗上有家大宾馆叫 S。

S 宾馆也成立了工会。经营方觉得这可能会对别府市内 1000
多家宾馆、饭店产生很大的影响，于是就委托银行方面的人来破坏
工会，饭店的男职工全部宣布退出工会，而那些女职工们，则团结
在一个叫若的可信赖的大婶周围。女职工在饭店工作没有固定的工
资，她们的收入全靠顾客给的小费。为此，县评指导她们要求饭店
老板发放固定工资以保障她们的收入。她们的工作一直要持续到夜
里 11 点。在那个时间点，男性再去做组织工作就不方便了，为此
组织上决定要我去，我立马就答应了。我在晚上 10 点半左右出发，
在宾馆的大厅等候，刚刚到 11 点，女职工们就一起出现了。我马
上与她们会合，从宾馆正门前的道路通过，进入女职工宿舍。门口
还站着警卫呢。我进入若大婶的房间后，她立即拉上窗帘，把大家
都让进了房间。她的房间很窄，只有一尺宽走廊，和三席大小的接

待间，以及一个八席大小的房间。我们进去后把房间挤得满满的，后面的人只能站着，竟然有 60 多人。我对她们说："通过工作劳动获取报酬是理所当然的事，具体报酬能有多少，则应该由劳资双方决定。工人有团结起来的权利，有集体交涉的权利和罢工的权利。团结权、集体交涉权、罢工权是受到宪法保障的人的三项基本权利，要挺起胸膛坚持下去。请一定把我的话转达给今天没有到现场的人。"我连续去了三个晚上，总共对 180 人说了这样的话。如果每人向一个人转达的话，那么就会有 360 人听到。在一个约定好的日子里，300 多位女服务员有计划地开展了罢工，在这一基础上，她们争取到了一定的工资和奖金。在这些女服务员中，劳动三权很快就成了流行语言。

当年的大分县劳动妇女集会上，若大婶报告了她们的斗争情况。若大婶对我说："我们这双手以前只是拿过酒壶和温酒器，现在要握成拳头高高举起大吼一声'努力啊'。"

经营方后还来用胡萝卜加大棒等手段逼迫若大婶解散工会。"给你家盖房子，你把工会解放吧"，甚至威胁说，"不解散工会就解雇你"。可是她毫不在意，继续进行工会工作。她并不是单枪匹马一个人干，在她的身后，有 S 宾馆的工会会员，在工会后面还有县评的工人们。这些事情，不仅仅是若大婶，经营方的老板也是心知肚明的。

心象风景——些许否定

《故宫博物院》的出版

去年，关于出版《故宫博物院》一书的事，G 公司的态度曾一度成为问题。那是因为他们指的是台湾的那个故宫博物院。也有人说，不管是台湾的也好，其他的也好，只要是介绍中国的东西什么都可以。过于认真的话，就显得有些小家子气，他们是欲将黑白混在一起调和成灰色。在我们的办公室里，虽然没有很过头的缺点，但凡是怀有淡薄仁心的人具有的缺点，我们这里都有，如果我们稍不留神，就会成为文化层面上玩弄"两个中国"阴谋的合伙人。关闭学术交流的大门的根本原因就是缺乏这种视角。

如果没有思想改造

某工会干部们在开会的时候，据说来自冲绳的教师提了意见，他先讲了一句"这种事情很难于启齿，但是……"，他接着说了这么件事。原来，前一个夜晚，大家在一起喝酒，酒过三巡，面红耳热后大家唱起了旧日本军队的军歌。"工会的干部们也唱军歌，我感到有点意外呀。"——在追求和平的、民主的组织里，也会发生这种事情。

我认为，当发挥主导作用的批判精神的本质发生变化时，思想才会起翻天覆地的变化。这种意义上的自我变革，在我们同志的中间极为罕见，因为能掩饰思想的外衣太多了。本应进步的思想，往往会被世俗的种种所牵制，甚至变得恬淡起来。

唱"徐州、徐州"也好，唱"拉包尔港飞行队"也好，也许只是一种对青春的回忆。但是，如果忘记发生在那里的侵略事实，让自己沉浸在欺骗性的歌词和旋律中，那就真的是颓废了。"不再将学生送上战场"这句口号，将只会成为大会上的一句空话。

对自己来说，什么是不可逾越的底线？每个人都有必要扪心自问。

冲绳教师的目光

25 年来，冲绳的教师们在枪炮林立的环境中一直坚持开展回归本土的复归运动，表达了他们希望回到有和平宪法保障的祖国的怀抱中来的愿望。学生们经常出现在教师们的队列中。"学生会的干部们经常会号召大家'请加入到自己学校的老师们的游行队伍中吧'；教师们也常教诲学生们'与老师们一起行动吧'。在黝黑夜空中高高举起拳头、齐呼口号时，教师与学生必然是心心相通的。一个民族的苦恼，由大家共同分担、大家来承受。教师手里的接力棒，由学生们自豪地接过去，这是一种默契。"（平山良明《我的东京笔记》，刊于《世界》1971年6月号）10年前的学生，今天已经成了教师，他们的学生，今天走在相同的队列中。这件事充分地体现了26年来的本土复归运动的强大生命力。冲绳的教师与学生的相处方式，是我们目前应该努力做到的师生相处的方式。

冲绳的教师们的年龄构成比率是这样的，39岁以下的高中占87%，初中占81%，小学占66%。50岁以上的高中占6%，初中占7%，小学占13%。小学里四五十岁的人，都是女教师。这个数字直接证明了冲绳战役的悲惨。冲绳的教师们，作为一个教师集体，他们的存在本身就是对那场战争的活生生的揭露。

冲绳的教师们的目光，我们应该认真地接受并且诚挚地回应他们的目光，而且还要注意不能让我们与冲绳的教师之间有丝毫的嫌隙。从胡差市（现今的冲绳市区的一部分）举行的反美活动中，如果看到了治外法权的痛苦，并且当我们也为这种痛苦而感到心痛时，冲绳的现实就成了日本的现实。冲绳是美军亚洲战略的最前哨基地，美军深入到亚洲的喉舌深处，要求解除它的武装，理所当然地应成为全体国民的行动。

教师有义务正确地教授关于冲绳的知识。屈从于美国的教育管理机构，用多重构造的行政机构把持了学校的整个教育场所。不仅要表达不欢迎这种管理的意见，教师们还要团结一致，坚持把表达不欢迎的态度视为理所当然。

如果说我们对冲绳的现状视而不见，而纯粹是看见通过乒兵外交，美中已经开始接触，就认为日中友好也会很顺利地展开的话，那未免太单纯了一点。我们决不能忘掉"三光政策"（烧光，杀光，抢光），日军在中国大陆横行霸道了15年的罪行。而允许放纵军部做出这种事来的，是日本的国民。中国人民虽然说，我们要超越这一切，追求和平的人民应该携起手来。但我们现在能够握住他们伸过来的手吗？只有当我们具有无论在什么情况下都决不允许侵略战争发生的坚定决心时，我们才能与对方真正携起手来。

《教育评论》，日本教职员工会情宣局，1971 年 7 月

1976 年，全国高中女子教育问题研究会成立

大分高中教职员工会的妇女部在夏天组织了一次集会，邀请了来自全国十几个县的嘉宾。在征求了以后是否轮流在各县举办的意见后，在国际妇女年的第二年，即 1976 年，确定大分县的夏季集会为第一届，第二届将在山形、第三届将在福冈举行。

研究会具体的研究内容，可以参照《劳动与爱和教育》（朵梅斯出版，1991）。在这里将"第一次全国高中女子教育问题研究会指南"与"第五次全国高中女子教育问题研究会新潟大会主题演讲摘要"主要内容介绍一下。

第一次全国高中女子教育问题研究会指南

我们虽然深知要从妇女解放的视角开展女子教育的必要性，但目前在高中执教的女教师们，还依然在孤独地摸索着前进。

如果将每个人的实践经验交流共享，那将会汇聚成多么巨

大的力量啊。

为了不让毕业生毫无防备地被资本掠夺，为了让她们能在对等的互爱的环境中生活，眼下最紧急的任务就是，明确地教授她们"劳动与爱的意义和权利"，同时这也应该向男高中生教授。

让我们聚集在一起，开展彻底的讨论，明确今后的研究方向，逐步扩大实践范围。

下面的会议将按计划进行，所以希望大家积极参与。

1976 年 6 月 10 日

倡议人：大分高中教职员工会仁木富美子，熊本高中教职员工会寺崎纯，福冈高中教职员工会木村敬，宫崎高中教职员工会林史仔，鹿儿岛高中教职员工会福井园江，冲绳高中教职员工会中村田惠子，广岛高中教职员工会井清信惠，山形高中教职员工会富樫千惠子，东京高中教职员工会大久保节子，岩手高中教职员工会渡边令子，千叶高中教职员工会小高信子（日程略）

第五次全国高中女子教育问题研究会
新潟大会主题演讲摘要

这个会议与日本教职员工会的关系

5 年前，赞同"为了不让毕业生毫无防备地被资本掠夺，为了让她们能够在对等的互爱的环境中生活"这个倡议的人们，齐聚一堂，全国高中女子教育问题研究会终于成立了。

这个研究会与日本教职员工会有什么样的关系呢？

我们这个研究会于 1976 年夏天成立后，1977 年 2 月在日本教职员工会的教育研究全国集会下的"人权教育"分科会下，设立了"女子教育问题"的小分科会。我们夏天在这里开展研究，冬天时转入教育研究全国集会工作，对教育研究全国集会工作的方向大概起到了一定的作用。我们将此作为一个教育运动，通过日本教职员工会、各地高中教职员工会、县教职员工会等组织开展活动。在说起确立劳动权问题时，则应该通过中央的总评、各个县评、地区工会处理具体问题。为了向那些组织顺利地提出问题，需要超越各自的立场。在这里确认问题后，再分散出去，把问题带到各个团体组织中去，发挥组织的作用。从这一意义上来讲，我们的这个高中女子教育问题研究会是一个相对自由的组织。大家都觉得回归到各自的县里时势单力薄，感到孤单，组成全国性的团体后，力量自然大增，能起到推动组织前进的作用。

历经 5 年

5 年之后发生了什么样的变化？让我们一起回顾一下吧。刚才来宾的致辞中提到哥本哈根的事情，今天在日本召开了报告会，也许明天，市川房枝①先生会把最新的消息带到这里来，这些我就不谈了。但这四五年来，讨论妇女问题成为一个非常普遍的话题，以前听起来不顺耳的"女子教育问题"这个词，好像也都获得了市民权。虽然嘴上说着"少啊，不多"的，但事实上我们的朋友确实越来越多了。日本教职员工会的组织机构也为我们开展工作。更让人高兴的是，女记者们，无论是中央的还是地方的，都会与我们合作，当作自己的事情一样与我们一起斗争。出版业界也是如此。推动"女子教育"的朋友们所形成的大趋势，就是我们取得的巨大进步，也是巨大变化。改变是容易的，无论是谁都拥有"改变的权利"。自

---

① 市川房枝（1893～1985），日本著名的近现代妇女解放思想家、妇女运动领导者。

己改变后，还可以改变朋友。与朋友们一起，将自己改变的同时，学生们也发生了变化。我想珍惜这个改变的权利。如果我们只拘泥于改变本身，或者放弃改变，那会变成怎样？只会有僵化与颓废吧，自己会颓废，组织也会颓废。所以我们大家应该继续谦虚地学习下去。

妇女的现状

那么，"妇女的现状"究竟怎么样呢？据我所知，没有什么改变。或者说，应该看到资方的理论正实际贯彻在对妇女的雇用方式上。

我们曾在山形大会（1977年）上宣布，高中生的母亲们有9成以上处于有工作状态。当年我们调查了各学校高中生的父母亲的生活情况，结果超出了我们的预计，数字高达9成之多。其中有六成是工作报酬最低的那部分人，这也是通过调查得知的。用具体数字表示，则意味着大部分人的月收入在6万日元以下，二成人在6万~10万日元之间，超过10万日元的只有一成。这种情况持续至今。

我现在任职于工业高中，这所高中只有男学生。每年班级调整时，我都尽可能在一个学期的开始阶段，对学生们开展调查，请学生"告诉我，你母亲的情况"。具体采取什么样的方式调查，如何提问，都是很有讲究的。如果问"你母亲在做什么工作啊"的话，往往得不到真实明确的回答。如果先说"据说现在高中生的母亲中有九成在工作。可能你母亲也在工作，我将按顺序询问，请把手举起来"，他们就会高高兴兴地举起手来。为什么呢？因为大家普遍认为母亲都是在家待着的全职太太，而自己母亲在外工作属于少数情况，但一听说有九成这么多，就会放心地举起手来。

去年的这个时候，调查得知，一个40人的班级中，有三四位母亲是全职太太，而另一班级中有8位。隔壁班级中只有

图 3 - 8 1977 年 4 月大分市内的游行（前排中央为田中寿美子女士）

2 位，我不禁分析，是不是由于班级的组成方式不太一样呢？进而又做了进一步调查。"去年你母亲曾工作过，但今年失去工作不再工作的人，请把手放下。"一听我这样说，一半的人把手放下了。失业！去年的失业情况相当严重，大家还记得吧，政府认为妇女的失业不算失业，所以在失业率的计算上做了手脚。日本的劳动就业状况，已清楚地映射到教室里来了。

今年的经济情况稍稍好转。二三天前的《每日新闻》报道了就业的增长情况，这是时隔 6 年之后的首次就业增长。增长的部分，其实指的是妇女零工的就业。大学毕业的年轻女性无法在希望就业的单位就业，或者即便就业也依然存在工作报酬的差别、退休年龄的差别。于是有人发明了"减量经营"这一名词，工人劳动强度变得越来越大。高中生的母亲们，根据她们的年龄来看，所在的大概是劳动强度最大的岗位吧。

说一说某缝纫工厂的事情吧。那个工厂的缝纫机，工人坐着是无法操作的，只能站着操作。机器被安置在一个向对面倾斜的台子上，布匹可以沿斜面迅速地向前滑动，站立着操作可以提高劳动效率。可是，那些四五十岁的妇女没有休息时间，一直处于疲劳困顿状态。正如西蒙娜·薇依所说的那样，她们丧失了思考能力，只得顺从机器，这种情况真实地存在着。我们与学生们的母亲们交谈时发现，自己明白这种情况与否，决定了自己与母亲们谈话的方式。这里只是略举一例，说明妇女们的工作场所是那样的一种状态。

现在，资方竭力掩盖妇女劳动力问题，不让大家了解妇女劳动的真相，将妇女的工作岗位从公开场所转入企业内部，想方设法地遮人耳目。正式的工人辞职后，就由这些打零工的临时工来顶替。教职工的情况又是如何呢？女性职工的全国平均数据：小学 55%，初中 25%，高中 17%。小学的比率较高，今后会怎么样呢？现在师范院校中，男生比较多。如果遇到经济不景气时，男学生就会开始蜂拥而至，来师范专业学习，他们大概第二年就可以毕业。所以，对于小学的现状，我们绝对不能掉以轻心，因为现在（教育行政当局）正在推动用男教师来替换掉女教师。

我们鼓励毕业生工作后，在没有组织的职场，建立起工会组织来，但会发生成立不久就被解散的情况。工会如果组织不起来，斗争时难以有坚强的后盾，经营者则像防止细菌滋生似地警惕着。自民党提出"充实家庭基础"的口号，鼓吹什么孩子到三岁左右应该由母亲照看比较好，而那些御用学者也随声附和，被欺骗的人逐渐增多，许多人都会不假思索地认为那是对的。妇女想要继续工作下去，依然不是个容易的事情。

全国高中女子教育问题研究会编《劳动与爱和教育》，

朵梅斯出版社，1991

6 1970年代（2）
与宋庆龄女士的交往

宋庆龄女士

　　1976年，"文化大革命"结束了。我立刻给宋庆龄女士写了信。回信则以我想象不到的速度迅速来到，信上说她现在在上海，下次来上海可见面，让我与对外友协联系。我马上办了手续，1977年的阳春三月，我再次乘"教工之翼"飞抵中国。

　　3月末的一天，我拜访了宋庆龄女士在上海的家。团里的其他人据说去看打倒"四人帮"的图画展去了。我乘坐对外友协派来接我的车，先去中山先生故居参观了一个小时，然后去了宋庆龄女士当时在淮海路上的住宅。那里是她与孙文先生一起生活过的地方，整个住宅以茶色为基调，色调庄重肃穆，据说原来这幢坐落在淮海路上的住宅是以白色为基调的摩登建筑。当天，满是意外的收获。在入口处，秘书告诉我，"宋女士感冒了三天，正在发烧，本来不宜见客，但她说一定要见你"，我听了深受感动。进屋后，秘书进去通报我已来到的消息，我稍微整理了一下衣服，等我抬起头时，宋庆龄女士已经站在那里了。我正感到吃惊时，听到她用日语叫"富美子"的声音，这又让我第三次惊讶了。经介绍得知，站在一旁的老大姐是廖梦醒（廖承志的姐姐）女士，我对这接二连三的意外都感觉不到惊讶了。穿过客厅来到小食堂，那里已经摆好了茶。她仿佛是在迎接远归的女儿似的，把挂在墙壁上的母亲的肖像，还有自己年轻时从美国买回来的瓷器等，一一介绍给我。后来，宋女士举起筷子，在摆放着三明治的大盘子前略微停了一下，原来她是在帮我挑选有鱼子酱的那块。

不露声色地安排我去参观中山先生故居，并请廖梦醒女士陪同，这些都是她在知道我的来意之后精心安排的。很久以后，我在北京再次见到廖梦醒女士，听她说道："那时我正在住院，宋庆龄女士打来电话，邀请我说，心情好的话，过来一起喝茶吧。去了之后才知是你来了。"廖梦醒女士仿佛是生活在东京山手地区的人一样，能讲一口高雅的日语。

喝过茶后，我想询问武汉时期的事情，刚一开口问，她立刻开门见山地回答道"那时正与蒋介石对立着呢"，翻译听了以后大吃一惊，立即对我说："太复杂的话题还是不要说吧。"我想这大概是因为"文革"刚结束，还比较谨慎，所以将话题转到《宋庆龄选集》日文版的出版一事上，得知同意出版后，我又汇报了目前日本教师们面临的一些问题。

"哪个出版社出啊？""朵梅斯出版社，由三位女士经营。""呵，那很不错啊。"说到这里，廖梦醒女士又与宋庆龄女士两人说了一会儿话。"中国还没有这样的出版社"，宋庆龄女士道。

"朵梅斯的总编鹿岛光代女士推出了《日本妇女问题资料集成》等，专门出版与女性问题相关的出版物。"

"请向鹿岛女士转达我对她事业的祝福"，宋庆龄女士道。

1978 年 1 月，我拜访了宋女士在北京的家。那次，我收到了英文版的纪念中国福利会成立 20 周年的刊物。对于想了解选集背景的我来说，这是最让我高兴的礼物。这体现着宋庆龄女士不留痕迹的关照。这本刊物中，刊登了《救济与福利事业——两个概念》这篇文章，她说："这是非常重要的文章，在日文版的《宋庆龄选集》中，一定要收录这篇。"发表在当年 6 月 14 日《人民日报》上的《为人民服务的四十年》那篇文章，是后来专门写信申请，得到她的同意后才收录的。这两篇文章是中文版选集中所没有的，我们将文

图 3 - 9　在宋庆龄女士的住宅中。作者与宋庆龄
女士（中间位置）、廖梦醒一起

章译成日文收录了。

　　那天，她向我讲述了她的父亲及她与孙文先生结婚的事情。讲述期间，一位年轻人过来说要开饭了，我觉得就此中断谈话真是太遗憾了。她请我在家吃晚餐，第一道菜是西式浓汤。"我做的菜，尝尝味道怎么样？"宋女士说。我回答"很好吃"。那位年轻人马上接口道："那太好了。"后来上的都是厨师做的中餐了。

　　除宋女士外，一起吃饭的还有杜秘书、张秘书、随氏姐妹（随秘书的女儿）、担任翻译的冯爱珠女士。那位年轻人原来是随氏姐妹中的姐姐。

　　1979 年 4 月，周恩来夫人邓颖超女士率全国人民代表大会代表团访日，朵梅斯出版社以此为契机，适时推出了《宋庆龄选集》。邓颖超女士将我们赠送给宋女士等中方人士的书籍，回国时随机一起带回去了。

　　那年夏天，全国高中女子研究会的理事等一共 26 人，从上海、西安、延安等地来到北京相聚，全体人员一起拜访了宋女士的家。

（请参照《记访问宋庆龄女士》）

此前我们还在延安参观时，就接到了她打来的电话，叮嘱我说："要带全体人员一起来啊。"

1979 年的秋天，我向中国驻日大使馆咨询，何种情况能长期在中国停留。得知如果是学者，可以停留 3 个月，如果是教师则可以待 1 年。根据情况的不同，也有可能再延期 1 年。随团访华时，由于停留时间短暂，还要去拜访多个不同的地方，所以很难从容地与宋女士交流，要想在她身体好的时候能够随时访问，只能在她家附近住下才可以做到，所以我立即向外国专家局申请，希望作为教师在华停留。不久就接到了外国专家局与吉林师范大学的来信，问我愿意不愿意去他们那儿工作。"文革"后，最早被派遣到日本留学的公费留学生们，出国前都被送到吉林接受日语培训。我正在考虑是否答应中方的邀请时，中国大使馆的黄幸先生约我见面。黄幸先生对我说："你的目的是想见宋庆龄女士吧。如果去了吉林，到北京就比较难了。还是想办法能去北京或上海才好。"

我立刻提交了申请，希望能够变更地点，最终我来到上海华东师范大学。第二年我履行了延期手续，在那里一待就是两年，但是却再也没有机会见到宋庆龄女士。

宋庆龄女士去世

1981 年 5 月 8 日，加拿大维多利亚大学的校长，为授予宋庆龄女士名誉法学博士一事来到北京。宋女士带病出席了在人民大会堂的一个会议厅举行的授予仪式。

从那夜开始，宋女士持续高烧，直至 5 月 29 日去世。

我听到宋女士生病的消息后，立即向学校的外事科提出申请，希望能去北京探望，但当时没有成行，10 天后才到达北京。学校告诉我说这是经专家局的批准赴京的，所以我先去了专家局。接待我的女士一见到我就说："你怎么来这里了？可以直接去宋庆龄女士家的呀。昨夜爱泼斯坦去过了，外国友人的探访已经截止了。"
"那我马上去。"

我先到花店，请他们制作探望花束，委托花店每隔三天往宋宅送一束鲜花，我一次性支付了 10 束鲜花的钱。我刚进宋宅，杜秘书立即出来迎接我说："我说富美子来了，她就点头了。她是知道的。请不要担心。现在卫生部的专家们正全天看护。"我告诉她每隔三天我送一次鲜花，请她记得把鲜花换上，之后就直接回上海了。

5 月 29 日，公布讣告后，我马上向日本总评、日本教职员工会等团体打电话，请他们发唁电送花圈。花圈是在北京准备的，我垫付了费用，我为什么要做这件事呢？因为当中国发生毛泽东、周恩来逝世等重大事件时，我一直注意收听无线电短波消息，发觉日本的进步人士既没发唁电也没送花圈，我认为不能再发生此类事情了。

我到北京后，立即到专家局去了，因为想准备花圈，所以申请租用大巴车并请求派人帮忙。专家局立即派出了 3 个人坐上大巴出发了。首先在制作花圈的地方，请他们制作了 12 个大花圈。又以富美子个人的名义，用鲜花制作了一个相同大小的花圈。专家局的人热情地帮我把 13 个大花圈放入车里，运到了人民大会堂的一个房间里。

宋庆龄女士的遗体已运抵人民大会堂，从 5 月 31 日到 6 月 1 日，北京的各界群众前来告别。6 月 3 日，中国共产党与国家领导人、各界代表齐聚这里，举办了追悼会。专家局特意为我准备了席位，我还拿到了座位卡。第二天我就回上海了。

让我回上海的，并不是学校，而是中国福利会。他们让我在 6 月 4 日参加统一行动，我作为福利会的一员，被安排在亲属的队伍中。

6 月 4 日，福利会的大巴车一早就到达了机场。民用机场的一旁就是军用机场，福利会的车所在的位置，就在从北京护送宋女士遗骨的一行人走下飞机的舷梯旁。那个位置是可以代表上海最先说一句"您回来了"的地方。福利会的车跟在从北京来的国家领导人的专用车后面。沿途有很多上海市民夹道相迎，车队来到了万国公墓。在宋家墓地前，举行了葬礼。宋女士生前曾向沈粹缜、廖承志等留言，自己的墓要位于父母墓的右侧，李燕娥墓地在左侧（后述），都遵照遗言办理了。葬礼结束后，邓颖超、乌兰夫、廖承志、陈慕华、陈国栋都手持一朵黄色的康乃馨，绕墓地行走一周后放下花朵，逐一作别。安排在亲属队伍中的我，则跟在其后。我感谢中国福利会的朋友给了我这个机会。

NHK 的 "亚洲革命之日　宋庆龄——中国之心"

　　NHK 的 "教育栏目——20 世纪的人物像" 计划以 "亚洲革命之日　宋庆龄——中国之心" 为主题制作节目，为此来到我位于别府的家中，社会教育部的立松昭子女士来找我时，我刚回国（1982 年 8 月）不久。我向她谈起了在上海曾观看过的《国之瑰宝宋庆龄》纪录片，提议说尽可能地多利用些生动的影像资料，并建议 "如果可以的话，您应该到大使馆去商量一下。如果大使馆里有这部电影，并且可以借出来的话，能不能请他们让我们用一些必要的图像"。听我这么一说，立松昭子女士马上问我："您能为图像做解说吗？" 后来，我与久保田博子二人答应接受这个任务。她迅速回到东京，去大使馆商量时，正好电影刚到，立即借了出来，快速地开展制作工作。出现在胶片里的，还有西园寺公一、大西寿子（神户女子大学讲师、医生。就读神户女子学校五年级时，在学校听说了宋庆龄的故事），旁白由白坂道子、主持由梅泽播音员负责。久保田女士与我约好 10 月 24 日排练，25 日正式开机录制节目。播出时间为 10 月 26 日（周二）20 时至 20 时 45 分和 27日（周三）16 时至 16 时 45 分。这在日本是最早用音像介绍这段故事的节目。立松女士作为总导演，兢兢业业地为此事工作着。装饰在背景墙上的宋女士的大幅彩色照片，后来捐赠给了上海少年宫，照片一直挂在少年宫入口大厅中。

为纪念百年诞辰，中国电影摄制组访日

　　1992 年春，为纪念宋庆龄百年诞辰，中国派了电影摄制组访日。他们想了解孙文、宋庆龄夫妇最后一次访问日本时的情形，我请久保田文次先生、博子女士为他们在横滨、东京当向导，我与久保田文次去神户迎接他们。神户女子学校，就是现在的神户一高。我们展示了当时的照片，大西寿子女士当时已经去世了。当时的 5 年级学生，据说已经没有留在神户的了。在返程的新干线上，我们拿着毕业生名单寻找时，发现还有在东京居住的人，回京后用电话联系到了山住正己先生。山住先生一听，立即回答道："你们要找的是我的母亲啊。"他的住宅是带院子的和式房屋。第二天，摄制组早早结束了在横滨的工作，下午拜访了山住先生的家。他的母亲在当天上午已向各处的朋友打了电话，大家一致赞成用《大同》这首歌迎接来客，住得最近的小矶良平先生的妹妹也被请过来了。为什么只限定在 5 年级学生中呢？因为神户女子学校曾邀请宋庆龄女士用英语做了关于女性解放的演讲，只有 5 年级学生能够听懂她的演讲及内容，当时的 2、3 年级的学生只是知道来了位很漂亮的女士，用英语进行了演讲。

　　这部电影，于 1993 年在人民大会堂首映，随后中方给日本寄来了录像带。

记访问宋庆龄女士

　　1979 年 8 月 1 日的下午，我们访问了位于北京后海的宋庆龄的家。"文革"后，这是公开报道的最早的日本团体正式访华活动，在"文革"前，很少有公开的日本人活动。我们受到中方媒体的关注，第二天的广播、电视、《人民日报》都刊登了这条消息。

宋庆龄女士在中华人民共和国成立后，担任国家副主席的要职。国家主席制度经1975年的宪法修正案废除后，她任全国人大常委会常务副委员长，决定着国家的发展大计。今年84岁的她站在客厅正中央，与每位团员握手表示欢迎。她穿着黑白横条纹的坎肩，亲切自然，看起来很有精神。

与全体团员握手后，宋庆龄女士单独走到我身旁。我在去年和前年，曾经单独见过她，她像对女儿一样待我，还留我一起吃晚餐，那个时候我如果不搀扶着，她一个人是不能走的。这次看上去那么有精神，真是太好了……

我们的研究会，把宋庆龄女士的思想栽种到了异国的土地上，培养它生根、发芽、结果。1927年，她号召妇女一定要参加到国民革命中去。她警告，如果女子教育只以贤妻良母为目标，那么一定会培养出帝国主义和军阀的奴隶的奴隶；她提倡，要让妇女具有远大宽阔的见识，要开展新式女子教育，要与男子一样站在同一战线上。

寻求自我变革

从那时开始，经过50年的斗争，现在的中国妇女已经撑起了半边天。我们研究会这次访华的目的，在于了解解放了的中国妇女的同时，也要了解这一解放过程。这样做必然就要审视日本军国主义的罪行。这次旅行也是我们各自在自己的岗位上，为了成为争取自由与和平的主体，而开始的寻求自我变革的旅程。

会见之前，我们在上海主要了解了中国福利会的活动，从前它是国统区内反抗运动的一个中心；在西安、延安了解了解放区妇女的斗争；在北京采访了全国妇联副主席罗琼①，了解了五四运动以来妇女运动的进程。今天，我们见到了在孙文先

---

① 罗琼（1911~2006），女，江苏江阴人，薛暮桥的夫人。早年投身革命，中共七大正式代表，曾任全国妇联书记处第一书记等职。

生逝世后，依旧保持"尚未完成的革命的良心"（埃德加·斯诺语）的宋庆龄女士，对我们来说，这是无上的光荣。她眷顾着我们这种在日本默默无闻的小团体。

"选集的销售情况怎么样啊?"她问道。选集指的是由朵梅斯出版、由我翻译的《宋庆龄选集》。"日本的女议员等各方人士都在推荐，非常感谢她们。"

图 3-10 访问宋庆龄女士家的全国高中女子研究会的成员们

长年累月

"日本妇女的社会地位现在怎么样?"宋庆龄女士问道。我们介绍说，日本宪法是平等的法律保障，目前经济也看上去欣欣向荣，但妇女的劳动权并未确立，根植于男女分工论的家庭观念成了妇女独立、自立的巨大障碍，教师们都深感有必要向学生传达关于劳动与爱的意义和权利。"自由是经过斗争才能获得的东西。在现在的中国，有相当多的妇女担任重要职位，这是她们经过长期斗争获得的地位，并不是因为丈夫身居高位得到的。"她举出了全国人大常务委员会副委员长邓颖超

女士（周恩来夫人）、全国妇联主席康克清女士（朱德夫人）
的名字。

"最近大家关注的张志新的事情，请好好读一读"，她说。
张志新是在与"四人帮"的斗争中牺牲的女性，《人民日报》、
《中国妇女》曾做介绍。

宋庆龄女士年轻时曾赴美留学，在日本与孙文结婚。孙文
去世后，她与国民党政府的反动势力做斗争，为保护白色恐怖
下的普通民众的人权，组织成立了"中国民权保障同盟"，并一
再警示日本侵略中国一事，像浴火重生的凤凰一样，一直组织
抗日战线。七七事变之后的 1938 年，她发起、成立了保卫中国
同盟①，也就是现在的中国福利会的前身。这个组织把中国当作
反法西斯斗争在远东地区的桥头堡，向全世界公布中国的抗战
情况，并源源不断地将医生、药品、粮食等物资和资金送入解
放区。

渊博的知识与修养

她还谈到了儿童教育的重要性，在这次访华途中，我们随
处可见令人感动的托儿所、幼儿园，还有少年宫、儿童艺术剧
场等主题活动场所，还有赤脚医生的医疗体系等。这一切规划
的源头，都在宋庆龄女士主持的中国福利会。这些事业的背
后，源自于她年轻时亲眼所见的美国图书馆教育，还有苏联少
年先锋队少年宫的活动，以及对于法国的自由与斗争历史知识
的理解与教养。

《朝日新闻》1979 年 9 月 20 日

---

① 保卫中国同盟（China Defense League）是宋庆龄于 1938 年 6 月 4 日在香港创立
的抗日组织。后于 1945 年在上海改名为中国福利基金会，于 1950 年更名为中
国福利会。

完成《宋庆龄选集》的翻译工作

1966 年，为纪念孙文诞辰 100 周年，《宋庆龄选集》出版了。

1970 年，宋庆龄女士送给我一本《宋庆龄选集》。我认真地阅读了这本书。自从我开始走上讲坛教书，并从事工人运动后，几乎就没有了自己的时间，我只能在深夜与宋女士交流，这段时间对我来说是万分珍贵的。

在那以前，我将罗曼·罗兰、但丁作为我的人生导师。罗曼·罗兰曾站在反战反法西斯斗争的潮头，成为弗朗茨政治斗争的牺牲品，但他不断追求正义与爱，最终客死于拉韦纳。我认为，宋庆龄女士就站在这二人思想的延长线上，将他们二人的思想与人生结合在她一人身上。

曾经历过各种斗争的宋庆龄女士，一定有过透彻的思考，才能找到获得解放的具体办法吧。

"中国革命是一个长期的、艰苦的和复杂的斗争。为了这个斗争而牺牲的是很多很多。它错综在全体人民的生活之内，交织在祖国的大地上。"①

中国革命包含了多方面各具特色的斗争，具体事例不胜枚举，留下的经验弥足珍贵。陈毅将军等人提议，将宋庆龄 1927 年以来发表的演讲、声明、文章等一并整理、收集起来的话，一定很有用处。1951 年，她撰写了《为新中国奋斗》这本书，《宋庆龄选集》意义也正在于此。那些文章是珍贵的历史证言，它"反映了历年以来的革命潮流，反映了人民力量的消长，反映了人民的力量最终冲破一切，取得胜利"。

---

① 选自《为新中国奋斗》序言，1951 年 6 月。

我从这本书里学到很多东西。从中国妇女的解放斗争中，我学到了妇女运动的原则性的东西。她告诉我们，我们的斗争，不是在空洞的女权主义旗帜下的斗争，而应当作民主运动的一环。她详细记述了民主运动的消长与妇女权利的增减比例关系，并且在1927年严肃地指出，所谓的贤妻良母主义，就是要制造帝国主义与军阀的奴才的奴才，妇女要放眼世界，与男子并肩开展国民革命。

1975年召开的国际妇女年世界大会上，聚集在墨西哥的妇女们，制订了世界行动计划，提出要改变女子教育。宋庆龄女士在50年前就已经提出并且实践过了。她说，"吾等祖母虽较美国妇女落后五百年，但吾等之女儿未始不可先进五十年。"现今这句话已成为事实，中国妇女已堂堂正正地支撑起半边天了。

其次，我还佩服她的教育理论与教育方法。现在，让访华的人们深有感触的，就是参观过的少年宫。这是让孩子们的个性自由发展的地方，少年宫建筑是模仿苏联的少年先锋队宫殿风格，这个课外活动的场所，已普及到每一个区县。这个构想与成立儿童艺术剧场、引进现学现教的小老师制度一起，已在新中国成立前的上海，就由中国福利基金会（中国福利会的前身）着手建设了。

成立儿童图书馆、推动儿童书籍的出版、强调读书指导的重要性、进行人生规划指导时指出理想与职业选择的差距，做以上这些事情时，她不断地强调教育工作者的作用就如同花园的园丁，不断地提醒父母和教师说，教育革命的后代是件重要的大事。教育决定着阶级斗争的胜负，企图走资本主义道路的人，会以革命的第三代、第四代为培养对象，成年人要担负起教育的重任。

再次，我从这本选集中，学习到了救助与福利的概念。她明确地指出，救助与福利不能像过去那样，只存在于纯粹的人道主义中。

　　人民政府将救助当作经济复兴与发展计划中的重要内容，那虽然仍是人道主义的，但却用积极的方式，以最终消除救助为目的；而福利则是每人作为一个人应享有的基本权利。如果只限于紧急救助，那么就应规定明确的启始、方式与结束。在日本社会，有没有考虑过有结束的救助计划呢？在日本，福利确实是永远没有终点的人道主义的事情，多以安慰良心的形式开展，那只是杯水车薪的事情罢了，难以想到有结束的那一天。在新中国成立后开展的治水、应对饥荒、消灭疾病、增设保育机构等，都是向着结束目标而展开的。

　　直到生命的最后一刻，她都坚持着"尚未完成的革命的良心"，犹如一尊伟像屹立在中国革命的风口浪尖上。

　　1927 年，蒋介石背叛革命后，她坚定地站在国民党左派的立场上，主张实行孙文的三大政策"联俄、联共、扶助农工"。在这一点上，她没有与右派做丝毫的妥协。这本书里一句话都没有提到，她自己是在怎样的情况下发表了那个演讲、那个声明、那个文章的，我若能把这些事情都弄清楚的话，这本选集的话语就会具有更重的分量。

　　国内革命战争时期也好，抗日战争时期也好，她都没有将那看作是中国的一个地区的局部战争，而是当作反法西斯斗争在远东的桥头堡，并将它向全世界宣传出去。

　　在令人绝望的环境中，她组织了抵抗战线，在国民党的高压统治下，在白色恐怖的笼罩中，她作为民权保障同盟的主席，要求释放政治犯，要求言论、出版、集会、结社的自由，要求抗日。如果组织被解散了，她就会立即再创立新的组织鼓励人们再次站起来。

　　她还是国民党统治区与解放区之间唯一的连接点，送斯诺进入延安的人就是她，她亲自为统一战线的实现而努力工作。

　　想要从一个侧面看待中日战争期间的日本，正视日本军国主义的罪行，这本选集就是一本很好的资料，她正确地分析了日本的经济力量、军事力量，宣传抗日。

蒋介石口头上喊着抗日，实际上对解放区实行封锁与打击。而她，向世界各国朋友、华人华侨、国内的民众呼吁，将大量的医疗用品、药品、救援物资、捐赠款，通过她主持的保卫中国同盟（这也是中国福利会的前身），突破封锁线，源源不断地送入解放区。中国抗战的真相、解放区的信息、皖南事变的真相等，都是通过这个同盟，第一时间向全世界公布的。

这就是世界的有识之士，联合起来与法西斯做斗争的形象。而孤立的日本的形象，也渐渐丑陋地令人羞耻地显现出来。

她是个优秀的组织者，优秀的新闻发言人，新中国成立后的文章占了选集的一半以上。通过这些可以清楚地知道，新中国建设过程中遇到的艰难困苦。现在访华的人们，大多感动于社会主义中国的发展，都会认识到与中国这样的国家打仗，日本怎么可能取胜呢，实在是太自不量力了。可是，中国其实是将每一位存有落后思想的人进行思想改造后，才能向着社会主义建设前进的。

用她的话说，就是类似把地面上的沙粒一个个地翻转过来的工作啊。

她拥护中国共产党，反复强调中国人民不能没有中国共产党。1976 年 11 月，"四人帮"被捕后召开的全国人大常务委员会，决定支持华国锋体制，她一如既往地安坐于委员长的席位，发挥了巨大的作用。她毫不动摇地坚持着"尚未完成的革命的良心"。

今年，中国福利会迎来了成立 40 周年。*China Recomstructs* 6 月号、《人民日报》6 月 14 日刊登了宋庆龄女士的文章，题为"为人民服务四十年"。即使曾遭遇"四人帮"的阻碍，宋庆龄女士一直植根于中国，她的工作贯穿始终，她的精神照亮了 20 世纪。

《宋庆龄选集》的翻译工作是愚公移山式的，希望这本选集能成为日中友好的桥梁。

《亚洲评论》1978 年秋季号

献给宋庆龄女士

黑沉沉的夜
没有鲜花的时代
背叛、中伤与胆怯的季节
沉重的海关钟声飘向河面
白色恐怖笼罩下的租界上海
守卫人权的灯光依然明亮

被践踏、被践踏
像不死鸟那样重生
抗日烽火在上海燃烧
新组织的呼吁
总有您的署名赫然出现

您的存在，仿如阿基米德的支点
以您为中心，世界精英联合一起
以您为通道，向解放区运送物资
以您为喉舌，向全世界宣传解放区
反法西斯斗争的远东桥头堡、中国
那是您的祖国

中华人民共和国成立之日
就像使徒约翰告知救世主一样

您向旧社会宣告
只有中国共产党的领导才能救中国
孙文先生离去之后
"尚未完成的革命的良心"
让您在决定中国的命运时勇敢至今

三年前
常务委员会决定支持华国锋体制之时
您拖着病躯
不露声色地坐在委员长的位置
您的伟大
在于您无论身居多高的地位
都能听到最底层的呻吟
最彻底地了解周围的事情
既能洞察人间的愚昧
又相信人间的善良、智慧
将救助之手抚向人的愁眉

中国福利会——
为了人类的回归，40 年经历了没有极限的挑战
教育、福利、医疗
实践着与今天的生命相关的设计与实验
"四人帮"猖獗之时
无论福利会是否扬名
都有托儿所、幼儿园、少年宫、儿童剧场
在中国的各个角落迎接孩子们
妇幼保健网与赤脚医生一起
覆盖了全中国
您的事业一直继续着

直到创始人变成了无名的人

社会主义中国的各项美好事业的源头

都有您的存在

即使您并未留下姓名

孙文先生离去的 55 年

您处在孤独的深渊

与逝者的对话能使您的脚步轻盈吧

您是乱世一缕光源

温暖了世间的人们

让他们苏醒、团结

今天，中国革命的"心"

经由您的《选集》传到了日本

我们祈愿超越国境

继承您的战斗

1979 年 12 月 8 日，
"庆祝《宋庆龄选集》日文版出版会"上发表

推进抗日出版事业的沈粹缜先生去世

1997 年 2 月 19 日，邓小平去世，享年 92 岁，他经历了激荡的中国近现代史。在人民大会堂举办的追悼大会，有成千上万的民众参加，数万的市民沿街送别灵柩。在那大约一个月前的 1 月 12 日，还有一位中国女性悄然离世。她的一生，也曾经历了 20 世纪激荡的中国历史，享年 96 岁。她就是抗战时期著名新闻工作者邹韬奋的妻子沈粹缜女士。

我与沈女士的交往，始于 1979 年，经孙文的妻子宋庆龄

女士介绍得以结识。

宋庆龄女士经常回上海过春节，但是，1981 年春节她没有去上海，当年的 5 月 29 日在北京去世。

在那之前的 2 月 5 日，贴身照顾了宋庆龄女士 56 年、不曾屈服于国民党威逼利诱的李燕娥去世了。

沈女士受托拿着宋家墓地的平面图去看她的时候，宋庆龄女士正手抚李燕娥的骨灰盒悲伤不已。宋庆龄女士一边看着平面图，一边对沈女士交代，李燕娥的墓在父母墓的左前方，自己的墓安排在右前方。她只是希望像个普通人那样留在父母的身边，而不是处在孙文的光环下。现在宋家的墓地里，有国家名誉主席与那个曾经照顾过她的人，她们在相同大小、相同形式的墓穴里相守。

宋庆龄女士去世后，曾有人提议将她葬在南京的中山陵（孙文的墓地），但廖承志、沈女士等人决心遵照"宋庆龄女士的嘱托"和遗愿。这在中国，大概是极为罕见的吧。

宋庆龄女士去世前的两个多月，沈女士一直陪在她身边。后事也由她受托办理，北京、上海的家中事务都由沈女士料理。宋庆龄女士 89 岁，沈粹缜 80 岁。"我们是老姐妹呀。"正如宋庆龄女士对沈女士所言那样。

她们二人是志趣相投、有深厚教养的人，决不会大声讲话。她们能体察他人的心情，设身处地地为他人考虑事情，不带丝毫矫揉造作，性格温柔，但内心坚强。

沈女士原是教授美术的教师，1926 年与邹韬奋结婚。"那时觉得自己能成为一个贤妻良母就不错了"，她笑道。

九一八事变发生之初，《生活》周刊的邹韬奋就显露出了锐利的笔锋。他呼吁"团结抗日"的刊物深受青年喜爱，被国民党特务所不容。1933 年以后，刊物连续遭禁，他不断创办新的报纸与杂志。当时被破坏的报纸、刊物多达 10 种。

1932 年成立的生活书店，最盛时曾经开过 56 家分店。但是 1941 年时，蒋介石下令除重庆的本店外，将其他店面全部关闭，书店职员也被捕入狱。沈女士理解并支持着那个时期的他，毫不妥协地用笔战斗。

著名的七君子事件发生之时（1936～1937），邹韬奋因救国会干部的身份被捕入狱，沈女士毅然守护着生活书店。沈女士与宋庆龄女士相识，正是在这个时期。沈邹夫妇是宋庆龄女士的战友。1944 年邹韬奋用假名辗转于上海各大医院就诊，最后因耳部癌症去世。

新中国成立后，沈女士一直致力于社会福利工作。中国福利会主席宋庆龄女士委托她做托儿所的工作，为帮助劳动女性，她担任了所长，实现了 24 小时保育的工作目标。其后，又任上海妇女联合会的福利部部长，为妇女儿童的福利而工作。

"文革"时，"四人帮"诽谤邹韬奋是出版界走布尔乔亚路线的典型，目的在于打击曾高度评价过邹韬奋的周恩来。据说沈女士曾被下放到农村。

1978 年，沈女士任中国福利会的秘书长，承担了重新恢复被"四人帮"破坏了的各项事业的工作。她 1985 年退休，后来经常住院治疗。沈女士的一生，走的是典型的中国知识分子的人生路。

《朝日新闻》1997 年 3 月 26 日

图 3 - 11　1933 年沈先生一家

7　1980～1982年　华东师范大学

78级的学生们

从1980年9月开始，我在中国上海的华东师范大学任教。

听我授课的是78级的三年级学生。他们有的人有将近10年的下放经历（在农村或者工厂），经1977年恢复高考后进入大学。他们头脑聪明，而且也不单纯。经历"文革"后，从他们的身上，可以明显看出价值观的变化。他们认识到了个体的尊严，决心今后要互相帮助。他们于1982年7月毕业，奔赴各自不同的岗位。我也期待着他们这一代人支撑起中国的明天。上一代人缺乏系统的做学问的经验，他们下一代的人又缺乏下放的经历。对于现在的中国，需要的是具有人类淳朴感觉的、能够体会他人痛苦的人，将由他们在各方面用各种方法，开创10亿人的明天。在这个没有经历过文艺复兴、宗教改革等历史的大国，他们的生存之路可能会很艰辛，他们的上几代人，为了解放，用了将近一个世纪的时间斗争，因为他们的存在，我相信中国的未来。

最初授课时，在我了解了日语课的情况后，就不再用以前只讲语法的教科书，而是自己有针对性地编写了一套教材。

《上海的曙光》是学生们最早的作文集，这是在纪念国庆节时，以上海的解放日为主题，向家人咨询后写成的作文集。还有"给你的一封信"这个主题，是我写给78级学生们的。目前我手里第一、二期欠缺，三、四、五、六期都还保存着。

从第一学期结束之时开始，每星期二的晚上都在我的房间召开读书会。从灰谷健次郎的《兔之眼》直到《苏格拉底的辩论》，大家在读书会上一起阅读、分享。

进入四年级后，学校要求教授古文，我请大分高中教职员工会按照学生人数寄来了《古典乙一级》（按照日本的学习进度，要求在两年内完成）教科书与日本文学史、辞典等。学生们用了半年时间学完了《古典乙一级》。我一边教着日本文学史，一边了解着日中思想交流史，并从世界文学的视角分析日中两国思想的特性与区别，尤其是严格考证了日本近代思想形成的过程。今后中国将推进的现代化政策，希望不会重蹈日本的覆辙，不要失去人的本性。在三年级下半学期中，我开办了"日本的战后教育史"讲座。学生们确定毕业论文的主题后，经过一年的努力，完成了以下论文。

图 3-12　华东师范大学校内的 78 级学生们

78 级毕业论文主题

1 彭国跃《日语的感觉表现方式》

2 张国平《日本残障儿童的发展之路——论日本的残障儿童教育》

3 张平《日本的幼儿园教育与经济的发展》

4 沙秀程《学校的心脏——日本的学校图书馆》

5 王立平《町人文化的发展——绚丽的元禄文化与明末文化》

6 方如伟《福泽谕吉的〈文明论〉》

7 王新《吉野作造的中国观》

8 汪醇《石川啄木思想的发展》

9 吴爱琳《〈某女〉叶子走过的妇女解放之路》

10 顾琳麟《关于井伏鳟二》

11 徐国平《壶井荣〈没有母亲的孩子与没有孩子的母亲〉》

给你的一封信

第三期（1980 年 11 月 2 日）

现在是考试前的一个星期，你们准备好了么？

听说你们第一次接受外教的考试，所以有点紧张，那可有点奇怪啊。

说说我对"考试"这个词的理解吧。我觉得，"考试"不是为了获得什么"评价"，而是巩固学习过的知识的一种手段。所以，请你们努力学习，将以前漏掉的知识补习好就行了。

经过这两个月一起努力，我想具体了解一下你们每一个人的"阅读能力、书写能力、听辨能力、对话能力"，在哪个方面更加优秀，在哪个方面比较欠缺。如果让我做个评价，即使不通过考试，也是可以打分的。如果对 12 名学生都不了解的话，那就当不了老师了。

你们要好好利用学校的考试制度，就如刚才说过的，以补足自身不足的心态，尽全力投入啊。

考试之后，请就你们在之前的作文中提出的问题，利用11月份的时间。为了解决它，阅读相应的文章，理清思路。从12月开始，将学习五年级下的教科书了。由于比较容易，很快就会学完。那样的话，2月或许就可以使用自编教材了。以上就是一个学期的学习计划。

就像我曾说过的，请怀着自己是"千里马"的自信，贪婪地学习。芥川龙之介曾在《那时的我》中说过："对知识没有贪欲的人，我没有兴趣将他当朋友。"

上次以"市场"为题的作文写得不错。

说实话，我没想到你们能写得那么好。与以前相比，有了"质"的不同。为什么？

因为你们用自己的眼睛观察了自由市场，观察了国营市场，观察了人，观察了货物，思考了农民的生活，思考了流通机制，思考了中国经济。

这不是闭门造车的文章。

迈开自己的脚，用自己的眼睛捕捉事物，再用自己的语言描绘出来，所以你们能生动地、富有个性地将其写出来。这样，你们就能用自己的眼睛惊奇地发现大众的状态，正在变化中的中国的状态了。

能用"自己的语言"表述，成为"用自己的方式思考"的人，这种"个体的确立"，正是"现代化"的基础。不瞻前顾后的、勇往直前的"个体"们"团结合作"起来的时候，会产生社会主义国家的强大力量，会使中国成为一个不允许少数人篡权的真正的人民国家。只有这样的人，才会防止组织的形式化与运动的僵化，成为带动国家复兴的强有力的发条。

你们，正在踏上这条路，为你们高兴！

第四期（1980 年 11 月 16 日）

上周我的身体不太好，让你们担心了。感谢你们送来的 12 个柑橘和苹果。这封信因此也迟来了一周。

第一次的考试，比我预料的结果要好，让我更加有自信了。

9 月、10 月要请你们大量地写东西，为了解答你们可能提出的各种疑问，我也要大量地阅读教材。

首先是伊藤整的《关于青春》，然后是矢内原伊作的《关于人生的不合理》，上田闲照的《对话的本质》——自问自答式的，但是要求用自己的语言，梳理思想的脉络。阅读能满足自己心灵需求的书籍时，语言也不成为障碍，书中内容也会变成自己的东西。

11 月 5 日，是邹韬奋先生诞辰 85 周年的日子。

7 日，邹韬奋先生的夫人沈粹缜女士领着我参观了纪念馆。沈女士任中国福利会秘书长，9 月份的某天，我才知道她是韬奋先生的夫人，那是在教育局召开的一个座谈会上，邻座的市政府的石奇先生告诉我的。他写着"七君子的……"，我默默地在那行字前面加上了"抗日"二字。石奇先生显出吃惊的样子，我是通过《宋庆龄选集》知道这件事情的。1930 年代抵抗运动的火种，无论怎么样地被摧残，依然像浴火重生的不死鸟一样坚持留在上海——想把这个原因搞明白，也是我留在上海的目的之一。参观了韬奋纪念馆的展览后，我感觉收获颇多。为了言论与出版的自由，为了国民知情权的自由，他是为此而战斗的、诚实的新闻工作者的典型。

14 日，我再次拜访了她家，聆听了沈女士的谈话，是王智新先生与我一同去的。王先生每次与我一起去访问的时候，都会事先做好充分的研究工作。这次，他从我这里拿走了《韬奋文集》认真阅读。拜访许杰先生前也是这样充分准备。所以，我们可以最大限度地利用有限的见面访问时间，与他们畅谈。我非常感谢他们。

今天傍晚，全国妇女联合会国际部的刘福华女士打来电话，说是明天上午就要出发，所以很遗憾不能见面了。上周末，她与一个工人代表团一起来过师大，据说在座谈会上我的学生王立平与王新先生当翻译。她当场表扬他们发音不错，说的是标准的日语。大概她是想说这个才打来电话的。

要重视经实践检验过的收获啊。

悬铃木的树叶一片又一片地落下，秋意更浓了。还是不要说类似"对那些匆匆经过的、未曾深爱过的数不清的地方，我的乡愁呀"（里尔克）的话为好，咱们要珍惜每一天。

第五期（1980 年 11 月 30 日）

读了你的笔记。

可以说，你正确理解了伊藤整的《关于青春》这个作品。你们与伊藤整一样，这一代人不曾拥有过平常人们所认为的那种青青。在"未开发的人生"这个意义上，你们发现了自己青春的可塑性，将重新看待青春，所以准备接受"等待"。要将中国改造成崭新的国家——只要能读出这个意思来就可以了。

矢内原伊作将"叩问人生是何物"当作人类的内心需求，并希望将这个需求保持到最后。他说，无论自身与这个世界的关系如何不协调，也不要逃避与妥协，要重视生活，要有好好地生活下去的勇气，在紧张的关系中生存下去，开拓人生之路。这也必须要敢于面对不协调，又能在紧张与不安中等待下去。那么，应该知道，"等待"需要非常的勇气，希望你也拥有这勇气。

从明天开始，我们将一边阅读《对话的本质》，一边探求"我与你"的关系了，这是人与人之间最基本的关系。

我希望在这一段时间，训练大家在严谨地对词语下定义的时，理清自己的思绪。只会将口号现学现卖的人，只依靠情感就下判断的人，是没有办法做到的。

你们要思考面向21世纪的中国的发展方向是什么，发展的责任将由你们担负，你们每个人都不能把自己的大脑交给别人。无论是谁，包括国家（这是观念上的事情）。要用自己的眼睛观察世界与中国的关系，发现中国的矛盾，分析它，为了解决矛盾提出具体的方案，一定要成为能做这些事情的人。一个集体必须由这样的"自觉性的个体"支撑才不会丧失活力。有人担心，"个体的确立"不就是每人从个人主义出发，随心所欲地做自己想做的事情吗？其实那是错误的。个体的确立，并不是进行利己式行动。意识到"自己"并且能珍视作为人类的自己的人，才知道他人也是人，尊重他人的人性，不会将他人当作踏脚石，可以为了创造人们团结合作的社会而努力。这就是20世纪的人类的伦理。

请试着与平时糊里糊涂的生活果断地做个了断，不要害怕对以前的常识产生动摇，彻底打破常识的瞬间就是学问之旅踏出的第一步。

第六期（1980年12月7日）

鹤见俊辅在《现代日本的思想》中，就有岛武郎关于土地变革的做法做了如下表述。

与武者小路不同，有岛武郎从自己的父母手中继承了农场，并将农场变为与佃农共同拥有的方式，抛弃了自己当地主的权利。这片农场位于北海道，与"新村"不同，虽现在仍然坚守着共同经营的原则，但并不像"新村"那样，以从全国招募文学青年的方式经营，而是将所有权转移到从最初就在那里落户的农户手里，方式上是不一样的，这种方式应引起注意。（久野收、鹤见俊辅《现代日本的思想》，岩波新书）

以下是有岛武郎的文章。

"今后各位在这片土地上生活，可以把这里当成有组织的自由团体，但若想运作好，则需要认真准备。起先一直担任这个农场管理者的吉川氏，因为熟知各位和周围的环境，所以我想请他再劳累几年（自然具备这一团体成员的资格），多做些管理工作。我坚信他定会不辱此任。

关于各种大小设施如何配备，拟请札幌农科大学经济部帮助，制订具体计划。计划完成后，由各位讨论决定，若认为合适则采用。"（写于 1922 年 8 月 17 日，《有岛武郎全集》第七卷，从文阁）

有岛在将自己的土地让给农民之前，采取了支持他们的态度。这种方法表面上看是他放弃自己的一部分权利，但实际上确实有效。这是发生在 1922 年的事情。日本的土地改革是在 1945 年战败后，在占领军的领导下开展的。

1922 年，日本共产党成立了。未解放部落的人们在这一年成立了"水平社"。1923 年，大杉荣遇难，《白桦》停刊。1925 年，《治安维持法》公布，1928 年设立特高警察，思想控制越来越严厉，工人运动被扼杀了。

你现在读的《与生俱来的烦恼》的作者是有岛武郎，作品写于 1918 年，1923 年作者自杀。

日本作家的、或者说日本知识分子曾经的局限性是什么呢？现在又变成了什么呢？希望你在读日本文学的过程中，厘清这些问题。

因为我希望你作为中国的知识分子，满怀自豪与自信，开创奔向 21 世纪的道路。

8 1982 年　炎热的夏天：
从上海返回

惜别

1982 年 7 月 30 日，我从学生们那里接过插着写有"惜别"字样卡片的花束，离开上海机场返回日本。唐菖蒲与康乃馨组成的花束在成田机场经植物检疫的手续后，在东京的宾馆，美丽地开放了三天。

我受上海市人民政府外事办公室李储文主任的委托，负责把以下这些话传递回国。

"中国的老一辈知识分子，就这次日本历史教科书歪曲历史事实的事情，表示非常遗憾，请向日本的学者们转达我们的态度。"新中国成立后，李储文先生任中国人民保卫世界和平委员会副主席，协助郭沫若主席，从事推进守卫和平运动的工作。这次，我访问了田中寿美子女士（社会党副委员长）、宇都宫德马先生（日中友好协会会长）、槙枝元文先生（日本教职员工会委员长）等，向他们转达了这些话。这个夏天我尽可能地参加各种集会，把中国人的看法传达过去。那是个炎热的夏天。

临江仙

9 月的一天，几名学生给我寄来了《解放日报》的剪报。原来，8 月 24 日的报纸上，刊登了许杰先生赠予我的诗。

许杰先生今年 82 岁，华东师范大学中文系教授。他曾是鲁迅先生的亲密朋友，著名小说家、鲁迅研究家。1919 年五四运动以后，他为了中国革命一直执教，把写文章当作战斗方式。他深受青年们的信任，是青年运动的领导人。1957 年在反右斗争中，被错划为右派，"文革"中，他的书籍与手稿被没收，20 年来没能再写东西。坚强的精神支撑着他走过来，他敏锐的批评精神至今仍未衰退。许杰先生的诗是这样写的：

临江仙——赠日本女教师仁木富美子先生

许杰

文化交流使者，日中友好班头。
来华两载喜丰收。
殷殷一握别，遗爱纪千秋。
民主和平协一，文明礼让长留。
谎言侵略是普修。
盗铃旧伎俩，警惕新阴谋。

回国前的几天，我探望了因肺炎住院的许先生，并与他告别。后来他做了此诗，据说本来结尾的三句是：

求同在异足风流。
欣欣荣百卉，万类竞自由。

许杰先生在那之后听说了教科书问题，通过报纸看到消息后，他在后记中表示："我是个亲身经历了日本帝国主义侵略暴行的老知识分子，这件事让我很生气，看来我还是过于乐观了，就把原诗的三句修改了。我想在这里与日本文化界的各位一起阻止日本军国主义东山再起，死灰复燃。"这是要求日本的知识界共同斗争的倡议。

谎言侵略是普修。

盗铃旧伎俩，警惕新阴谋。

"临江仙"是唐代教坊（唐代官办音乐歌舞的教习、排练机构）的曲子名，是一种诗词形式。

血肉长城

那年 7 月回国前，我一个人去参观了云冈、龙门的石窟。在大同，我对迎接我的旅行社的人说，我想去看一看万人坑，但是由于不对外开放，所以没去成。我说，那我想去看看那座山，告诉我去那里的路线就行，于是他们领着我去了那边。荒芜的山坡。看守那里的一位老人为我打开了锁。透过玻璃，我看到了地底下的白骨。

我知道当地有一个阶级教育纪念馆，我拜访了纪念馆的领导，并要求参观。虽然他说关闭已有两年了，但还是马上为我打开了门锁。纪念馆照片与图画上展示的是，在大同煤矿被虐待的中国劳工，还有他们穿的衣服、用的工具。那个纪念馆的解说词里，明显地表达着对"日帝"的仇恨。从中国人的立场出发，那是理所当然的用语，因为仇恨缘自对自己的祖国、自己的国土无端的蹂躏。

大同现在与久留米市结成了友好城市。基于中日友好的考虑，有人建议在表达方式上有所考虑。可是剥削就是剥削，惨死就是惨死，这些事情不能置换成别的词语。我觉得就原样展示给日本人看就可以，为了那些想了解真相而来到这里的人，我希望让他们看到真相。表达了这个愿望后，我下了山。那是在教科书问题爆发之前的事情。

日系纺织工厂

苏州河的污染非常严重。

上海市的西侧，中山公园的后面，坐落着一所名校——华东政法学院，以前那里是圣约翰大学。抗日新闻工作者邹韬奋在此学习过。从学院后门出来，沿着河岸行走，能看到工厂的后门，我沿着路一直走到了头。河水蜿蜒的那一带，以前曾是日本内外绵公司的所在地。

有一天，我从十六铺乘小船渡过黄浦江，在浦东一带逛了逛。日华纺织公司很早以前建在浦东，现在已荡然无存，原址变成了公园。北面的对岸一带，在杨树浦的一角，以前曾建有上海纺。1920年代的纺织厂工潮，就是从集中在这三个地方的日资工厂里爆发的。日本监工殴打工人是家常便饭，女工把他们叫作"火腿"、"毛栗子"，听起来令人不寒而栗。有的人被踹翻后倒在机器上惨死。老板经常克扣工资，在工厂的出入口还对工人进行严格的搜身检查。据说，他们竟然曾在大庭广众下把妇女的卫生用品给抖搂出来。工人上厕所，如果拿不到号牌就不允许去。大便是红色号牌，小便是白色号牌，能不能去要按号牌的数量决定。童工们更不用说，连成人都难以忍受这样的环境，有的人只好就地解决。怀孕的女工会被解雇。被叫作"拿摩温"的女工头负责搜身检查的工作，当日本监工看上哪个姑娘，在进行身体检查时，她就故意在其口袋里放上线团再告状，如果姑娘不想失去工作，就只能任由拿摩温把她献给监工。每天干的是从 12 小时到 18 小时的超负荷劳动。

1920 年代的《民国日报》中，连续几天刊登了报道此事的文章。1911 年日本公布《工厂法》，该法从 1916 年开始实施，此后，日本的资本争先恐后地进入上海。1916 年与 1925 年相比较，上海的纺织工厂数量如表 3 - 1 所示。

表 3 - 1 1916 年、1925 年上海的纺织工厂数量

单位：家

年度＼资本方	英国	日本	中国	总计
1916	6	6	9	21
1925	4	32	22	58

女工的悲惨历史在中国更加酷烈吧。

可是工人们并不孤独。1921年中国共产党成立，之后不久中国工会书记部成立。自发的罢工运动催生了领导人。知识分子创办夜校，推动工人们的自我觉醒。

1925年，顾正红在内外绵七厂被枪杀，引起了5月30日的抗议游行运动，英国警察在南京路上开枪，引起上海市民的愤怒，全市规模的罢工、罢课、罢市运动持续了一个多月。

我并无意在这里介绍中国的工人运动史，只想请大家注意到，在日本用枪炮侵略之前，日本企业早已在中国蹂躏着中国工人，侵犯着他们的人格了。这不仅是心头之伤，在很多人的身体上，无论男女，都留下了伤痕。他们至今仍活着。日中战争既不是从七七事变开始的，也不是从九一八事变开始的，应该从日本提出"对华二十一条"的时候算起吧。

战争，不是在某个时候，在某个地方进行的。只能说，与日本的全面入侵相对应，中国开始了全面的抵抗斗争运动。

五十九年后的墓碑文

1923年10月12日，一艘来自日本的船到达上海港。62名满身疮痍的温州难民从船上被抬入四明公所。他们嘴里念叨的，都是关东大地震时，在东京与神奈川县发生的中国劳工们被杀害的事情。

我在华东师范大学任教的时候，曾利用周末的时间，在社会科学院历史研究所查阅有关工人运动的资料。中国福利会的秘书长沈粹缜女士，请历史研究所所长沈以行先生帮助我。沈以行先生为我准备了一个位于二楼的小房间，每天在我到达之前，就请助手沈宏礼先生为我准备好当天我要看的资料，摆放在书桌上。那些资料是从辛亥革命以后在上海发行的报纸《民国日报》以及其他报纸上的有关劳动问题的报道中摘出的，并于1950年代抄写、复制出来的。

沈先生为我介绍了很多相关资料的背景知识。我非常感谢这样一对一式的特别授课，他也很愉快地邀请我来这里交流。

当我读到 1923 年的资料，看到这个事件的时候，受到的冲击难以用词语表达。我感到身体瘫软无力，三天不曾进食。过了一周后，才重新调整情绪再次访问研究所，抱着将来为他们刻立墓碑的想法，将那时可以确认的 300 多人的死者姓名记下。因为我有义务把这件事情传达给日本人。

每一个姓名都代表着一个人的人生，每一个人都有他的故乡。幸存下来的人们声声诉说的同伴被害的惨状，能将这些情况用文字记录下的人，一定有无尽的情怀隐藏在死者姓名的背后。这个死者名单表现了 1920 年代的民族怒吼，在 1950 年代被再次抄写记录下来。1980 年代，一个日本人又把这些抄录下来。当时，正值悬铃木发芽的季节，从我所在的房间里，可以看到原法租界天主教会的巨大的藏书楼。

1982 年 8 月，回到日本的我，将这个事件作为报告的第一期，以"五十九年后的墓碑文——关东大地震时中国人被害铁证"为题，寄给了总评①。总评在其月刊《总评》第 11 期上刊登了该文。那一期是以"对侵略的反省与反战的视角"为主题的特辑。

此后的交往

邦交正常化后的第十年，和平友好条约签订后的第四年。那个双方见了面只会客气地说你好、你好的时代过去了，事务上的往来增多了。这种往来，让大家开始互相看到对方的不足之处了。

---

① 即日本工会总评议会，日本最大的工会组织，简称"总评"。1950 年 7 月 11 日在美国占领军支持下，由日本工会总同盟、全日本工会联盟、国营铁路工会等联合组成。

　　来到中国的日本人中，也有让人觉得奇怪的。我曾听到有人将做生意的对手称作敌人。这是无意识的叫法，但也表露了他的真实想法。日本企业派出来的留学生中（现在日本的大企业、银行等为了掌握好汉语，会派员工来中国学习 1～2 年），如果被派来学汉语，有人就认为是运气不好，因为他们认为如果往外派，最好的选择是去欧美国家。

　　凌星光（中国社会科学院世界经济与政治研究所研究员）在开展对日本经济贸易的研究时，曾说可以将中国经济看作日本1950 年代时的样子，要以这种心态与中国人交往，又说，中国经济正值转变期、调整改革期，干部的思想观念还未跟上，不适应新的方法，而且新的制度又未成熟，所以日本企业在接触中国经济方面的负责人时，有可能会感到不愉快，遇到不好解决的问题，要积极地想办法解决问题。

　　现在，两国的历史正在相交，能够互相理解对方国家的立场，爱那个国家，一起背负着重担上路的人，才应该称得上是友好人士吧。

　　　　　　　　　　　　　　　　　　　　　　1982 年 8 月记

9 1983 年 联系总评与总工会

中国的建军节那天，中国驻日本大使馆只邀请了自卫官参加活动。可以说，日本的劳工界迅速地远离了中国。教科书问题使中国人的幻想破灭了。可是如果中国从此正视日本的话，那反而是件好事。

1982 年的春节，我回了趟日本，专门向时任日本教职员工会委员长、总评议长的槙枝元文建议，应该尽早构建日中工人之间的交流渠道。日本教职员工会与教育工会之间的交流协议已签订，哪怕能恢复"文革"时中断前的关系就可以。可是，总评与总工会（中国的工会总联盟）之间还没有什么交流，必须从头做起。那年春天，日方很快就邀请了中国总工会的代表团访问日本。

我在那年 8 月回国。

9 月，中国总工会向总评代表发来访问邀请，但因各种事情难以脱身，只得拖过了年。1983 年 2 月 18 ~ 24 日，总评的代表团实现了访华。槙枝先生打来电话，让我与他们一起去，他表示，希望有愿意接触中方的人参加。访华团成员中，除了槙枝团长外，还有及川一夫（电气劳联委员长）、八锹重一（劳动委员长）、铃木长藏（大分高教组执行委员、大分县劳评妇女协议会议长）。我则作为槙枝先生的随员访华。

到达中国后的第一天，首次会谈在总工会总部进行。中华全国总工会主席倪志福致欢迎辞，槙枝致答谢辞。"多次改动日程，给各位添麻烦了"，这句话之后，他拿着文稿念到，"二七大罢工开始后，从北京到武汉的火车停运了，铁路总工会迈出了中国光辉的工人运动的重要一步，正值它成立60周年的2月份访华，我认为是具有重要意义的。"他的发言刚刚完毕，倪志福主席立即站起来绕过桌子来到槙枝先生旁边，一边握手，一边不断地说着"谢谢、谢谢"。自己认为重要的事情，无须自己说明，对方就能理解，这样的朋友终于来了，跨越了遥远的国境来到了面前。"不亦乐乎"就是这样的，一点隔阂都没有。

20日一大早，专机搭载着我们7人出发了，飞离了北京机场，到达武汉东湖宾馆。我们访问了武汉大学，参观了湖北省博物馆。从下午4点20分开始，胡耀邦总书记会见我们。他上午与中曾根总理的特使自民党干事长二阶堂一行见了面。据说他们与我们乘坐不同的专机一早从北京飞来，会谈后已返回北京。胡耀邦的讲话非常直率，从日中关系开始，谈到了朝鲜问题、中苏关系、中美关系、日中关系的发展，胡耀邦的访日、中国国内的事情等，涉及很多内容，一共两个半小时。

第二天的《人民日报》，在同一页上报道了两个日本访华团体的消息。二阶堂一行为先（左侧），总评一行放在右侧。二阶堂与胡耀邦握手的那张照片放在上面，槙枝与胡耀邦的会谈照片放在下面，放大了1.5倍。中国方面特意把政府代表与民间人士代表同等对待。

那天夜里，我们受邀参加了湖北省总工会与武汉市总工会的招待宴会，住在东湖宾馆。21日一早，乘专机回北京。第二天上午，与各自相关组织的代表会谈。我与妇联的代表会谈了1个小时，然后与槙枝先生一起与教育工会顾问方明先生见面，交流了教科书等问题。下午（14点至15点30分）在北京工人俱乐部，应北京工人的要求，槙枝做了题为"日本的工会运动与劳动条件"的报告，1500位听众听了报告。

后来，终于有机会与中日友好协会会长廖承志在北京饭店会谈。廖承志表示在迎来邦交正常化10周年、和平友好条约签订5周年之际，应该重视国与国的关系、政府与政府的关系。交谈中，

图 3 - 13　1983 年 2 月在武汉与胡耀邦总书记一起

话题转到了美国那里，他一边向上看，一边说到了里根，大胆地说出"这个人物不受欢迎啊"。他是用日语说的。

我想这大概是由于及川先生谈到了与全美汽车产业工会交流的事情，他既不能敌视，也不能忽略而过。

与总工会的会谈一共举行了 3 次，分别在 18 日、19 日、22 日。

倪志福主席在迎接我们后的第二天就住院了。我感谢每一个为我们付出辛劳的总工会的人们，脑中不断闪现出他们每个人面孔。他们对着我们微笑着，啊，这才是真正的延安的面孔，这位是山东省的，那位是浙江的同志。

"文革"期间，总工会、共青团、妇联组织不得不解散，那 10 年是动荡的时期。失去了组织的时候，"四人帮"的势力横行一时。我深切地感受到了组织的重要性，所以一边真心为总工会的恢复感到高兴，一边思考着工会应怎么做才能更好地为社会主义国家做贡献。

第四章
战后（2）日本教职员工会时期
（1983~1989）

图 4 – 1　日本教职员工会第 58 次定期大会，只有这时才有警察守护
（1983 年 8 月 30 日至 9 月 2 日，冈山县）

1 追求平等雇佣

1983 年 8 月 30 日～9 月 2 日，第 58 次日本教职员工会定期大会在冈山县召开。由于右翼闹得很凶，所以只能在汤原町临时活动板房中举办。我从那时开始担任妇女部部长，并任中央执行委员。那是个多事之秋。

1985 年之前，我们一直以总评的妇女局局长山野和子为领导，组织全国共同行动，为追求平等雇佣而努力。从 1978 年起，劳动大臣的咨询机构——妇女儿童问题审议会妇女劳动部会就不断讨论，终于在 1983 年 11～12 月这最要紧的 40 天里，成立了全国规模的中央行动组。各单产（各行业工会）、各县评（各县劳动工会评议会）按各自目标制做了传单、宣传文章、标语，组织在劳动省、厚生省前静坐，还组织了针对劳动省的街头请愿行动。

1984 年 2 月 8～9 日，在日比谷公会堂召开了第 70 次总评临时大会，我提出了"为什么今天要追求女性的平等雇佣？"的议题，希望获得男性议员理解和支持。

1984 年 5 月 14 日，法案终于向国会提交了，有关"男女雇佣平等法"的斗争转移到了国会。我们组织召开"六一全国誓师大会"，目的在于推动实现有实际效果的"男女雇用平等法"。日比谷野外音乐堂里，有 5500 人聚集。305 万人的支持签名也送到了中曾根总理那里。我们先后与藤波官房长官、赤松良子妇女儿童局局长、人事院管理局纲谷审议官、职员局上村上席妇女福利官员进行了会谈。我参与了与官房长官的会谈。我们向各政党、出身于各县的议员、社劳委员，都发出了邀请。

"六一的决议"和野外音乐堂的讲话，收录如下。

斗争的决心（1984 年 6 月 1 日）

劳动的权利，是任何人都无法剥夺的基本人权。一个成年人，只因是女性就吃不上饭，天下哪有这样的事情。太可笑了。生存权利被否定就是失去人格。

我们要求平等雇用的实质就是能不能吃上饭的问题。也就是要夺回基本的生存权利，并不是要额外增加福利、提高地位。因此绝不允许修改"勤劳妇人福祉法"。我们要求的是独立的立法，要求平等雇用法，要求在就业的所有层面上都要有平等的待遇，再也不能把"劳基法"越改越差。我们要尽全力在国会内外为自己的要求而斗争。

我们的敌人到底是谁呢？目前的敌人是中曾根政权及其背后的大资本家。日本经济建立在对女性工人的剥削之上。

在女性低报酬的基础上，日本正在推行扩军路线。日清战争（甲午战争）时期，女性纺织工人占工人总数的70%，在女工艰辛劳作的基础上积累了财富后，日本购买了军舰与大炮。如今正处于与那时相同的情况中。

三月，在亚太地区经济社会委员会（ESCAP）上会面的东盟各国的政府代表，将讨论跨国企业与卖淫问题，寻求政府间的共同对策。跨国企业不适用所在国的劳动法，属于法律空白地带。出现在那里的、习惯了践踏日本女工的日本企业，在当地变本加厉地践踏女工，利用她们的低报酬、长时间劳动。我们在"雇佣平等法"问题上要背水一战，不仅是为了我们自己，也是为了全亚洲的女性。而且，也是为保卫和平而战。

从现在开始，我们要回到各町，在各地宣传这个法律的重

要意义。今天是我们宣战的日子。战后，我们的前辈们争取到
的权利，决不允许在我们手中失去。为了团结在野党共同斗争，
各劳动团体、妇女团体必须要联合起来，拼尽全力斗争到底！

　　　　　　在"为通过有实际效果的男女雇佣平等法
　　　　　　　　六一全国誓师大会"上的决心书

　　1985 年 4 月 17 日，第 102 次国会参议院社会劳动委员会听证会
召开，我作为公共陈述人，与其他 5 位一起，介绍了女性的劳动情
况。委员丝久八重子、中西珠子、小笠原贞子再次咨询，听取了我
们详细的情况说明，但参议院社会劳动委员会否决了"雇佣平等
法"。

　　1985 年 5 月 17 日，"男女雇佣机会均等法"成立了。

　　1985 年 7 月 15 ~ 18 日，在日本青年馆召开第 73 次总评定期大
会，我参加了讨论。当时的发言如下。

　　在总评妇女局山野局长的号召下，单产、县评的联合更加
稳固，大家已成为朋友。除了中央动员以外的其他日子，我参
加到各县的学习会中去，一起思考"男女雇佣机会均等法"
的问题点，也曾参加过县评的学习会。因为作为在中央工作的
人，需要尽快了解信息，必须要这么做。

　　现今我把斗争的情况记录在这里，是希望法案真正对国民有
益，到时需要大家共同站出来支持，这些材料可以当作您的参考。

第73次总评定期大会上的发言

　　刚才大家就"雇佣均等法"的问题，谈了许多想法，但
是敌人并不存在这样明显的问题。

这个法律最根本性的不足，在于入口环节的规范上，它没有禁止在招工、录用上的歧视。从这一点出发，"均等法"完全是在为资本代言。近期，从电视节目"密室的攻防"上了解到，青柳公益委员去年 2 月提交了公益提案，最初在招工、录用的部分有禁止歧视的内容，但劳动省认为雇用方不能接受这一点，所以撤了下来，只将其作为一种尽可能努力做的义务。这是关键之所在。在入口环节对女性有根本性的歧视，就是对打零工和派遣式的不稳定雇用的公然维护。日本教职员工会认为"劳动者派遣法"是"均等法"的后盾，原因就在于从最初立法环节就被反对。

派遣行业的 14 个工种中，10 个是专业技术性工作，大部分由大学毕业的女性担任。有语言学能力、掌握电脑技术的女性，如今都属于派遣行业。长时间劳动、克扣工资、不稳定雇用的实际情况，劳动省经调查已明知。她们具有劳动的愿望和能力，当然应该受到正式的雇用，作为专业技术人员接受与男性平等的工作待遇。然而为了节省人工费用，她们被划归到派遣行业了。受到"均等法"的影响，劳基法的加班、深夜工作的规范也被取消了，她们是专业工人，所以如今悄悄地、长时间劳动被理所当然地当成正常的事情，企业可以毫不吝惜地一次性地使用她们掌握的技术。

女性在多个行业担任工作是个不争的事实。可是，请您注意一下，企业正式雇用的女性只能是没有休过生理假期、生产假期的，能够工作到深夜的超人式女性。而且，被录用的有大学毕业文凭的女性中，41% 做辅助性的事务工作。如此一来，高中毕业的女性就更无处就业。辅助性事务工作以前由高中毕业的女性担任，再加上办公自动化的影响，金融、保险、证券等行业今年招工、就业机会减少，事务性的工作也减少了。高中毕业的女性开始打零工、打短工。制造行业则希望适用均等法，以实现三班倒。

迄今为止，参加工作的女性一旦结婚生子后，再出来工作只能打零工，就是在半路把女性的劳动进行两极分化。如今，已经是从录用的阶段就开始两极分化。"均等法"与"派遣法"更是加剧了这种现象。经济企划厅近期公布，在2000年将会出现3人中有1人从事打零工的现象。我们要洞穿政府的劳动力流动化政策，要求其改变根本性的政策。

不要忘记，1960年代经济高速增长时期，重点发展钢铁、电子、电机、机械、化工等产业，对新的劳动力的需求加大，政府有意识地采取了农业近代化政策与中小企业近代化政策，结果使农村的剩余人口和从煤矿离开的人员大量进入大企业。另外，从重点产业和衰落的产业中退下来的中老年劳动力经过训练后，也进入中小企业。为支持高速经济增长而建立的"职安法"与"职训法"和其他各种法律体系，无疑为促进劳动力的流动提供了条件。虽然也有人提出过雇用对策，但对中老年人、女工、残障人士则一直置之不理。

现在，保卫劳动者的劳动法制，更加露骨地被更改为拥护资本的法制。必须看到，"派遣法"中的关于劳动力流动化政策基本完备，"劳基法"则越改越差。女性要求的"雇用平等法"是那些人没有料到的事情，所以被强压下来。为了稳定以女性的低报酬与男性的长时间劳动换来的海外市场竞争中的优势体制，他们要把劳动者变为无法在职场稳定的无根之草，试图瓦解工会，强化劳动力流动化政策。在这场斗争中，劳动工会只要还未在当地扎下根，就有被瓦解的危险。

我在这里想对总评提出几点希望。

第一，要认识到，制度、政策方面的要求是为了保障劳动者的基本人权。

第二，法案貌似分散地不断推出，其时他们是在系统地、有计划地操作。我方也应有全局性的、战略性的应对之策。总评书记局的各局只有1~2人，人手少，工作辛苦。出手的文件和推进的运动，在各单产执行的情况也不一样。"均等法"的斗争，由于意识到对"派遣法"造成的危险性时相对滞后，所以比较麻烦。劳动基准法研究会的中期报告中关于劳动时间的条款中，只有关于男性的对策，关于保护女性的规定越改越差的部分，不应只由女性来应对。不然将会中他们的分散瓦解之计。尤其是阻止劳动基准法越改越差和提高劳动基准这件事情上，应当作所有劳动者的共同问题来对待。秋天是关键时期。再不能拖拖拉拉地浪费时间了。

第三，第 102 次国会上将年金、医疗制度越改越差，儿童补助、儿童抚养补助也越改越差，削减补助金等一揽子法案获得通过，生活保护费被降低，老人之家难以进入，保育费用上涨，对结核病和精神疾病的补助也降低了，国库负担义务教育教材费的规定取消了，父母的负担加重了。上至婴幼儿下到老人，每一个人的生命都会受到不良影响。人们被宰割，在流血。我们必须要把劳动者组织起来，更加机智地斗争下去，这才是与国民一起共同斗争。

第四，我想对出席的议员们说，我们是不是首先要在各自的职场，开展起消灭临时工、零工、派遣工的斗争呢？在临时行政调查会的行政改革中，这是件大事。可是我认为，不能只针对处于雇用双重结构上层的总评的劳动者；要求缩短劳动时间的斗争，不要只歌颂"太阳与绿色之周"，必须要从消灭每天的加班开始；要求缩短劳动时间的斗争，如果不与定岗定额斗争结合在一起，那就解决不了问题。

第五，日本教职员工会在这两年间，一直在对学生们的母亲和毕业生的就业情况做调查，在不同的町推进了撰写"我町的女工白皮书"事业。这是为改变最低工资与副业工资准备相应的材料。各县评和地区工会一定要充分利用这些资料。劳动条件恶劣的地方，一定要把这当作问题提交并讨论。超级市场的问题、被引入科技社会的工厂的实际问题、在家办公等问题也基本都已了解。要将还未加入的劳动者组织起来，我认为只有以这样脚踏实地的方式才可以实现。

第六，各县的女工要在追求平等雇佣的斗争中，最广泛地发动在各地发展起来的联合运动，逐步发展为无处不在的平民部队。要在没有工会的地方创建工会，必须有专人指导。有的雇用方将工会视作病菌，他们只要看到一点苗头，就会将相关工人解雇，为了不使她们受伤害，妇女工会人员要将情况向县评、地区工会汇报，提供资料，向组织局局长或基层的领导者以及刚才受到表彰的老干部们，寻求指导。

第七，总评的干部力量也人手不足。行业工会不吝啬提供工会费用，我建议全国基层干部也有必要配置完备，并担负起一定的联合责任。妇女的恶劣境遇与工人的恶劣境遇、工会受到的猛烈攻击是联系在一起的，同时这也威胁到和平，并导致了教育的反动化。只有用劳动者的力量才能推翻中曾根政权。盐如果失去了盐的滋味，人们就会抛弃它，没有必要将其当成砂糖。总评就像一个地区的盐，就要为工人运动打下基础。感谢大家给了我在共同斗争中感受到的幸福，感谢让我参加这次讨论。

《第 73 次总评定期大会速记稿》，1985 年 7 月

2 在国际合作中思考和平教育

"全国母亲与女教师之会"的集会

1985 年寒假期间，各县的妇女部部长的候选人组成访华团，要去寻找侵略的遗迹，接待方是中国的总工会，其实主要由妇联支持。记录这次行程的照片，是由滋贺县的小坂淑子拍摄的。她的拍摄水平相当专业，照片在教育会馆的大厅做了展览，并借给YWCA① 在山手教会主办的战争展中展出，还曾在各县的支部展出，各县也充分利用了这批照片。

原本想邀请南京大屠杀纪念馆的段月萍副馆长，还有最早在日本人面前做证的李秀英女士与夏淑琴女士参加这一年的"全国母亲与女教师之会"（简称"全国母女"）大会，后来未能成行。经电话沟通后，前大使夫人李清女士出席了 1985 年的"母女夏季大会"，并在会上致辞。

1986 年"全国母女"的集会，经过夏去冬来，终于在 1987 年 2 月召开了。当天，我在会上做了题为"和平教育的原点"的基调报告，关屋绫子女士的演讲主题为"我们追求的教育改革"，并播放了幻灯片"寻找日本军国主义的遗迹"。下午，集会组织了主题为"和

---

① 基督教女青年会，基督教新教的社会活动组织。1844 年创立于伦敦，Young Women's Christian Association。

平与教育——围绕日本历史教科书问题"的交流会，藤原彰（历史学者）、饭田助知（高中教师）、王智新（中国留学生）参加，交流会后，新谷女士（歌手）演唱了反战歌曲，大家商定了集会的宣传口号。

世界教职工团体联盟（WCOTP）

WCOTP 每两年召开一次世界大会，会议以围绕当前面临的问题毫无芥蒂地交换意见为目的，有许多充满人格魅力的人参加会议。间隔的一年中，还会在各地召开区域会议，如亚洲地区会议。

我参加了 1983 年在新加坡召开的亚洲地区会议、1984 年的多哥世界大会、1985 年的首尔亚洲地区会议、1986 年的加拿大世界大会，在与各国人民交流的过程中，亲身感受到了世界的痛楚。

在多哥的某个下午，非洲人唱起了大合唱，那歌声震撼了整个会场。脚上套着枷锁的多哥的教师们，从会场的各个入口，跳跃着进入会场。由于枷锁是真实的，所以舞蹈动作比较缓慢，但歌声直击参会人员的心灵。两年后在温哥华的和平讨论会上法国代表的发言，可能与这次的经历有关系吧。

图 4 - 2　在"世界和平教育讨论会"的开幕式上

参加世界和平教育讨论会——为了铭记在心

　　1986 年 8 月 9 日，在温哥华召开了世界和平教育讨论会，我作为日本教职工会（JTU）的代表参加了此次会议，并代表参加国在开幕仪式上致辞。包括介绍一位广岛原子弹的受害者绢子·拉斯基在内，我一共只有 6 分钟的时间。我首先向记得当天是长崎原子弹爆炸纪念日的人，并给予日本代表致辞机会的人士表示感谢，然后讲了如下的话。

　　"20 世纪前半叶，日本的近代史令人心痛，那是一段对亚洲近邻各国进行了长达 50 年的加害史。朝鲜、中国、东南亚以及太平洋地区各国的人们深受其苦，作为一名日本的教职工，我真诚地向来到这里参会的人们道歉。

　　"1945 年发生在广岛、长崎的事件，是在那长达 50 年加害历史的最后 10 天里发生的。8 月 6 日与 8 月 9 日那两天，在一瞬间的强光闪耀下，数十万的市民仿佛为 50 年来的日本的罪恶赎罪般地，被烈火点燃了。而幸存者的痛苦，则更加巨大。为什么？为什么？他们这样询问着。战争本就是没道理的，无论从哪种意义上说，人杀人都不是件好事。尤其是由于原子弹的出现，战争的概念完全被改变了。世界进入了一个疯狂的核时代，一个按钮就可以瞬间毁灭人类。这不是科幻小说的世界，我们必须相信这是真实的。人类的精英与有识之士，应该拿出爱与勇气，防范人类的终结。那是教职工的责任，为了保卫孩子们的未来。遭受过原子弹打击过的日本的责任，就是不断地为原子弹爆炸后的事实做证。"

　　"在这里要介绍一下住在温哥华的绢子·拉斯基女士。拉斯基夫人是'加拿大被炸者协会'的创立人，她一边教加拿大的孩子们折千纸鹤，一边呼吁和平，促使大家重新思考生活方式。大家面前桌子上的纸鹤，是绢子女士制作的礼物。"

"1945 年 8 月 6 日那一天，16 岁的她响应国家'动员学生'的政策，在广岛的一家医院的当护士。她身上有 300 多处伤口，面部的一半被炸开，遭受辐射，右眼失明，但她坚强地活了下来。她父亲在当天去世。支撑着多次要自杀的她活下来的原因，是母亲的爱，还有 1951 年遇到的、后来于 1954 年与她结婚的丈夫迪夫·拉斯基先生的爱。我代表 JTU，真诚地感谢接受了她的温哥华的爱、加拿大的爱。下面请绢子女士发言。"

绢子女士讲述了爆炸瞬间的情况。会场一片安静。

开幕仪式后，最早来找我的是韩国的代表。他说，在正式的场合听到了日本人的道歉，谢谢了。他想回国后告诉大家，所以希望能拿到讲话原稿。后来，新加坡、马来西亚、菲律宾、印度尼西亚的人们把我围拢起来。在大厅里遇到的非洲人也向我投来温柔的目光。

下午的会议，经过问答的程序后，进入讨论阶段。法国的代表说，在开幕仪式上，日本的代表有勇气对加害的罪恶表示道歉，我也要对法国长期在非洲殖民统治的罪恶，诚心地表示道歉。这个会上，大家超越了南北问题，讨论了和平等人类共同面对的问题。

我只不过说了应该说的话，但想不到竟有如此好的效果，也许这也意味着此前很少谈到相关话题吧。

此类讨论会最早始于 1982 年 10 月，当时在广岛市召开了 WCOTP 组织的"裁军教育国际学术讨论会"。劲草书房出版的《世界的和平·裁军教育》记录了这件事情。

铭记在心

1985 年 5 月 8 日，迎来了德国战败 40 年的纪念日。《世界》杂志刊载了德国总统魏茨泽克的演讲词。后来，以"荒野 40 年"为主题，岩波书店推出了系列图书。如果您没有看过，那请您读一读。在与日本的施政者做比较之前，我们首先要想想对那场战争了解多少，是如何看待的。魏茨泽克说，5月8日是铭记在心的日子。铭记在心的意思是指某件事情成了自己内在的一部分，诚实地单纯地留在大脑中。他能将在战争与暴力统治下倒下的所有人，包括被强行送到收容所而死去的600万犹太人，遭受战争磨难的所有民众，死在苏联、波兰的无数人，被枪杀的人质，被德国占领的所有国家里在抵抗运动中牺牲的人，在德国国内抵抗运动中牺牲的人，以战士身份死去的同胞们，各民族妇女们的痛苦——真实具体地留在大脑中。

现在的人们在当时或者是小孩，或者还未出生，但无论是否有罪，无论老幼，我们都应接受过去。为了理解我们要继续将之铭刻在心的重要性，老幼之间应互相帮助。问题并不在于克服过去，而在于不能在时过境迁时篡改过去，否认过去。"不肯正视过去的人，其实也是不肯面对现实的人。不肯将非人性的行为铭记在心的人，很容易再次陷入那种危险的境地。""犹太人如今仍铭记在心，今后还会继续铭记在心吧。我们人类，正在追求心灵的和解。正因如此，如果没有铭记在心的内容，就不会有和解，一定要理解这句话。"

前几天，我看了NHK纪录片《50年后的对话，纳粹与犹太人的孩子们》。曾任纳粹高官的人的孩子们，长大后访问了以色列，与在大屠杀中失去亲人的犹太人后裔，进行了4天的坦诚交谈，完成了心灵的沟通。纳粹的后人们，一直因亲人的罪过痛苦不已。4天之后，一位犹太妇女说："那些人如果对过去的事实不闻不问，我们更不会喜欢他们。"

现在的德国人正在担心新纳粹主义的抬头。

日本已经走过了战后50年，细川护熙首相承认了战争责任。羽田孜内阁的永野茂门法务大臣在1994年4月，说到"南京大屠杀是编造的"，后来离职。他不应被原谅。我们应了解一下国民的历史认识状况，最终又回到了教育的问题上。教师为了孩子们，应该教育他们铭记历史。我们每个人，是不是应该要与在各种场合相识的人达成和解的关系，并且继续保持下去呢？

《学校的图书馆》第 524 号

全国学校图书馆协议会，1994 年 6 月

温哥华的高中生们——以自我为核心

曾在前文提到过，1986 年在温哥华召开的和平教育讨论会的第 4 天，也就是会期最后那天的上午，10 名高中生走上了主席台。严格地说应是 11 人，其中一位是议长，议长同时兼任新闻部的部长。这 11 个人来自不同的高中，他们每人都以"如果我从事和平教育"为题做了发言。这个话题，比起大人们的讨论内容，他们说得更有趣。

一名女生是这样说的，"我如果对小学三年级学生进行和平教育"，她要到小学校去，首先把 8～12 岁的孩子们正在思考什么打听清楚。

"你觉得和平是什么？"

"没有战争的世界是什么样的？"

"没有争斗的世界是什么样的？"

"对朋友友爱是什么？"

"自由是什么？"

将会听到各种答案。

"那么，你打算做什么才会成功呢？"

"要帮母亲洗盘子。"

"早上要为父母亲做饭。"

"不在学校与朋友吵架。"

"在家不与兄弟姐妹吵架。"

这样的回答不断出现。

"其实孩子们考虑的都是了不起的事情。大人的责任难道不是帮助他们，把那些孩子们的纯洁愿望落实在现实中吗？"她说："我是在六年级时候，老师教会这些事情的，所以我最怀念六年级。"然后，她接着说："对孩子们来说，最重要的事情到底是什么呢？"

"那就是，我是个不可或缺的人，如果自己死了，母亲会哭泣，如果自己找不到了，老师会担心。没有人能代替我自己，所以自己应该珍视自己。让孩子们明白这些事情，才是最重要的吧。能做到这一点，就可以与朋友们友好相处了吧。在家族中，意识到如果失去了我，大家会悲伤的时候，意识到作为家族的一员，'我不是多余的人'，自己就不会偏激，从而找对自己的位置。找对了位置，能在家庭中安心的孩子，对待朋友一定是温和的吧。所以，珍视自己，与友好对待他人，是紧密相联的两个方面吧"，那位高中女生如是说。

那么，在学校里应该怎么做呢？另一高中生发言了。如何处理学生会与老师的关系呢？据说加拿大正在经历一段不太顺利的时期。"请老师听一听我们提出的要求，我们也想真诚地接受老师对我们的指导，希望共同创造一个可以尽情交流的环境，才能互相理解。"

其他的孩子们也发言了。

"为什么会有人买卖武器，为什么会有恐怖主义，为什么为了夺取政权就出动军队？"

"和平是什么，和平教育是什么，难道不是为了让我们具备解决纠纷的能力吗？"

"在哪里？在哪里可以既学习理科、生物，还能学习到核武器、污染方面的知识？"

"说起经济问题，如果认真分析超级大国的军事预算，将其与不参加军备竞赛国家的预算对比一下，不就会明白到底发生了什么吗？在上社会科课程时，我最想了解这些。"

"无论是虚假的还是真实的故事，通过阅读好的文学作品，加深人们之间的理解，是否可以减少无谓的纷争呢？"

"无论是在厨艺课还是历史课上，学校的所有场所，都应该开展这类学习。"

有的孩子的发言涉及到种族歧视的话题。

"老师会以'没有时间了'为由，只按照一定的教学进度教学。可是我们想学习与现实有关的知识、现在的社会情况、现在的国际大势。"

"作为一种学习方式，作为一种讨论方式，我想提出四点想法。

首先，获得的信息是不是真实客观的信息。进入我们耳朵的各种信息，若是被谁过滤了之后才进入的，那个人的思维就会反映出来。所以，信息是通过何种渠道获得的，一定要搞清楚，绝不能做一个全盘接受的人。

其次，不能只看到发生在眼前的事情，要有意识地发现事情背后的故事。对于南非的暴动（当时连续报道了几天），新闻上只报道了那些事。可是，我们应该看到，当地难道不是存有种族歧视和种族隔离政策吗？还有，在切尔诺贝利核辐射事故的报道中，西方明显地夸大其词。这个问题并不是西方的问题，也不是东方的问题。核危害是人类共同面对的问题，将这个事故在背地里夸大是令人奇怪的。应该好好地思考事情的背景。

再次，要注意在教室讨论问题的方式。在学校开展的讨论，一种意见提出后，肯定有与之对立的意见，将两种意见对比讨论的情况比较常见。我想，这样是不行的。我们应该寻找一种讨论方式，先把大家认为可行的解决办法各自提出，把想法、疑问摆明，向着能够综合起来的方向讨论。两个集团之间，寻找到共同的基础后，寻求能够互相认可的可能性，这不就是一种讨论吗？

最后，不要做这个世界或社会的旁观者，要意识到自己是其中的一员，养成在这种思想基础上参与讨论的习惯。"

这就是充满希望的温哥华的高中生们。

这里开展的和平教育正在被大家传颂。

不可或缺的人

数年前，我曾去过中国湖南省的溆浦。那个地方距离长沙有 10 个小时的车程，是中国共产党第一位女部长向警予的故乡，有一所向警予创办的小学，名为警予小学。10 年前我曾访问过那里。后来，我送给那里的孩子们一面鲤鱼旗，孩子们则为我写下了描述看到飘扬的鲤鱼旗时的喜悦心情的作文。对那个学校的孩子们来说，5 月有着特别的意义。向警予 1928 年在武汉被国民党逮捕，5 月 1 日劳动节时被杀害，时年 32 岁。很遗憾，由于篇幅的关系，我不在这里专门介绍向警予了，宋庆龄和向警予都是我崇拜的人。那天，屋顶的旗杆上飘扬着红黑两色的 10 米长的鲤鱼旗。

在向 1200 名孩子们致辞的过程中，我说要给大家出谜语请大家猜。"银河系的、宇宙的、太阳系的、地球的、亚欧大陆的、亚洲的、中国的、湖南省的、溆浦的、警予小学校的、操场上的、面向校舍排队的人里面的、站在最前面的、主席台前面的、队列中间过道左侧的人，是谁呀？"有很多孩子举手要回答。"请放下手。认为是自己的人请站好。认为不是自己的人请蹲下。"一个孩子有点害羞地站在那里。

"请大声说出你的名字"，"王国耀"，"王国耀君，了不起呀，我刚才说的那个地方，只有你站在那里呀。在 1200 个人里面，只有你在那个位置。宇宙中只有一个人。一位不可或缺的、朋友也无法替代的、王国耀君站在那里。一定要抬起头自信地走自己的人生路。大家也都是一样啊。"

进入初中或高中后，应该让孩子们意识到，自己生活在时间和空间的交点上。坐在教室里的自己，1994 年 6 月 10 日上午 10 点 10 分的自己与 10 点 50 分的自己是不同的。不论是否意识得到，时间一刻不停地流逝，是否能充分地利用时间，完全是自己的责任。抓住时间与空间的交差瞬间、并做出人生选择的紧迫性，应该尽早让孩子们意识到。孩子们有充分的理解能力。

每一个人，都只有一次生存的机会。没有哪个孩子愿意虚度一生。对他们说出鼓励鞭策之言的，不正是教师么？

善良与勇气

瑞典的外交官华伦·柏格，在希特勒执政期间，被派到匈牙利首都布达佩斯就职。他以难以令人相信的勇气与行动，在 6 个月的时间里，拯救了 10 多万名犹太人的生命。布达佩斯解放之日，他前往苏军进驻机构交涉，但是再也没有回来。柏格的善良，据说与他成长的温暖的家庭有关，尤其是与他曾任外交官的祖父对他的爱有关。柏格的善良，是他敢于毅然面对伤害事件的勇气之源。

与柏格一样敢于行动的杉原千亩曾任驻拉脱维亚领事，他为 6000 名犹太人签发签证，后被外务省开除。驻奥地利中国总领事何凤山在维也纳也不断地在犹太人的签证上签名，现在上海的犹太教堂里还挂着他与杉原的照片。

开展和平教育的第一步，就是从让孩子们有一个能够安心的生活场所开始的。能够安心的家庭、能够安心的学校、能够安心的社会，从日本的现状看，实现它是多么遥远的事情啊。只凭没有战争这一点，还不能说这是一个和平的国家。生命最基本的部分，是从怜惜开始的，父母、教师都应改变接触孩子的方式。在教授战争的历史之前，要培养孩子的善良之心，培养拒绝残忍的感觉。从幼儿时期开始，就应给他们读童话，亲子共同读书非常重要。

教授战争的历史，不仅要教授被害的史实、加害的史实，还要教抵抗的史实。既要否定一部分人的行为，与此相对应，还要告诉孩子们，有的人有敢于说不的勇气，要鼓励孩子们，努力将他们培养成敢于说不的人，这就是和平教育的目标。

欺辱

1970年代的后半期，孩子的自杀与欺辱的现象越来越严重。这是成人社会在孩子身上的投影。在欺辱社会中，成人还可以顽强地努力或者不介意地生活下去，孩子则认为"不能忍受了"，只能去死。现在竟然有这样让人痛心的事情。

教师在忙碌时，有时无暇看护孩子，这对于需要保护的孩子来说，是非常残酷的事情。完全无视孩子们发出求救信号的教师数量，为什么会有这么多呢？大概教师自身在幼年时期没有怎么接触过童话，而在青春期又忙碌于应付考试，连养护心灵的时间都没有吧。只有自己心灵上有沟壑的成人，才能与孩子的心灵相通吧。

有欺辱别人的人，有被欺辱的人，有喝彩的看客，还有佯作不知的旁观者，这可以说是欺辱的四维结构，但是没有阻止欺辱行为的手伸出，则又是一大特点。这不仅存在于孩子们的世界，也存在于成人社会中。严格地说，这是成人社会的欺辱，作为一种现象，开始反映在孩子们的世界中了。这是一个不能感受他人伤痛的、欠缺人性的社会。欺辱的最极端的表现，就是战争。所以，诸如"企业战士、应试战争"等战时体制下的心理状态充斥在日本列岛，也就不奇怪了。

我们的小镇安全吗

请好好看一看每个孩子的眼睛。请体会一下孩子所背负的重担。那些有孩子的家庭，对孩子来说，是个安全的所在么？

那些孩子的母亲工作的地方，是个安全的地方么？

我们教授的孩子们就业的地方，是个安全的地方么？

我们小镇上的工作场所，是个安全的地方么？

进入1980年代后，所有关于劳动的法规都有管制松动的倾向。长时间劳动、变味的八小时劳动、深夜劳动、危险劳动、过劳死、低报酬等现象不断出现。

随着教育方面的管理体制不断强化，教育工作越来越难做，在这种背景下，大部分公务员的福利还被好好地保障着。大部分孩子们的父母所处的民间职场又是什么样子呢？我们有必要知道。

还有，我们小镇上的留学生、在此务工的外国人，是否安全地生活着呢？

3K①类的工作，全部转嫁到外国工人身上，到底有多少人在连基本的劳动伤害保障都没有的情况下工作呢？被骗来工作的、被迫卖淫的人们，还有暴力团体控制的买来的新娘，不能说不了解就置之不理吧。日本人的两性伦理甚至堕落到了少女卖淫、幼儿买春的地步了。

成人的男女关系现状又是怎样的呢？

各家餐桌上的拉面、黄油等食品的原材料，产自油棕榈的红色果实，这些果实是由东盟各国的妇女带着孩子，从早上4点开始在种植园采摘的，我们是否想像过这样的场景呢？

还有，我们小镇的自卫队驻扎在哪里、在做什么，您知道吗？演习呢？日美联合演习呢？日韩美的演习呢？自卫队是没有找到工作的孩子们的收容处吗？自卫队有没有为了诱导孩子，而到他们的家庭进行访问？

我们小镇的基地是什么样的？在做什么？为了驻扎的美

---

① 3K工作是指辛苦的、危险的、脏的工作，这3个词对应的日语首字母都是K。

军,"体贴预算"是多少钱呢?

我们小镇的核能发电站、核废料的处理场安全吗?谁在那里工作?镇上的人们很少参与的、那些被人们称作"核能发电吉卜赛人"中,外国人在增加吧。还有拉着核废料的卡车不是从镇上经过吗?从英法的再处理工场提取出的钚元素,今后每年都会运回日本。

把我们小镇与我们的县联系起来,与我们的国家联系起来的时候,就会意识到,日本绝对是核能的最前沿基地。那些以人为消耗品的、只知追求高效利用的企业文化,无处不在地覆盖着整个日本列岛。所以人们都疲于奔命、无暇顾及他人的事情了。我们小镇的安全,只能由镇上的人守护。我们小镇的人权,是指住在小镇上的所有人的人权。无论是从别县嫁过来的人,还是来自其他地方的人,只要住在镇上,就是小镇的居民。我们不能袖手旁观人权被侵犯的现象。日本社会的病灶极深,但如果放任自流,孩子们就会被病菌侵蚀。

请与父亲、母亲们一起,为了守护孩子、守护小镇站出来吧。你的善良目光,请先注视孩子们,再越过孩子,注视镇上的人们吧。请在各种场合,对侵犯人权的事情说不,随时拿出阻止将人类物质化的勇气。

和平教育,是由教师们向孩子们传授正确的知识,这个教育过程中,要与阻碍和平的各种势力斗争。不属于自己的东西是无法给予他人的,这是个严格的教育准则。

不要再把学生送向战场

自卫队向国外派兵逐渐被当作一个理所当然的事情,还有人高调宣扬修改宪法。现在应该看穿这种偷天换日的理论、愚弄人的说法。如果东西方冷战的格局消失了,如果自卫队缩减了该多么好啊。没有哪个父母希望将自己的孩子送上战场。"不再把学生们送上战场",日本教职员工会的这句口号,依然是正确的。那是战前的教师们服从于国策，把学生们送往战场送死后，从悲痛的、后悔的内心呐喊出来的。我们不只是为了保住学生的生命才喊这句口号的，还为了不让学生们在战场上杀人。现在有的人为了在经济战争中取胜，推出当地的少女作为招揽的手段，我们要培养出能对这种现象说不的学生，要消灭这种环境，这与以前召募从军"慰安妇"的事情本质一样。

我曾经呼吁从我们小镇开始开展这方面的检查。而且，如果与学习历史一起推进，就能清楚地看到现在日本面临的危险。可政治家们什么也不做，所以只会错误百出。

生活、劳动的智慧

福泽谕吉的《劝学》中讲了这样一个故事，说的是一个来自津国的年轻人去江户求学的事情。经过 3 年的苦读，他认为自己已经学有所成，决定回归故里。他认真地将老师的讲义做了笔记，将笔记本和书籍捆作行李，以海路运回家，自己则走陆路回家。可是运行李的船在远州滩失事，行李都落海了。失去了笔记本的年轻人说："我的学问都沉到海底去了。"现在的他与去江户求学前的那个傻傻的他一样，什么也没有变。

我也有类似的经历。学生时代的我，大概拥有比朋友们稍稍多一些的藏书。5 月的东京大空袭将藏书化为了灰烬，8 月的战败，让我的价值观发生了翻天覆地的变化。我亲眼看到了偏僻农村的贫困程度。即使学校开课了，我也难以马上投入到学校的学习中去。

"我的学问全部都被火烧掉了"，只剩下一个傻傻的姑娘。此前的学习在那种情况下，毫无意义，因为它丝毫没有变成生活、劳动的智慧。那以后的我，开始叩问学问的意义，叩问人生的意义。

这件事情成为我教学工作实践的一个原点。

　　将精选后的教材搭配、组合在一起，就形成了教育课程，其目的是为了使这些课程知识变成孩子生活、劳动的智慧。要综合考虑各科课程的搭配，而守卫和平与人权的视角，应是各科通用的着眼点。条理不清晰的杂乱知识的堆积，会成为孩子们的负担。如果再用分数来衡量的话，对孩子们来说，则是悲剧。真正为孩子着想的教育课程，应该由您亲自一边关注着眼前的孩子，一边搭配组合出来。

《学校的图书馆》第 525 期，
全国学校图书馆协议会，1994 年 7 月

3　反核、裁军、保卫
地球妇女集会

　　1988 年 5 月，在日本召开了"反核、裁军、保卫地球妇女集会"，我也开始担任事务局局长。

　　这个集会是由高田女士发起的，她当时任退休女教职工协议会的会长。日本教职员工会妇女部经过几次磋商，确定该部作为组织部门筹办集会。让从未在同一张桌子旁见面的不同国家的人坐在一起，不是件容易的事情。除去在日本滞留期间的费用之外，还要募集往返机票经费。邀请人选的沟通工作，由担任事务局局长的我负责，我们为日本的中小学老师们选出了他们希望见到的人。作为日方的特别嘉宾，我们邀请了核能资料信息室的高木仁三郎。

　　5 月 17、18 日广岛论坛上，主题报告之后，开展了 4 个主题的讨论会，分别为"亚太地区的实际情况""日本与亚太地区的关系""将孩子培养成和平的责任人""反核、裁军、独立、和平的运动与今后的课题"。21 日又在东京召开了按问题分类的分科会，加深了交流。分科会的主题分别为"为了亚太地区妇女的团结""学习亚太地区的反核运动""将孩子培养成和平的责任人——A 孩子们的书籍与和平教育""将孩子培养成和平的责任人——B 各国的和平教育交流"。

　　22 日在东京举办的最后一次集会上，做完广岛论坛的报告（奥山惠美子）之后，我们宣读了来自所有国家的参会者的共同心声"各国为和平所做的斗争与对日本妇女的期待"。日本也表示了对亚太地区各位的感谢与决心（高田琴子）。接下来是集会呼吁的提案与表决程序，各国代表纷纷签名，这项呼吁在当天就向各国政府寄送了。

代表们虽说并不代表各自国家，但出于慎重，为达成一致意见，每晚都要到每位代表的房间进行沟通说明。

每个会场都配备了同声传译，所有文件都有日文、英文、俄文、中文版本，翻译工作非常辛苦。韩国与朝鲜方面，由于难以从本国出发来日，所以由在日的妇女同盟的成员代表参加。整整10天大家都在一起，为了孩子们的明天共同讨论问题，希望代表们通过此会，解开一些心结。

图 4 - 3　"反核、裁军、保卫地球妇女集会"报告

"反核、裁军、保卫地球妇女集会"主题报告

我是这次集会的事务局局长仁木。首先，我们要热烈欢迎今天来到这里参会的各位，一起庆祝"反核、裁军、保卫地球的妇女集会"的召开。

前言

以亚太地区的无核化为目标的"反核、裁军、保护地球妇女集会"，不受任何势力、组织的约束。我们也不代表国家和国家利益。作为生育、养育、保护生命的女性，我们要从热爱生命的民众角度出发，超越国境与国家体制的不同，以人类的共鸣为基础，作为保护地球这个命运共同体的同志进行讨论。

首先，我要向在 20 世纪前半期遭受了日本帝国主义侵略的邻国表示真诚的道歉。

1945 年 8 月，广岛、长崎的 30 余万人在瞬间被战火点燃。

第二次世界大战结束的同时，人类也进入了新的"核时代"，进入了一粒按钮就可以消灭人类的时代。

作为核试验场的太平洋

现存的核弹头总数达 5 万枚，其爆炸威力据说相当于 100 万枚投在广岛的核弹。

继洛斯·阿拉莫斯之后，在广岛、长崎发生过的惨剧，现在仍在上演。从被害者的角度考虑，惨剧永远是没有道理可言的。但是，核试验却是人类有明确目的的行为。

美国、英国、法国选择了太平洋作为开发核武器的试验场。试验在比基尼岛进行了 66 次，约翰斯顿环礁 12 次，阿姆

奇特卡岛 3 次，圣诞岛 33 次，澳洲 12 次，穆鲁罗阿环礁 128 次。那些地区的自然环境遭到破灭，人们受到放射能的危害，面临生存的危机。

可是，受到如此蹂躏的太平洋，给世界带来的冲击，却没有像广岛、长崎那样大，到底为什么呢？固然因为他们隐瞒了已经有受害者这一事实，再加上太平洋的广阔、遥远的距离、分散、数量较少等因素，所以冲淡了影响力。核能的"大量屠杀"的后果被忽视，反而"慢慢死去"的表面现象吸引了大家的视线。

澳大利亚导演奥罗克执导的电影 *HALF LIFE*（《半条命》），让人们目睹了美国在比基尼岛上执行核试验政策带来的悲惨后果。另外，丹尼·艾尔逊夫妇的"穆鲁罗阿"，也让我学到了控告本国政府的勇气。日本要继续为广岛、长崎的受害情况做证的意义正在于此。

近来不断有消息揭示出，1950 年代美国在内华达州开展的一系列核试验，致使 20 万~30 万的士兵受害，另外还有相同数量的居民受害。

铀的开采带来的伤害，波及美国、加拿大的印第安人，还有澳大利亚的原住民。

现在的受害者们发出的要求"回归人类"的呼吁，将要响彻世界裁军大会。

我们可以想象，将边境地区目前人们所受到的核伤害，与广岛、长崎的受害情况叠加考虑，要想不再让这样的核伤害发生，我们必须要联合起来。

核武器集中在西北太平洋

美苏签署的《中导条约》，可以视作走向裁军的一个里程碑，但不能否认，欧洲的反核运动起到的推动作用，它给了人们希望与勇气。可是，那只是消灭了以欧洲为中心的，用于核战争的具有战斗力的 2000 枚核弹头，此外还剩 4800 枚核弹头留在地球上。以西北太平洋公海为舞台的"海上的中程导弹（INF）"（巡航导弹）的军备正在加强。战斧搭载舰也经常性地进出日本的海港，它具有 2500 公里的射程，能够打击远东地区的目标。

美苏不断加剧的海洋竞争，将日本列岛夹在其间。众多的国家以同盟、条约、协定、基地、联合演习、舰艇寄港（母港化）的形式，被卷进超级大国的海洋战略中。

战略防御构想（SDI）计划在宇宙空间破坏从苏联发来的战略核导弹，连大气层外的宇宙都将变为大动干戈的战场，人在精神正常的情况下，是不会做这样的事情的。

"力量的理论"不断地与核武器扩散联系起来，向着毁灭人类的方向发展。

人们曾对 5 月末在莫斯科召开的美苏首脑会谈抱有期望，因为有可能签署战略核武器减半的条约，但是要达成一致谈何容易。美苏之间的裁减核武器的谈判，需要有世界舆论的推动，以期向前再迈进一步。

1985 年后，美国的核保护伞开始被打破。新西兰一直拒绝核战舰进港，去年 6 月通过"非核法案"的立法，成功地将反核政策一揽子地通过法律确立起来，朗伊政权得以继续执政。澳大利亚政府也拒绝了美国要设立"和平使者"导弹（MX 导弹）试验监测基地的合作要求。为了建立南太平洋无核化地区而制定的《拉罗汤加条约》① 也缔结了。加拿大也表示"拒绝将核武器引入领地内，不参加 SDI"。

1973 年在帕劳召开了以探索密克罗尼西亚自治之路为主题的国际会议，1975 年在斐济召开了谋求停止法国核试验与太平洋自治的国际会议，1980 年在夏威夷召开了以"太平洋的无核化为目标"的国际会议，形成了"无核太平洋人民宪

---

① 即《南太平洋无核区条约》。

章"。所罗门群岛与瓦努阿图禁止核战舰靠港。可是斐济主张无核的政府倒台了。帕劳去年强行推行居民投票，意欲修改无核宪法，关于这次投票的违宪诉讼，在 4 月 22 日经帕劳最高法院裁定为违宪，这对美国在太平洋地区的核战略有重要影响。

为了太平洋地区的民族自决与独立而开展的斗争，以及为实现无核太平洋而开展的斗争是联结在一起的，很难分别对待。

谋求亚太地区无核化的运动正蓬勃发展，并向西北太平洋地区蔓延。日本作为支撑美国核体系的最前沿基地，逐渐成为威胁亚太地区安全的震中。

日美联合军事演习正在强化，它是以想象的事态当作假定，这与美韩联合军事演习、环太平洋联合军事演习一样，每年大规模地进行，通信网则以假定有事情发生的状态下使用着。我们必须要向太平洋国家学习，要追求和平宪法和无核三原则的精神，大胆地对大国的强硬要求说不，必须成立敢说不的政府。

弃用核能发电的趋势

核问题的另一面就是核能发电。核能发电在原理上与核弹一样，均是利用核裂变燃烧铀来发电。

大型核能发电站每年燃烧后产生的死灰相当于 1000 枚以上广岛核弹产生的死灰。现在还不能确保这些死灰不会引起可怕的事故。三里岛和切尔诺贝利的事故将危险清楚地展示给了我们。食品污染就不用说了，癌症、白血病、先天性遗传疾病等的事例不胜枚举。

另外，核能发电的垃圾是放射性废物，是能挥发上百万年的剧毒物，没有可以放心丢弃它的场所。频繁发生的核能发电事故被隐瞒，每天受放射能侵害的工人们，身体被拖垮后就被遗弃。

世界上已经有了弃用核能发电的趋势。特别是欧洲各国决定退出核能发电、取消核反应堆、无限延期核电站建设等。我们要讨论的，不是核能发电的好坏，而是何时停止核能发电。菲律宾已决定放弃已建好的核反应堆。日本各地的反对核能发电的运动高涨，4月23、24日，反对力量聚集东京，展开了2万人的大行动。参与者有带着孩子参加的妇女，有年轻人，每个人的积极参与形成了现在这样巨大的能量，推进着反对核能发电运动的发展。

核武器与核能发电是核问题一个事物的两个方面，必须反对。

人类开发的技术的顶点就在核能，但是被开发后的核能，却成了有可能消灭人类的东西。而且，从铀的开采到丢弃核废料的过程中，强大的权力体系践踏着国内以及第三世界普通人的生活。

日本偏离了非武装中立，不仅体现在军事上，经济与社会方面也在抢夺亚太地区各国的资源与人力。我们必须反省核能体系、反思支撑了日本军备的近代工业国家的历史。只追求利润与效率的时候，人被当作一件物品一样对待。不能无视低报酬与超长时间劳动给人们造成的痛苦，不能无视性交易体系对人类的侵蚀。

追求和平教育

国民教育研究所开展的调查结果显示，有三分之二的高中生认为将来有可能发生核战争。他们毫不怀疑核正潜在地颠覆他们的未来。从小时候起，他们被依照学习能力的标准挑选分类，对于在这个过程中受到伤害的孩子们，我们要好好地理解他们，不应该再把他们整编进社会，培养成一个企业战士，而是要让他们与大众一起为了人类的解放，拿出斗争的勇气和力量。

现在的教育所追求的，是严厉地逼问孩子们："你打算如何度过自己的人生？""你学知识要为什么服务？"孩子们将学习知识的目的弄错，就会导致可怕的后果：即使开发了杀人武器，自己也不会有犯罪的意识。

　　我们在战后非常重视守卫和平宪法，重视和平教育。可是，日本的和平教育从"更多了解广岛"（KNOW MORE HIROSHIMA）开始，就缺乏"加害"的视角。

　　现在我们的和平教育的中心，是战争责任与核问题。广岛县的老师们将和平教育以"15年战争与广岛"为主题开展起来。为了不成为新的核武器的加害者，我们现在要把孩子们培养成为与亚太地区的人们共同生存的人。把孩子们培养成为有"能够体会他人痛苦的善良之心"和"不恐惧与他人的差异，敢于发言的坚强品质"，还有"乐观地对待事物，科学地分析事物的能力"，这才是和平教育的出发点。

　　现在，母亲们和女教师们在我们生活的街道，与各地的人们一起，开展关于"我的街道安全吗？"的抽样调查活动。调查提问包括：军事基地、自卫队、核能发电在我的街道里是什么样的情况？昨天、今天、明天有什么变化吗？我的街道曾对亚洲的人们做过什么？如今我的街道是如何迎接亚洲人的呢？这项调查活动的目的是，不要孤立外籍的工人、留学生，要像朋友一样守护他们。活动的基本单位定位于"我的街道"，这样易于发现平时不注意观察的地方，将这些情况汇总起来，就可以了解日本整体的情况，如果与世界结合起来，那么就能意识到日本发挥的作用，"我的街道"发挥的作用。

　　被解雇的女教师的提案建议，在各县成立"保卫地球的妇女集会"的实行委员会，呼吁当地人们关注，以达成在"我的街道"也能宣布无核宣言。

　　教科书中关于侵略的表述、核弹爆炸、公害的表述被删除了，在这种情况下，开展和平教育本身就成为一种斗争形式。为了建立产官军学体制，剥夺教职工自由的法案已被提交国会，他们正欲改变教育内容的本质。日本的教师们与广大的家长国民一起，正在开展守护孩子的运动。家长和教师们与这些欲教坏人类的势力做斗争，孩子们定能从他们身上学习到生存之道。

超越国境的人民之间的团结

在这个论坛上，我们探索了如何打破现代核危机的途径，不能仅提出抽象的反核口号，还要仔细考察不同国家的状况。

核能灾害是超越国境的，核武器的配备一触即发，核试验是以牺牲居民为代价的，军事集团的划分使东西民众分隔，发达国家意图将第三世界军事化并掠夺第三世界，我们要行动起来阻止此类事情的发生。

这个途径需要突破国家的框架限制，谋求人民之间的联合。参与此次集会的各位，共同努力就可能实现联合。

我们要把这次论坛的成果宣传出去，希望各国的政府政策有所转变。这样就可以在世界范围内展开具体的行动，提出禁止核试验、迅速撤离核武器、取消核能发电、救助受害者等要求。

当妇女们推动的要求亚太地区无核化的行动，动摇了核大国的时候，就说明世界向裁军的路上迈进了一步。

消灭核危害，建设一个地球上的所有生命都能和平共存的世界，是我们这些生活在核时代的人们发自善良之心的课题，也是留给孩子们的唯一遗产。希望这次集会能让大家像同志般地真诚讨论问题。

"反核、裁军、保卫地球妇女集会"大会倡议

1988 年 5 月 17~22 日在日本召开的"反核、裁军、保卫地球妇女集会"上，有来自 12 个国家的妇女代表参加，我们宣布，反对一切形式的核试验，包括威胁地球生命的用于军事的核能技术的开发、大规模杀伤性武器的贮藏、核废料的弃置等。

　　我们在这次集会上，以建设无核地区为目标，讨论了亚太地区的各种问题。我们深感忧虑的是，大量的核武器具有极大的破坏力，天空、海洋、陆地等地球上所有的生命都笼罩在被污染和破坏的危机下。如果无节制地进行核试验，某些地区的居民，连生存都会受到威胁。

　　而且，我们绝对不允许因核战略而存在的产业继续剥削人们。

　　这项军事战略扭曲了我们的资源使用方式，妨碍我们正确解决世界面临的各种问题，包括环境的恶化、政治社会经济方面的非正义，以及否定人权等问题。

　　我们欢迎 INF 条约的签订，这表示我们向无核的世界迈进了第一步。我们高度评价以此为目标的妇女们所做出的努力。我们欢迎太平洋各国的无核化的各项规定，希望它们能够对新太平洋无核地区的实现产生巨大影响。

　　太平洋无核地区的实现，需要日本及亚太各国的妇女们团结一致，多方努力。

　　孩子们有权利在没有核危害、没有贫困、没有歧视的环境中成长。为了创造和平的世界，关键是要培养反对战争、真正追求和平的下一代。为了促进和平教育，我们要在家庭、学校、地方等范围内不断努力。

　　为了达成这些目标，我们呼吁：

　　禁止核武器的试验、制造、贮藏、运送，停止核军备竞赛；

　　全面裁军，包括化学、生物武器与常规武器；

　　推动被剥夺了自决权的国家获得本国国民的政治、经济方面的自决权；

　　推进美国与苏联之间的核裁军谈判；

　　第三次联合国裁军特别总会上，确定亚太地区实现无核化的有效条件。

参加这次会议的我们，承诺抱着以下的目的，在本国通过自己从事的职业，开展政治活动：

裁军与消灭核武器；

开展和平教育的研究与发展；

今后召开的会议及以和平为目的的落实计划的活动。

东京　1988 年 5 月 22 日

反核、裁军、保卫地球妇女集会

参加"反核、裁军、保卫地球妇女集会"的人们

我担任这个会的事务局局长的主要职责是，在两年左右的时间里筹措资金，协商确定邀请参会人员。我们邀请的是愿意与日本的小学、初中、高中的教师交流的人。虽然不能逐一介绍，比如说《埃尔克的日记》（清水真砂子译，茜书房）的作者安·罗滋，她 12 岁时独自一人逃出比利时来到美国，可以说是一位活着的安娜。

康奇基号的水手本克特·达尼埃尔森的夫人马丽特利滋·达尼埃尔森从塔希提岛赶来。她出于从事人类学的田野考察工作的需要，在法属波利尼西亚生活，她是国际妇女和平自由联盟的亚太地区的会长。从法国进行核试验开始，夫妇二人就组织开展抗议活动，其著作《康奇基号到达的死亡之岛》（渊肋耕一译，ANVIERU 社）就是声讨法国的作品。《六月的百合》（石井满译，NUPUN 儿童图书出版社。初中生的必读图书）的作者芭芭拉·斯马克因患严重的关节炎无法参加会议，芭芭拉在图书馆当图书管理员。她出版了以公害为主题的新作品。

经芭芭拉介绍参会的伊丽莎白·A. 霍斯汀特拉担任"狮

子与羔羊和平艺术中心"的所长，为各学校提供开展和平教育的教材。

菲律宾的妇女团体、全国性的组织"加百利"的议长M. J. 马南查，担任圣斯考拉斯蒂卡大学的校长，是菲律宾反核运动与妇女解放运动的领导者。她尖锐地批判了日本打着跨国公司的名义进行经济入侵，以及日本的黑社会控制的旅行社包办的性爱旅行、嫁入日本的外国新娘等社会现实。她在孩提时期，祖母家被日军占领，亲身体验了残酷的刑讯逼供场景，她的堂兄弟死于强行军，兄弟被折磨失明。

来自古阿姆的罗拉·S. 加弗利是夏威夷大学的教授。她是为追求民族自决而成立的保卫查莫罗原住民权利委员会的成员。在旅游胜地和基地的小镇上，她从教师的角度把学生在就业上的烦恼与冲绳的现状联系起来。将纸质报告寄给大会的克利亚·佩雷斯·哈渥得，他是《马里基德——古阿姆的一个故事》（伊藤成彦译，HORUPU 出版社出版）的作者。在马里基德，他的母亲牺牲在日本侵略军枪口下。

帕劳的特西·克鲁达曼是要求制定无核宪法的团体"万众一心"的代表。帕劳由联合国信托管理，但其实由美国掌控。帕劳经历了第二次世界大战的痛苦，再也不想成为战场了，因此制定了无核宪法。而美国要求帕劳认可自由联合协定，这是与宪法相背的东西，美国意图据此建设两所海军基地、一所空军基地，甚至希望其让美国能在必要时无限制地将帕劳用于军事目的。作为交换条件，美国将在 50 年内向帕劳提供 3 亿美元的援助。这一年，选择无核宪法还是自由联合，是这个以妇女为主的团体最紧要的斗争主题。一起参与斗争的诺曼·贝德鲁律师事务所的贝德鲁·宾滋，被突然闯入的罪犯杀害了。宾滋是特西的父亲，特西因为这件事情无法来到这里参会。

新西兰的琼·斯特劳德（反核和平团体的全国性组织

"PMA"的社会活动家,他的一位志同道合的朋友任裁军大臣,一直开展着阻止美军舰队到港停泊的活动),埃德纳·泰伊特(新西兰初级教育教员协会的首任会长、高中校长、WCOTP的执行委员),以及来自澳大利亚的菲欧纳·拉多布鲁克(墨尔本的高中教员,和平教育委员会的成员),来自加拿大的西纳·亨利(加拿大教员联盟会会长)、凯利·怀特(印度的反核活动家,因开采铀矿受伤,将在印度开展的救济活动推进到加拿大与美国全境),还有来自苏联的阿尔比基纳·达琴科(苏联妇女委员会)、尼纳·列比德瓦(东洋研究所主任研究员),中国妇女联合会的关敏谦、白易兰,在日朝鲜民主女性同盟会会长朴静贤,在日韩国民主女性会长梁灵芝等也参加了会议。此前从未交谈过的各位代表终于能坐在一张桌子旁面对面交流了。

马来西亚的作家阿德巴·阿密在报告中这样说:马来西亚遭到战争的破坏,我不愿看到那样的事情再次发生,1959年马来西亚呼吁东南亚的中立化,1971年在东盟诸国间,签订了建设和平、自由、中立地带(ZOPFAN)的协定,1984年东盟外长会议发表了无核地带宣言(NWFZ),但是位于菲律宾的克拉克空军基地、苏比克海军基地还存在,越南还有岘港空军基地、金兰湾海军基地,这些事实让那些协定成为一纸空文,马来西亚面临的最大的核威胁,不是核武器,而是核能废弃物的辐射危害。她介绍了妇女们为反对ARE公司的废弃物弃置(矿石中所含的辐射物质有钍、过氧化氢)所做的斗争。ARE公司其实与日本的三菱化成公司有很深的关系。

和平教育是一个系统工程

埃德纳·泰伊特曾说过,和平教育是一个系统工程。她基于这种信念,在担任校长之时,推行了学校的改革,形成了以校长为顶点的金字塔式的学校管理系统。有关学校管理的所有

图 4 – 4 来自各国的参加"反核、裁军、保卫地球妇女
集会"的女性（摄于广岛和平公园）

工作，都列表排出，经反复讨论后分成 6 个方面，再由 6 位高
级职员讨论后，确定由哪些部门负责落实，她从那时起直到现
在都是负责课外活动。职工会议由职工负责运作，取消了投票
制，代之以充分、彻底的语言交流。通过这种方式，她与职工
和学生在一起的时间增加了。对学生的体罚消失了，教学内容
与教学方式改变了，学生也具有了探究真理与智慧的能力，老
师们则努力将知识用于培养学生的意志。她说："和平是什
么？仅仅在头脑里理解了是不够的。和平必须让人在日常生活
中，能真实地感受到。"

日本的教师与作家们

翻阅一下日本的小学国语课本就会发现，有许多课文表达
了对和平的祈愿，包括《一朵花》（今西祐行）、《河与纪夫》
（乾富子）、《生气的地藏》（山口勇子）、《母亲的树》（大川
悦生），中学课本里有《黑雨》（井伏鳟二）、原民喜的诗歌，

《珍珠港的课堂》（猪口邦子）等，高中的综合国语课本里，这类主题的文章则烟消云散，完全没有了，到底是怎么回事？现代日语的文章里，还是有撞击学生们心灵的作品的。

今西祐行、乾富子、松谷美代子、佐藤悟、山中恒、古田足日、今江祥智等创作儿童文学的先驱者，他们的青春年华都是经历了战争的。那些作品用孩子的语言，通过描述孩子的生活，将人最重要的价值，不加矫饰地传递出来。青春时期的战争体验，是镌刻在他们心灵与身体上的无法抹去的过去。能遇到这类作家与老师，只能在 1960 年前后。他们的作品经老师介绍大量进入学校的图书馆。不了解战争的那一代人，请阅读他们的作品，继续将历史铭记在心。继承了他们的精神的儿童作家和老师们，只有手牵手团结在一起，才能帮助孩子们认真思考战争与和平的问题。

《学校的图书馆》第 524 期，

全国学校图书馆协议会，1994 年 6 月

第五章
战后（3）退休后的生活
（1990~2000年代）

图 5 - 1　在中国温州的山区与黄子莲的儿子依依惜别（1990）

1 1990 年代

1989 年 9 月 6 ~ 9 日，日本教职员工会第 68 次例行会议在鸟取县召开，我在这次会上卸任了执行委员的职务。日本教职员工会在这次会上，分裂为日本教职员工会和全日本教职员组合两个组织。当年的 11 月 21 日，总评在第 82 次临时大会上解散，结束了其 39 年的历史。当天召开联合（日本劳动组合总联合会）成立大会，74 个行业工会、4 个友好组织（798 万人）也同时成立。当天全劳联（全国劳动组合总联合）成立大会、27 个行业工会、41 个地方组织（140 万人）也同时成立。组织就这样失去了力量。

支援中国山区教育会和温州山区
教育振兴基金会的成立

退休后，我首先着手干的事情有：一是追寻宋庆龄的足迹；二是追寻向警予的足迹，访问相关人士；三是访问关东大地震遇害者（家乡）。我从武汉出发，走访了湖南省（长沙、常德、溆浦等）、四川省（重庆、成都等）。南部地区，我走访了香港、广东，北部到达了长春、吉林、哈尔滨、沈阳，最后抵达温州。

1990 年的 7 月和 11 月，我去了两次温州。那以后我每年都去。看到孩子们连小学都上不了，大田尧先生和山住正己先生商量后决定，请以下这些人向社会介绍温州的情况，呼吁大家捐款资助。

他们是一番濑康子、今井清一、大田尧、小岛晋治、斋藤秋男、关屋绫子、武田清子、田中寿美子、田畑佐和子、仁木富美子、日高六郎、松井耶依、安江良介、山下正子、山住正己。

这些呼吁者后来成了负责人，持续做这件事情。由于我们接受了志愿者的储蓄金，在政府的指导下，改组了理事会，修改了组织名称，1995 年时起的长长的"悼念关东大地震遇害中国工人会"的名称改为"支援中国山区教育会"。松井耶依把此事当作我们的一场战斗，每年的 9 月，都会争取到《朝日新闻》星期天版三分之二的版面，写文章支持这件事情。

日本教职员工会时期，我住在江东区大岛町，我为宣传此事跑遍了这个町的所有街道。

山住正己认为在募集资金之前，应写点东西向民众介绍情况，他向我们引荐了岩波书店的高林宽子。此后我们形成了第二期报告，就是 1991 年 9 月以第 217 号小册子形式出版的《关东大地震——对中国人的大屠杀》（本书收录有第一期报告的内容）。1993 年，青木书店在地震 70 周年之际推出了《地震时期对中国人的屠杀》。编校这本书的时候，来自台湾的资料已经收录在横滨的开港资料馆，今井清一叮嘱我，如果来得及，可以去看一看，因此我复印了许多珍贵的资料。中方调查出的名单全部收入了书中，补齐了卷末所附被害人一览表，这就是第三期的报告。2008 年 10 月，尽管出得比较晚了，明石书店还是推出了我们的最终报告《史料集——关东大地震时期对中国人的屠杀》，由今井清一主编、仁木富美子编写。我希望年轻人充分利用该书，从新的角度解读这件事情。

我们募集的金额没有达到预期的 5000 万，只有 2026 万 1638 日元。1993 年 9 月 3 日，我们用这些钱再建了王希天纪念碑，他是关东大地震时被日军杀死的侨日共济会会长（花费 330 万日元）。当天成立的温州山区教育振兴基金会将其中的 1000 万日元当作基金，捐赠了 1993 年度助学金 20 万日元，并向山区小学捐赠了键盘口琴 50 台、计算器 60 个、体温表 20 个、铅笔 1 万支，相关负责人都参加了。基金会的会长是陈国钧（温州政治协商会议主席），副会长是张致光（温州教育委员会主席）与仁木富美子（日方），秘书长是黄胜仁（温州政治协商会议文史资料室主任）。

9 月 11 日，东京涩谷的山手教会举行了"思考王希天与中国工人问题纪念集会"，有 300 多人参加。王希天的 3 名遗属以及从温州赶来的黄胜仁先生也参加了。王希天就读八高时期的校友矶边严先生、王希天的儿子王振圻先生的新京医科大学的同学高村宪先生、东京华侨总会会长江洋龙先生也参会并发言。在讨论会上，大家了解了这一事件逐渐受人关注的过程，一致认为外国工人问题也是现代日本面临的问题。

朝日电视台以事件为主题制作了 50 分钟的节目，在夜里播出。在"电波新闻"工作的星山圭曾在 1992 年与我一起去过温州的山区，为了方便在讲课时使用该片，将其改编成 35 分钟的节目。后来，高中图书馆购买了 600 套节目，主要用于教学。

1993 年度、1994 年度的审定教科书程序中显示，有 11 种高中日本史教材中介绍了关东大地震中中国人被屠杀的事情。中学的社会科课程中，将屠杀朝鲜人、龟户事件、屠杀大杉荣事件作为一个系列做了介绍（1992 年度审定）。这绝对是媒体、各种市民运动争取的结果，是为迎接关东大地震 70 周年的到来而做的。

奖学金是从 1994 年开始支付的。加上上个年度余下的 1000 万日元，1994 年增加了 120 万日元作为基金支付。

在欧海、瑞安、青田三个县里，有 60 个学校只有一个老师全部负责教授一年级到三年级的课程。从四年级开始要到较大的农村学校就读，小学生必须走七八里的路程，所以有许多孩子辍学了。因此修建宿舍、充实奖学金是当务之急。

基金会成立后，行政部门也加强了对山区教育的关注。以前有许多没有资质的人担任教师，从 1994 年开始，年轻的师范毕业生来到这里任教。日本的教师与 1.5 吨重的教材也一起来到这里，日本教师认为，比起只简单介绍一下使用说明来，更愿意亲眼看到教学的现状。

教授缝纫

1997 年，基金会使用志愿者储蓄划拨金购买了 45 台缝纫机，赠送给瑞安市芳庄中学。自那以后的 3 年间，日本高中家庭课程的老师坚持到那里教授洋式缝纫的基础知识。课程使用一套洋式缝纫的工具、裙装布料，有 50 名学生学习。从量体、制图开始，一件棉布裙装用 3 天就可制成。

休息时间则"不需要"。岩野民子、重石美代子、井清信惠、梅木礼子（第二年改为小森由美），体育教师林史伃、社会课程的伊藤靖子则担任教学助手。林老师在午休时间教授舞蹈。第二年制作双面马夹，第三年则是裙装。各位老师分秒必争地紧张地教授着。当第 3 天将制作好的成衣穿在身上后，每人都照了纪念照，临别时泪流满面，当地人追着回日本的大巴车告别。第二年，伊藤先生从附近的裁缝店里要来两大箱子边角料（但都是很好的面料），将上一年学习过的学生集中在一起，开完座谈会后，把面料分成若干份，每份可做一件西服，然后抽签决定分配，伊藤老师说："手艺再好一些，就可以做成喜欢的衣服了。"学生们紧抱着面料回去了。

那一年，使用志愿者储蓄划拨金 546 万日元，于第二年建成了缝纫教学楼。当时中学毕业的孩子们，在那片土地上，不论男女，只能出卖劳力为生。我们希望，女孩子们、毕业生们以这里为自立的起点。瑞安市的副市长是位女性，她看到这里的教学活动后，向市内的工场呼吁，将制作较简单的衬衣、帽子作为给孩子们上缝纫课的教材。教学老师则是芳庄中学的校长夫人，她临时承担了这份工作。可是，市长、校长调整了岗位后，这个事情没有再继续下去。

在昏暗的屋子里，好几位母亲围坐在一起，踏着缝纫机，一旦机器出故障，她们可以帮助修理，但是她们无法承担教学的任务。若要请从这个学校毕业的、后来从事缝纫行业的人来教学的话，需要支付的酬劳比山区学校的老师还高。没有一个人敢说出"辞职吧，到学校来教你的学弟学妹"那句话。日方虽然提心吊胆，但也没有其他办法。

对温州的支援持续了 10 年。2004 年 5 月，为感谢付出辛劳的人，我们邀请陈国钧主席（因病未成行）、张致光副主席、黄胜仁秘书长、李康和执行委员访问日本。本来计划在 2003 年纪念关东大地震 80 周年的时候招待他们，但由于 SARS 而延期，第二年"支援中国山区教育会"召开第 7 次和平教育研究交流会时，终于邀请成行。他们在会上就温州山区教育振兴基金会的架构和财务状况做了报告，并对日本的支援表示感谢。他们还去了东京、横滨、京都、广岛、大分、熊本，与当地人交流，最后从福冈回国。

关于学校建设的情况，将在下文参照温州与兴隆的地图介绍。孩子们初中毕业后，有的上了高中、大学。在陈国钧主席的带领下，负责的人们都勤恳地工作着。

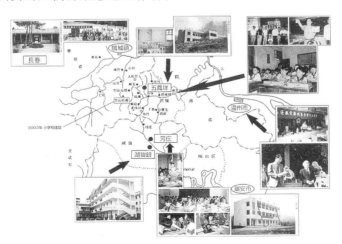

图 5 - 2　支援中国山区教育会从事的学校建设情况（温州）

资料来源：《支援中国山区教育会会报》2003 年 7 月。

图 5 - 3　支援中国山区教育会从事的学校建设情况 （兴隆）

资料来源：《支援中国山区教育会会报》2001 年 6 月。

进入无人区兴隆

1994 年 10 月、11 月，1995 年的 3 月、4 月，我进入兴隆县的无人区开展实地调查。因冬天道路结冰，无法通车，我曾中途回国后再返回这里。这段活动记载在《无人区　长城的浩劫——兴隆的悲剧》中，由青木书店出版。

万里长城是什么

兴隆这个地方

兴隆位于北京至承德铁路线的中间地段。乘坐火车或者汽车从北京出发，3 个小时就可以到达，但 1996 年以后才允许外国人进出。申请获批后，我从 1994 年开始调查，但必须要与河北省政府的前秘书长同行。

伪满洲国成立后，这里曾作为热河省的一部分被强行并入伪满洲国。沿长城划线，伪满洲国西南的长城一线就被当作了日本的国境线。号称是"五族协和、王道乐土"的伪满洲国，实际情况是怎么样的呢？在相当于埼玉县面积大小的兴隆县境内，超过1000米高的山有42座，而且还不属于东北三省，是后来才被强行并入伪满洲国的，在这个地方发生悲惨的事件也就不会令人感到奇怪了。就好像初中学校体育馆的背面，在人们不大看得到的地方，容易发生欺侮同学的事件。

长城的南北

长城的南面是中国河北省，1937年日军侵略中国后成为占领区，属于华北方面军的管辖区。长城北面是伪满洲国，属关东军管辖。兴隆县的南面和西面是长城沿线的国境线区域。日军为防止八路军进入，将长城南北4公里区域烧毁，变成了无人区。有的地方实际上毁掉了数十公里的地区，包括东起山海关，西至独石口，近500公里的广大地区。

在长城南北两面，炮制无人区的做法也不一样。南面是战场，采用的是一天内将村庄烧毁，将百余人的村民一口气杀光的简单方法。北面则不这样做，五族协和、王道乐土的宣传口号不允许采用这种方式，所以做法极为隐蔽阴毒。北面的无人区分为3个类型，首先是A型，无住禁作地带（不得居住耕种），B型是无住耕作地带（不得居住，可以耕种，这里距离人圈有3公里的路程），C型是人圈（村民被赶到河边的村庄居住，村庄被围墙包围，四角筑有岗楼，大门严守），这其实是一种集中营。不愿住在这种地方的人逃进了山里。山里是A型地带。由于禁止居住，一旦被讨伐队发现即被杀。在那里被杀死后，还要被拖至人圈，鸣锣集合村民，在众目睽睽之下割下死者头颅。本是一片祥和的村庄，一群外国兵突然在某一天出现，干着这样的事情，村民们的愤怒与悲伤当然永不会消失。

1994 年，我初次访问兴隆县时，老爷爷们说："你是 50 年来我看到的第一个日本人。"我作为一个日本人，为 50 年前发生在这里的数不清的残暴事情诚心道歉。

再也恢复不了的山脉

抗日战争中发生的多种残暴事件，在这里都曾有过。平顶山事件、南京、"三光"（抢光、杀光、烧光）、强制劳工、拷问、屠杀、强奸、活体解剖、细菌实验、毒气、气球炸弹等各类，在山谷中的村庄里，日军不断地上演着上述罪恶行径。

从 1995 年开始，"支援中国山区教育会"决定支援这里的学校建设。50 年前被烧光的山脉，还没有恢复。洪水紧随降雨而来，山体滑坡引发的泥石流覆盖了旱田，道路与家园也被毁。1994 年夏季的洪水，致使 24 所学校无法开学。每年都会有这样的灾害袭击某个山谷。

1996 年，我为了将蘑菇峪的初中寄宿学校的宿舍建设资金落实到位，本打算亲赴实地，不巧那年的大雨降临，无法到达目的地，耽搁了 5 天才如愿。校长感谢我说："真是雪中送炭啊！"

像去年、今年这样的干旱夏季，玉米、小米、黍等农作物都枯萎了，据说歉收了七成。县里也曾努力恢复山脉生态，从南面开始植树造林，但因资金支持困难，县的东北部还未开始。当地还向隔谷三喜男任理事长的"绿化中国基金"提出了申请，这次计划结束后，我将会着手兴隆山脉的生态恢复工作。

直面历史现实，开创崭新友好局面

1996 年，兴隆终于对外国人开放了。从 1997 年开始，每年 8 月，以大中小学的教师为主的日本访华团不断访问这里，因从去年开始，有学生也提出希望参加，所以今年包括翻译在内的 35 人访问了该地。

支援会每年都会把建筑资金落实到位。国际志愿者储蓄划拨金再加上通过募捐补充资金缺口，还有外务省的小额无偿援助资金，终于在兴隆县修建了 2 所初中学校，在温州山区修建了 2 所初中学生宿舍。

兴隆县另外还修建了 1 所初中宿舍，4 所小学校，1 所初中分校。

有的学校连教材都没有，我们就准备了使用世界通用符号的算术与音乐教材，计算器 700 套、键盘口琴 750 套、录音机 400 台、显微镜 600 台等教具文具。来学习使用方法的老师们学得很快，所以我们在小学校教完算数、音乐后，在初中学校教完音乐、理科后，还有时间与老师们交流恳谈。从去年开始，我们也听中方老师的授课。

与孩子们、老师们交流之余，一定会问以前发生在这片土地上的故事。要问战争中这里发生了什么？哽咽的声音讲述着令人心痛的往事。曾有一位家人全部被杀光的老爷爷在我面前问道："我当年 6 岁，自那以后独自生活，那是什么滋味，你们能知道吗？"（那年冬天，我单独访问了这位任先生，再次道歉，他说了这些话）今年，在兴隆县西北的最偏远的山区，有人说到，"听说你们是天皇的子孙"，"邻居拜托我说，'如果遇到了天皇的子孙，就替我揍他一巴掌'"。大概他们当年被天皇的子孙、天皇的军队折磨过吧。

听到这些话，访华团员们既感谢又道歉，表示回到日本后，一定向人们宣传。当然向大人们报告自不必说，而且在教室里我们也向孩子们转达了，还把这件事情带到了 5 月份召开的和平教育研究交流会上。为了向孩子们讲述真实的历史，对抗自由主义史观的人们、老师们亲自到现场体验是多么重要啊。

共同承担

那场战争造下的罪恶，是无法偿还清的。可是每个国民个体了解了事实，就必须道歉。访问了当地，就了解他们那 50 年是如何走过来的，看到那片土地上现在需要什么。必要的东西、必要的事情要共同承担，我们这个组织正是要做这些事情。而且，我们还能向他们学习在物质条件贫乏的情况下，如何坚强地生存下去。在日本的高压政策下参战的人的后代，现今正悠然自信地生活着。

我痛感到，教授历史的时候，应该将被害的历史、加害的历史、反抗的历史综合在一起教授。了解了反抗的历史，才有可能为了世界和平而团结在一起。

夏季访问团已派出了四年，有一半的人连续参加，这让人感到不可思议吧。让我高兴的是，不断地有年轻人通过邮政联络窗口和网络了解到情况后，向办公室询问自己可以做些什么。

访问、慰问远方亲友的旅行本身不是终点，民众之间的交流将会创造出没有隔阂的世界。抱有这种信念的人们，光是发送消息，就可以把石原都知事和森首相淹没在其中吧。近来，这些非天皇的子孙们，正是想要大声发言的时候吧。

在东京新宿区的百人町教会上的发言，
2000 年 6 月 11 日

外国人眼中的"三光"作战

1988 年 8 月，"追思亚洲太平洋地区的战争阵亡者会议"在大阪召开，我将其中一部分发言摘录如下。

对凯瑟琳·霍尔发出的撤退命令

因为有人不承认有"三光"作战，所以我从介绍外国人看到的事实说起。加拿大医生诺尔曼·白求恩从 1938 年开始，为救治被日军伤害的中国士兵，奔赴河北省的战场，奔波在山区开展医疗活动。他的口号是："医生们要去寻找伤兵，不要等待他们找来。"

那年的 1 月，八路军军官朱德和彭德怀在发给《新华日报》的电报中，介绍了日军在河北省中部的暴行。

"京汉线（连接北京与汉口的铁路线）西侧的曲阳县至唐县地区，有 5 万户被日军烧毁，20 万民众深受其苦。杀害、侵犯、绑架、抢夺。遍地哀号，满目疮痍。"

1939 年 11 月，白求恩因手部伤口感染患败血症，死于黄石口。去世前，他留下了《游击战中野战医院的组织与技术》这本书。他为了写这本书，曾在宋家庄这个地方访问了一位名叫凯瑟琳·霍尔的新西兰女传教士，由于缺乏药品，所以请求她带自己一起去北京买药。她也有些为难，但还是答应想办法，她与当时晋察冀边区（抗日根据地）的领导聂荣臻商量了此事。但是聂将军认为，如果白求恩在北京被日军捉住的话，会有性命之忧，所以没有去成。为了阻止这件事，聂将军请白求恩参加了 7 月 1 日的根据地集会。凯瑟琳·霍尔让白求恩写下了所需药品的清单，独自一人去了北京。

她虽然积累了一些购买药品的经验，但那时局势与之前已经完全不一样了。

她从北京回来的时候，日军的检查曾使她危险万分，但终于经过保定（袭击北疃村的大江部队的连队本部驻扎所在地），来到安国。那个小镇位于北疃村的东面，那里有个教会医院。将药品放置在那里后，她向西行进，来到曲阳。那里有个教会医疗中心，她将白求恩需要的药品委托那里转交后，就回到了宋家庄的山区小诊所传教、医治病人。她将在途中遇到的事情做了文字记录。

"太让我吃惊了。所到之处的村庄全变成了焦黑的废墟，没有一个人。"

在那里她发现一位八路军士兵抱着哭泣的婴儿发愁。于是她抱着婴儿回到宋家庄，用山羊奶养育孩子。后来在安国为孩子找到了养父母。从安国回来的途中，她看到道路沿线的村庄比以前烧毁得更厉害了。

这些情景从《北支的治安战》（防卫厅防卫研修所战史室）推测，应发生在日军的五台作战时期。那次作战，采用的是拉网式，或者说是用梳子梳头式的打法，任何东西都不能留下。"烬灭扫荡作战"，就是中国人所说的"三光"作战。命令要求每个士兵都要这样做，有的地方扫荡过一次后，还进行第二次扫荡。

她回到宋家庄后，发现自己的山区小诊所也被烧光了，后来得知曲阳的医疗中心也被烧毁了。没有办法，她只好去北京报告。但到北京后，日军要求她撤走。日军察觉到她的活动，要求她立即回新西兰，英国领事馆也为她准备了护照。她到达香港后，又想办法回到宋家庄，计划随印度的医疗队到西安，但由于脚气无法再行走，这样下去会给医疗队添麻烦，所以她只好放弃，回到了新西兰。在那里她继续从事派送医生、护士、药品的工作。

日军的三光作战的残暴场面，正如上文所述，外国人也亲身体会到了。

印度人巴斯看到的惨状

1939 年 12 月，德国人米勒与从印度出发的医疗队一起越过太岳山，在向太行山进发途中，看到在道路旁边挖掘的长长的封锁沟时，大为吃惊。封锁沟的旁边建有瞭望塔，日本兵沿着封锁沟警戒。他向同行的中国人询问："这样可以过去吗？"答说："没问题，当地人带着过去。"就这样，躲过了日军的监视，见到了八路军总司令朱德。米勒才得以在那里开展医疗活动。

与他一起到达那里的印度医生中，一位叫卡特尼斯的，继承着白求恩的事业，向五台山进发，巴斯则向延安（中国共产党的中央根据地）走去。巴斯去延安的途中，在曲阳北部的涞源经历了以下的生活。

八路军攻打日本的守备队，消灭日军后，"冲入小镇时，看到了恐怖的情景。烧毁的卡车、被射杀的女士、堆积如山的军需品，还有焦黑色的人骨。村民陆续从小屋或躲藏地走出来，几周来他们所受的苦难深深地刻画在脸上。老人们要求接受诊治，并把自家的姑娘们都带到了医生那里，很小的孩子也混杂在其中。日本的'英雄'对这些可怜的、无辜的人们犯下了让人无语的残暴行为"，让巴斯不寒而栗。

这是巴斯为遭到日军强奸的女子医治时做的记录。

世界上有良心的人们，反对日本法西斯战争的人们，会奔赴中国与中国人一起战斗。

以上的记录是 1939～1940 年初写下来的。有人认为，三光作战是为对抗"百团大战"（约 40 万八路军参加的打击日军的战役），于 1940 年下半年开始实行的，其实在那以前已经开始出现了。留存下来的这些外国人写的记录，就是描写发生在河北省中部与西部的三光作战的惨状。

由将战争牺牲者铭记在心会编写的
《亚洲之声第 12 集　侵略中国的空白——三光作战与细菌战》，
东方出版，1999

1990 年代，右翼反动势力猖獗，并且有联合起来向 2000 年代进发的势头。对学校教育的严厉管束，毫不负责地向工场派遣临时工的做法，分明表现着他们的无情，他们不允许让一个人正常生活。为了剖析他们的理论基础，我们将进入"'日之丸①、君之代②'的问题与世罗高中校长之死"这一节。请思考一下学校与教育委员会的关系是什么。

"日之丸、《君之代》"问题与世罗高中校长之死

前言

　　这大概是 7 年前的事情了，我与保育园大班的一名小朋友一起看电视，播放的是根据《音乐之声》改编的动画片《冯·特拉普家族的故事》。小朋友对剧中旗帜很在意，问道"那是哪里的旗帜呢？""德国的吧。""我查查看。"他去看了看桌上的世界地图周边描画的各国国旗。"这里面可能没有吧。德国国旗应该和它不一样。""为什么呢？""因为德国曾经侵犯过邻国，这种旗帜一出现，邻国就有很多人被杀。所以战争结束时，德国自认有愧改了旗帜。""哦。"

　　他是中国留学生的后代。我虽然解释了，但也思量着，这个孩子长大后，如果问"日本为什么不更改旗帜呢？"我该怎样回答呢？

　　鲁迅曾说过"要痛打落水狗"。这是普通日本人难以认同、接受的话语。有人认为不用做到那个地步。1945 年以后，处于占领下的日本，"日之丸"、《君之代》隐藏起来，一副苟延残喘的样子。1950 年，天野贞祐文部大臣提出希望升"国旗"，齐唱"国歌"，并且重新设立修身课程。1958 年"学习指导要领"中明确提出"国民的节日举行仪式时，希望升旭

---

① "日之丸"即日本现在的国旗，旭日旗。
② 《君之代》即日本国歌，旧译《吾皇治世》。

日旗、齐唱君之代歌"。而教师们抱着"决不再把孩子们送上战场"的决心，持续与这种势力做斗争。可是"日之丸、君之代"像竹根那样不断在地下生长、蔓延，在土壤薄弱之地冒出头来。

新的国旗、国歌的制定工作，应该在那时（战争结束之初）就做好。

"日之丸、《君之代》"问题的来龙去脉

起始于 1950 年代的教育方面的复古式重组活动，由于受到 1950 ~ 1960 年代间的一连串的民主主义运动而受挫。正如中央教育审议会（简称中教审）制订的"理想人才"政策（1966）中所见，资本所需的劳动力政策（培养 3% 的精英与顺从体制的具有中等技能的工人）与教育政策形成一个体系，就是在这个时期，后来推出了基于能力主义竞争原理的后期中等教育的多样化政策。1970 年代发生了多起孩子自杀事件，教育存在的问题日渐突出。政府、企业在 1960 年代提出的教育政策还处于未铺开的状态。为什么呢？因为忙着要克服经济上的不景气，顾不得这边的事情了。进入 1980 年代后，从 1950 年代的复古式国家主义教育政策和 1960 年代的劳动力政策中反映出的教育政策合并起来，一起影响着学校。同时宣扬自由化、放松管束，阉割劳动法的精髓，以劳动力流动化政策为基础，工人逐渐丧失了工人权利。

1989 年，工会分裂了，总评也解体了，国民中心又分裂为联合与全劳联，最后又以联络协议会的名义成立了全国劳动者协会。

1984 年成立的临时教育审议会，最终抛出以"君之代、日之丸"等为中心的强化国家主义的内容，1989 年改订的"学习指导要领"中，明确指出有义务"在入学仪式、毕业仪式上升国旗、齐唱国歌"，并从 1992 年开始实施。反对这项政

策的教职工，则被施以处分。

握有权力的一方，执着地有组织地、有计划地持续推进这一政策。从天野文部大臣关于"日之丸、君之代"的发言开始，已过去50年了。在战争责任问题上大放厥词的大臣不断被罢免，但现今则相对平安无事了。代之而起的是，高举自由主义史观的"学者、文人"和一部分负有此任的媒体大肆宣扬起来。

而作为抵抗力量的工会却退化了。

时机成熟了。不了解那场战争的这一代人超过了人口的一半。

三月的某日，深夜回到家中的我打开电视机，看到了自卫队出动的消息。因为在海上发现了可疑的渔船，海上保安厅无力应对，所以出动了自卫队。以总理为首的相关人士都喜悦地看着这件大事。当时正处于为日美防卫合作开展防卫指针相关法案的讨论阶段，于是他们都奋战于既成事实的表演中。

强制执行"日之丸、君之代"是在处于混乱状态中的1990、1991年。广岛县于1991年12月，校长协会与高教组（高中学校教职员工会）推出三项要求。一是日之丸旗要悬挂在三脚架上；二是当时有30个学校，只放《君之代》音乐，不唱《君之代》的歌词；三是"日之丸、《君之代》"有关教育课程内容，应切实将其作为教学一环来抓。这些内容在1992年2月28日由菅川教育长批准确认。所以该县的高中在以学生为主人公举行的毕业仪式上，贯彻了这三项规定。

二·二八文件是指教育长菅川健二写给广岛县高中教职工会执行委员长小寺好的文件。内容如下。

"关于日之丸、《君之代》的事情，我们应该遵守《学习指导要领》的规定。从指导要领的原则出发，升日之丸旗、唱君之代歌是完全应该的，但因有人认为《君之代》的歌词有违主张主权在民的宪法精神，有可能与身份歧视联系起来，所以无法在国民中得到完全认同。

"升日之丸旗虽然与教育内容关系密切，但如果强行统一实施的话，也有悖于教育原理，颇成问题。不过根据其他县的动向和县内的情况来看，不挂是不可能的了。"

"日之丸旗曾用于强化天皇制、侵略、殖民地统治，我们不能，把日之丸旗可能带来的重复以前错误的危险，通过教育内容，传达给生活在 21 世纪的国际社会中的孩子们了。只要补足这部分教育内容后，我认为是可以升日之丸旗的。关于这部分教育内容，是包括校长在内的所有教职工创造出来的，任何外人不能介入，这是原则。从这个原则出发考虑问题，对待日之九、君之代的相关事情，我认为此前对广岛县教育委员会的各地教委、校长的反应有过激之处，应该意识到我们没有充分基于教育内容的现状采取措施。

"以后要以此为原则，应对各地教委、县立学校的校长。"

对于广岛的教师们的攻击，是 1997 年前后自民党的县会议员通过《产经》、《正论》等媒体途径激化的。

世罗高中校长之死

石川校长是经常站在学生与教师的立场上考虑事情的人。校长与教职工之间没有尖锐的对立。校长认为，《君之代》是赞美天皇的歌曲，不适合主权在民的现代社会。

广岛县的教育长在这 10 年间都是由中央直接任命的。

1988 年 4 月就任的菅川教育长，1993 年 4 月就任的久保教育长都是从中央自治省来的。从 1993 年 12 月开始，文部省派来了寺胁、木曾教育长。随后 1998 年 7 月上任的是负有强制实施"日之丸、君之代"、搞乱工会使命的辰野教育长。他不达到目的誓不罢休，即使被怨恨也无所谓，因为他没想在这里长久地待下去，他对《君之代》怪异的新解释，也不觉得可耻。因为他只会下达命令，其他人一律不见。无论在哪个县，不择手段地破坏当地教育、获得升官机会的人，都是中央政府派来的官僚。广岛的校长们处于 24 小时被县教育委员会监视的状态，被绑架在行政命令上。

在这种环境下，世罗高中的石川校长选择了死亡。

石川校长可能曾迷茫于该如何选择，但一般认为，他在选择时不会犹豫。他任校长之前是教师，他是个可以与教职工一道思考问题的人。在行政命令之下，他难以忍受被责备成没有管理能力的人吧，他无法忍受改变自己的信念，屈从于行政命令。他是个知耻的人，我们又失去了一位有人格的校长。

《学习指导要领》最初只不过是个原则尺度。1958 年的修订使其具有了法律效力。文部省生涯学习振兴课课长寺胁研先生曾说，"现在正是宣传不要过分强调《学习指导要领》意识的时候"，还说"如果认为《学习指导要领》中所列举的内容"等于"日本的孩子们要学习到的所有一切"，那是大错特错了。

"《学习指导要领》具有弹性的标准，不像劳动基准法那样有严格标准。如果按照严格的标准，那么现在有连九九乘法表都不会就小学毕业了的孩子，其任课的老师就必须受到处分了。"

"我并不是要否定曾经统一按照《学习指导要领》进行指导的时代。即便是文部省，也已经不会具体要求这样做、那样做地发指示了，以此判断学校好坏的时代已经过去了。可是现在事情正向着我刚才讲的方向发展变化，所以我们必须以此为前提来理解'学习指导要领'，否则的话，就会闹出笑话来。"（摘自小学馆发行《综合教育技术》1998 年 8 月号《霞之关的风·5》）

寺胁先生曾任广岛县教育委员会教育长。

广岛县教育委员会的姿态应该说是相当异常的。

世罗高中的教育主任当然地被调走了。学校还接到了挑衅的电话，还有右翼写的威胁信件。

今后的斗争

广岛的和平教育，始于宣传遭受核弹爆炸的受害体验，同时不忘记加害他人的历史。昭和前期，生产毒气瓦斯的大久野岛曾被从地图上抹掉，而将这一事实挖掘公布出来的就是广岛的中学教师。学习的内容从被害的历史到增加了加害的历史，甚至包括抵抗的历史的时候，和平教育才算是名副其实的，广岛的教师们亲自为守护和平不断斗争。禁止原子弹、氢弹的运动已发展成世界性的活动。为了不再把孩子们送上战场，必须与各种要把他们拖向战争的各种势力毫不妥协地斗争。这次反对"日之丸、《君之代》"的强制实施也是因为其与战争有关。工会作为一个抵抗群体逐渐失去了功能，广岛教师们的斗争是大义。历史固然要教授，但只有在抵抗中，人们才能做到超越国境团结起来。

能够敏锐地看到战争的前兆，并且归属于抵抗组织（工会），这才是幸运的人，因为那里有战友。广岛县教职工会、高中教职工会也不会孤立，不仅仅是在县民的会议上，全国的同志们都会一起站出来，因为那是祈望和平的人们的义务。

2 2000 年代　与中归联一起

本节登载的两篇文章，一篇是介绍对抗反动潮流的组织——中归联的活动的，另一篇是介绍继承了他们"反战和平""日中友好"精神的后来人的活动的。《对战犯的免予起诉意味着什么》这一篇，是为呼吁不了解中归联的人去了解他们而写的，《寄语季刊〈中归联〉创刊 10 周年》是提供给中归联内部杂志的。

对战犯的免予起诉意味着什么

1997 年 1 月末，我观看了"直播彻夜讨论的电视节目——随军慰安妇与历史教科书"。随军"慰安妇"的事情有很多人谈论，我想要说的是"战犯的免予起诉意味着什么"。

还记得梶村太一郎的口供吧。他在战时是一名卫生兵。对于其口供中提到的"强奸所"，反对派认为"日语里没有这个词"，"在战犯管理所写的东西，是被迫的，不能采信"，"就算犯了这一类的小错，但不予起诉也没什么大不了的"。他在供述中写下的"慰安设施"、"强奸所"等事情，是他体会到了被迫成为"慰安妇"的人们的痛苦之后，从心底喊出的话语。

1951 年，从西伯利亚移交给中国的 969 名战犯收容在抚顺的战犯管理所。

依然被军国主义思想和武士道精神武装着头脑的人们，傲慢、顽固、残暴。他们叫喊"我们不是战犯，是俘虏。"，"早日释放俘虏！"监舍内的战犯管理规定被撕下来。管理所的工作人员喝着高粱米做的粥，战犯们却在不知情的情况下把送来的白米饭全部倒在厕所里，并挑衅道："米饭不够吃，你们虐待我们！"管理所从安抚所长、副所长以及工作人员的委屈与反感情绪开始做工作。"对外要严格，对内要宽松，不能出现一个逃跑的、死亡的，不能打骂，不能侮辱人格。要尊重他们的民族习惯，要下功夫从思想层面教育和改造他们。"这是周恩来总理的指示。

有人把这称为中方的宽大政策。"宽大"这个词很容易让人产生误解，那不是佛教所说的慈悲。总之，正义作为正义而成立，是以认识到自身的罪行为前提的。那是"人道与宽恕"的政策。

充足的饭食，充分的医护，充足的日晒，在充裕的时间里，战犯们开始思考自己做了哪些事情，意识到自己所犯下的是不可回避的残暴罪行。认罪是件痛苦的事情，当口中硬说"只是遵照上司的命令烧毁民房"的时候，眼睛里却看到了在烈火中烧死的老妇的面容，看到了被侵犯的女人的面容，看到了被摔死在石磨上的幼儿的面容。

当想到自己对中国民众的所作所为，想到变成了魔鬼般的自己的时候，才知道自己犯下了让人毛骨悚然的不可饶恕的罪行，然后意识到死刑，承认罪行。认罪行动从尉官、下士官、士兵开始，逐渐展开。

"写的人已经不是我了，被害的中国人民不允许我胡乱地写。"一位上士这样写道。后来他们发现，原来身边就有被害人的家属。管理所的指导员、医生、护士、炊事员里都有。

将、校级军官的认罪较晚。但丁在《神曲》中将傲慢之罪定在地狱的最下层。1954年成立的东北工作团，将战犯罪行的证据与证人集中起来，对将、校级军官讯问，对其中罪行特别严重的 70 人提出处以极刑的意见，但周恩来总理指示："日本战犯的处理，不判处一个死刑，也不判一个无期徒刑，判有期徒刑的也要极少数。"

经过与自己的傲慢脾性斗争、挣扎，战犯又产生了新的人类灵魂。中方的人们也在这种炼狱中跨越了仇恨，经历了宽恕的过程。

1956 年在沈阳的军事法庭上，被免予起诉、当庭释放的，包括太原战犯管理所的人在内，一共 1017 人。伪满洲国国务院总务厅长官以下 45 人被判刑。最严厉的刑罚是有期徒行 20 年，从逮捕之日算起，认罪态度良好的人，期满前就可以回日本，1964 年全部战犯回到了日本。他们成立了中国归还者联络会，既保持着会员之间的相互联络，还继续为那场战争做证，成为日中友好的基石。

中归联首任会长是被判处了 18 年徒刑，但于 1957 年就回国了的藤田中将。

他们说，他们"被给予了本应失去的生命"，中归联的人们都有着纯净温和的目光，不允许任何人冒犯他们用生命写下的供词。

新中国首任司法部部长是史良女士，她是七君子之一。因她曾任救国会干部，在日方的指使下，在上海被逮捕入狱。她亲自挑选抚顺战犯管理所的职工，并多次亲临现场指导工作。

《女性新闻》1997 年 3 月 12 日

中归联的解散与抚顺奇迹继承会

2002 年 4 月 20 日，中归联组织召开的"解散与继承会"迎来了中国客人，"抚顺奇迹继承会"成立了。抚顺的战犯管理所赠送了两匹齐头并进的玉制马，祝愿"反战和平"、"日中友好"。"继承会"开始正式运转了。各支部访问了中归联的各位会员，询问是否有不方便做的、需要帮助的事情，例如收集证言，去各地召开公开的证言集会，录制录像资料，计划出版资料集等事情。

2002 年的时候，中归联还有 200 人左右在世，现在只剩 50 人左右了。能参加证言活动的人，不超过 20 人。无论对于逝去的人，还是对于在世的人，如何将中归联的精神传递给下一代，都是个紧迫的课题。

寄语季刊《中归联》创刊 10 周年

与中归联的相逢

我第一次访问位于银座的中归联的事务所，是在 1995 年秋天。写《无人区：长城的浩劫》（青木书店）时，要使用中国出版的《日本帝国主义侵华档案资料选编》中的日方证言，想请他们介绍在世的会员给我认识。高桥哲郎事务局局长立刻介绍了三尾丰先生。三尾先生星期二在事务所值班，所以第二周的星期二我再次访问事务所。

三尾先生有双纯净的眼睛。他认真读了我的书，介绍了我当时在世的人，包括在世但不能讲话的人，每人的详细情况都做了说明。我在当年采访了船生退助先生（栃木、第一〇八师第二四一联队）、小林实先生（长野、第一〇八师第二四二联队）、西尾克己先生（岐阜、第九十一师第二九三大队）、太田秀清先生（札幌、关东军第一特警）。太田先生的儿子送我去机场时，他说："父亲这两年才在人前提起战争的事情。"第二年，太田先生就去世了。

当年，我还采访了和歌山县岛津酉二郎先生。他对我讲述了战时日军便衣宪兵从古北口出发，悄悄翻越高山进入兴隆的事情，一边说着"这样拿着枪"，一边演示给我看。我对兴隆县的山路比较熟，所以很容易理解岛津先生的话。现在，岛津先生、小林先生都已作古。三尾先生那时还能每周见到，听他讲述他自己的故事。

图 5-4　1998 年的中归联全国大会上，左起大河原副会长、富永会长、绘鸠常务委员长、高桥事务局局长

中归联能传承下去吗？

1996～1997 年间，中归联与自由主义史观的人们展开了激烈辩论。1997 年 3 月，季刊《中归联》创刊，当时由绘鸠毅先生任总编，用"纸质的子弹"向那个不肯正视历史的阵营发出了猛烈抨击。对于那些叫嚣没有南京大屠杀、没有三光、慰安妇与军方没有关系的人来说，曾亲身冲锋在战场上的中归联会员，的确是眼前的敌人。

"他们说，'那些人（中归联）再过 10 年就没了'。话虽让人讨厌，但也是事实。"

有次三尾先生对我叨唠起这句话。1998 年，他还曾带病站在证人席上，但当年就去世了。

总编后来由金井贞直先生担任，我受山边悠喜子女士之邀，开始参加编辑会议。

某次会后，新井利男先生提出，必须要考虑今后的体制问题了，我记得我曾说"那是可笑的事情"。我们所走的道路，不就是中归联所追求的"反战和平、日中友好"的道路吗？事实上也是这样的。可是，中归联把那当作不可动摇的事物，是因为有在抚顺的认罪与被宽恕的经历。

要彻底地思考自己到底做了什么。如果认识到错了，就应对对方说"对不起"。对方会等着自己意识到这一点。在衷心悔改的面前，要有宽恕。那样才会有真正的和解。这是逻辑上的第一步，是自立的要件，团结的要件。中归联的会员，每人回国后所走的道路各不相同，但是在抚顺经历了被宽恕和再生，使他们鲜明地、勇敢地面对被歪曲的事实，并不断地挺身而出，说出加害罪行的证言。继承中归联，其实是要学习他们生活方式的原点。

我们生存的社会中，有人今天参拜这个神社，明天捧个五谷神去某社，后天又去某个寺院布施，社会彻底被各路神仙控制着。政界、财界都在寻找救世主，国家无视日本本国国民和亚洲各国，卖身于美国。已经到了必须要考虑人、国家如何恢复自立的时候了。

继承会的成立与季刊《中归联》

2000 年，正值抚顺的战犯管理所成立 50 周年，来参加 50 周年纪念活动的年轻人们，宣布要将中归联的精神和事业继承下去。季刊《中归联》从第 16 期开始，由熊谷伸一郎、伊藤仁、森野晶人组成 3 人编辑委员会。2002 年春，中归联解散，"抚顺奇迹继承会"正式诞生，它继续接受中归联的指导，暂时处于二马拉车的状态。

发行人从金井贞直变更为仁木，总编由熊谷担任。熊谷去各地采访、组稿都是骑自行车跑来跑去。有很多学者为我们写文章。多亏各位的支持，季刊《中归联》的页数与发行数不断增加，十年间出了40期，只能以这种形式聊表谢意了。衷心感谢各位作者、读者，感谢各位的支持。

展望未来与课题

近期，我把季刊《中归联》从创刊号开始全部通读了一遍。刊物总能抓住适时的主题，这全靠"熊先生"这位总编。希望这本刊物能得到年轻人的喜爱。

当有人说起刊物如同说外人的事情似的时候，我注意到，那是因为类似创刊初期的刺痛人心的话题出现得越来越少了。

金子安次先生那时就是愤怒于学者们发起的历史修正主义，所以要自费发行与之对抗的杂志。他与三尾先生的愤怒，我们今天无法再让它复苏。可是，体制之网的网眼比10年前更加细密地铺陈着，人们被网罗在其中。在单单听到和平这个词都会恐惧的善良的人群中，开展和平运动需要用新的方式。

不仅要在日本的安装有冷暖空调设备的房间内召开集会倾听加害与被害的证词，还要分发季刊《中归联》中以实地调查为基础的文章，要运用好这一特点。置身实地之时，思考在那里曾经发生过什么，你现今的生活是什么样的，当作为一个朋友访问当地时，一边倾听，一边感受着那些人的痛楚，这种方式更为重要。只做做样子的调查是不行的，对方决不会向调查者打开心扉，历史是由人创造的，和平是人与人联结在一起后才能产生的。我们要了解中国，需要同时了解那些与日本侵略者挺身斗争的人们。我们可以在抵抗这个环节，超越国境，拉起手来。这是我的愿望。

2007年4月8日

NPO 中归联和平纪念馆二三事

中归联的资料分散在 7 个地方，需要集中到一处。高桥哲郎先生（中归联的最后一任事务局局长）和我用了 2002 年整年的时间寻找仓库，都没有找到合适的地方。

没有办法，只好在 2003 年 5 月租用了我家附近的农机具仓库的一部分。从整理国友俊太郎的 2500 册藏书开始，到 2004 年，终于把位于银座的以前的中归联事务所的东西全部搬了过来。

我的人生旅程的最后一段，还是回归到了图书馆。

NPO 中归联和平纪念馆

纪念馆的开馆日是 2006 年 11 月 3 日。

这里是个图书馆。书籍是按十进制分类法排放的。桌子的宽度有 120～140 厘米，是个学习的好环境。大部分书籍是中归联的会员捐赠的。国友俊太郎和其他中归联的会员送来 3000 多册书，他们"希望年轻人阅读了这些书后，好好思考战争与和平的问题"。"友之会"的各位受到感召，一直不断捐赠，现在图书馆已拥有 5 万余册藏书。原都立大学校长山住正己先生从家中捐来 2 万册书，起到了榜样的作用。

开馆后，庆应义塾大学经济学部教授松村高夫一个人过来，从容地看了一整天书，问："这里可以接收研究室的书吗？" 2007 年 3 月，他退休时，庆应的卡车和几名学生过来了，往阅览室中搬进了 1 万多册书籍，并且将这些书收纳到北屋早已准备好的书架上。无论是 1 万册也好，2 万册也好，每本书中都是隐含着某时的某种想法买来的。松村先生后来说出了他的想法："中归联各位的书籍，还有山住先生的书籍，我看到它们都经好好地整理后摆放在这里，我的书存放在这里肯定放心。"图书馆中的资料还有中归联的各位书写的手稿、录像（目前正制作成 DVD）、照片等。

纪念馆的业务，由关东地区的"抚顺奇迹继承会"的成员排班打理。他们从埼玉、东京、神奈川、千叶等地方专程过来。他们要为藏书盖章、登记号码、贴书袋、贴标签。一本书要达到能够借阅的要求，需要经过 10 道手续。这些工作完全由志愿者承担，没有报酬。志愿者即使从湘南的海岸赶来，从房总的海岸赶来，也不提供任何交通费。餐食也是随便吃什么都可以。在人们都精打细算的世道下，能够坚持做这类工作的人，在现代的日本，可能是一个奇迹吧。

儿童图书馆是在 2007 年 3 月 27 日开馆的。

纪念馆里设有一个儿童图书馆，拥有 3000 多册儿童书籍和绘本，还有从全国各地寄来的书。我们要用幼儿童话培养人的善良之心，让儿童在不知不觉中认识到，世上有可以信赖的成年人。这个儿童图书馆接待的第一批读者是一位 3 岁男孩和一位 7 岁男孩。看到叔叔和阿姨搬书，他们就拿着二三本加入到大人的搬运行列。3 岁的男孩嘴里念叨着"图书馆、图书馆"来到这里，对于做这项工作的人来说，这是个巨大的安慰。他们今年已是小学一年级和四年级的学生了。

来馆阅读的读者

开馆后不久的 2006 年 11 月，Tony 张"从成田机场直接过来"。据说他是从芝加哥的报纸上得知这个纪念馆的事情，然后通过共同通信社寄来了信件。他是位企业家，"现在世上让人讨厌的事情太多了。我在寻找能给人们带来希望的事情"。战争期间，他的父亲在香港负伤，"被刺刀刺伤倒地，有个日本兵过来检查是否还有活人，明明看到了我，但是佯作不知地走了过去。如果没有那个人，就没有你们的现在啊"，他经常听父亲对他这样说起。每次来香港探望母亲，他都会来纪念馆，已经有四次了。

图5-5　中归联和平纪念馆开馆的日子

　　芝加哥大学研究生院的女学生也是看到《美国时代》后才来的。"我想知道731部队使用的药品是哪个制药公司提供的。哪个图书馆都查不到。"虽说这里有，但将她带到山住先生的房间后，还是需要她"把这里的书好好看看"，她坐在地板上，认真地阅读了资料，终于找到所需，复印后带走了。她是美籍华人。

　　芝加哥大学研究生院3名男学生都是通过报纸上的消息，寻到纪念馆的，但是这3人并不相识。其中一名男生是在美生活的日本人的第4代，他说想了解冲绳问题。他也在山住先生的冲绳书架前的地板上安坐了半天。

　　柏林的自由大学教授佩特拉先生已是第四次来了。他是研究中归联的学者。去年，他带着波士顿大学教授赛拉汉先生一起来过，她最关心日本修改宪法的动向。

　　国内大学的教授团体中，关西学院大学的各位，山住先生的学生中担任教授的各位，都来过这里。还有许多是一个人来，或者带着学生们一起来。

　　各地的和平委员会、九条之会、人权中心等团体，基督教各教派的人，或者一起来，或者由相识的人介绍而来，来过本馆的人遍布全国各地。虽然开馆时并没设想将追求和平的人们联结在一起，但实际上起到了这个作用，真让人高兴。

自由森林学园高级中学的学生们，为了聆听绘鸠先生的讲解，于 2008 年 1 月的一个寒冷的日子前往藤泽。他们一共有 10 名学生和 4 位社会课程的老师，绘鸠先生在车站附近租借的会场里，介绍了战前在文部省的工作经历。绘鸠先生的工作是，将自己的老师们的著作与文部省的基准相对照，确认是否恰当。绘鸠认为不能出卖老师，于是辞去了文部省的工作，这种倔强劲来自他父亲的遗传。这些高一的学生们，正好刚学完了日本近代史的课程。2 天后，3 名女学生来到纪念馆说："有的小组以绘鸠先生的讲解录像为中心做了报告，我们想以'中归联是什么'为题做个报告。看些什么书好呢？"我将她们带到中归联的资料前，让她们认真地挑选资料，整理资料，提出问题。交流了 4 个小时，回去时她们说想复印照片，将书借走。走时说一周后再来还书，在约定的日子里她们 3 人又来了。看上去她们很高兴，于是我问："报告做得很不错吧？"她们说："是的。"报告不是在学年集会上做的，而是在全校学生和家长面前做的，主题是"绘鸠先生"与"中归联"。我也非常高兴。

2008 年 9 月初，下羽先生夫妇带着东京国际大学的 10 名学生来到纪念馆，他们是在看完盖山西①的电影后来到这里的，那是一群活泼的孩子。在这里听完中归联的课后，他们说要到中国去与山西省的大学生交流。下羽先生是为了让自己的学生与东亚国家的学生联起手来而来的。我正估摸着他们应该回来的时候，10 个人写的报告就寄到这里来了。报告里写着参观纪念馆的所得，来自养育盖山西的土地的所得。我还没来得及发信表示感谢，下羽

---

① 影片全名为《盖山西与她的姐妹们》，是描写二战时遭受日军性暴力的中国女性生活的纪录片。

先生的讣告就来了。又失去了一位重要人物。我只能祈祷学生们沿着下羽先生的路走下去。

图 5－6　儿童图书馆开馆之日（拔起大树桩的游戏）

拜访王毅大使

2004 年 12 月 15 日，原中归联会员与继承会的代表，拜访了刚到任的中国驻日大使王毅先生，向他传达了这样的希望：要将侵略历史的真相告知日本国民的媒体，意识到将来能够做证言的中归联会员越来越少，所以希望用他们当时的供述材料，作为中归联精神的继承者们战斗的武器。

王毅大使当场同意，答应与国内有关部门交涉。2005 年 5 月，他将被审判的 45 人的供述材料送了过来，说"赠送给中归联和继承会的人"，并嘱咐道，"让更多的人看到"。

有关侵略史研究会的事情

经与吉田裕先生（一桥大学）、冈本厚先生（岩波书店）商议后，我们决定出版一本附有说明的书，先由相关历史学者们组成的

"侵略史研究会"解读。从 2006 年 3 月开始，侵略史研究会每月召开一次会议。他们决定先把面向普通读者的供述材料的背景部分采用新版式发行。书名为"《日本侵华的证人们——认罪记录解读》"。大家感到很欣慰，因为读者能在确认历史背景的基础上，直接读到战犯的供述材料。为了能让更多的人阅读供词，我们正在做着全书出版的准备。

建设一个面向民众、来自民众、属于民众的图书馆

中归联和平纪念馆是中归连会员为了纪念他们的人生，表达他们祈求和平，面向未来的心愿的场所。我们要好好地守护下去。

村山富市任首相期间，由政府组织的日中历史研究中心，还不到 10 年，就被小泉首相弄散了。中心大量的书被卖掉，职工也被解雇了，不仅在日本，面向中国学者的研究资助经费也没有了。政治家对历史的无知，将贻害到国民对历史的无知。

那么，只好由民众之手改变了。

为了促使大家思考战争与和平而创办的中归联和平纪念馆，它的存在，越来越重要。为守护这个面向民众、来自民众、属于民众的图书馆，如能为它尽一份力，多么令人高兴啊。

改建、扩建的方案，是由环境设计研究所的仙田满先生亲力亲为，图书馆可收纳 20 万册书籍，配置了宜于长久存放资料的设备。

中归联和平纪念馆是经历了 20 世纪战乱的人，向生活在地球上的 21 世纪的人留下的礼物。请来看一看吧。

加入 NPO 中归联和平纪念馆友之会的邀请

我们感动于中归联的各位会员，他们留下了那么多的书，让下一个时代担负着历史使命的年轻人思考战争与和平的意义；感动于抱有同样的思想捐出了自己藏书的学者们。我们觉得，要把这个和平纪念馆当作国民的遗产那样守护下去，这是作为国民的义务。这个纪念馆的日常经费，以前以及今后，都由"友之会"的经费和

募捐经费负担。

我们赞成中归联和平纪念馆成立的宗旨，呼吁大家加入"友之会"。请您为中归联和平纪念馆的延续、发展献出一份力量。为了把这个倡议传到日本列岛的每个角落，还需要借助大家的力量。拜托了。

2007 年 2 月 15 日

倡议人

大田尧（原日本教育学会会长）、堀尾辉久（原日本教育学会会长）、梅原利夫（和光大学教授）、吉田裕（一桥大学教授）、笠原十九司（都留文科大学教授）、冈部牧夫（历史学者）、姬田光义（中央大学教授）、松村高夫（庆应义塾大学教授）、吉见义明（中央大学教授）、渡边治（一桥大学教授）、野田正彰（关西学院大学教授）、田中宏（龙谷大学教授）、本多胜一（媒体人）、齐藤贵男（媒体人）、冈本厚（《世界》总编）、上杉聪（日本的战争责任资料中心事务局局长）、内海爱子（惠泉女学园大学教授）、梓泽和幸（律师）、米仓勉（律师）、大胁雅子（律师）、日中友好原军人会、不战士兵市民会、日本阵亡学生纪念会（海神会）、和平遗族会全国联结会、日本中国友好协会、关东日中和平友好会、仁木富美子（中归联和平纪念馆馆长）

末章　黄华先生与何理良女士

　　这段时期，渐渐地，与逝者的对话多了起来。人过了 80 岁后，能就人类的问题进行交谈的，只有比我生得早的人啦，交谈的内容已不是话语表面的对答，但也无需说明。我感谢在我年轻时代就遇到的那些人，他们带给了我许多人世间的快乐。我在与逝者的交谈中，觉得他们正从天狼星上俯看地球上的种种事物。

　　2009 年 4 月，我去北京看望黄华先生。要想进北京医院，我必须与他的家人一起去。与黄华的夫人何理良、经常担任翻译的北京师范大学教授高益民先生约好后，他们带我去了北京医院。以下的谈话，是当时黄华先生所讲，何理良女士从医院出来后马上在附近的宾馆里，经与高益民先生确认后整理出来的。

何理良女士的记录

　　2009 年 4 月 7 日 16 时左右，仁木富美子女士探望黄华老人。

　　黄华说："我的一生中，最高兴的一件事情，就是与您相识。您是日本人民的最好代表。在兴隆开展的事业，是日本人民对中国友好的见证，以您为首的很多人为此竭尽全力，特别是仁木富美子贡献了更大的力量。我感谢您和您的朋友们。祝您健康、永远幸福。"

　　（注）今年 97 岁的黄华老人，已经入院一年多了，身体

极为衰弱。

听说仁木女士这次从日本远道而来，专程探望他，他非常高兴。一边感谢仁木女士赠送的漆器艺术品（摆放在桌上的收纳盒），一边爱不释手地抚摸着。他努力睁大眼睛，看着富美子女士说，"祝您一切顺利"，并且微笑着祝愿"富美子女士永远健康幸福"。

何理良记

后来，在一起用晚餐的时候，何理良谈到，黄华先生要求"这次富美子来了，要请她一起去兴隆"，特意问我要不要去。原本这次访华的主要目的是探望，并没有计划去兴隆，但与兴隆的教育局刘局长联系后，我们决定3天后出发。这次是只在当地住一个晚上的紧张行程。因为还担心着医院的事情，所以不能离开北京太长时间。走哪条路、去哪里都由我决定，与兴隆方面电话联系后，我们就坐着何女士的车出发了。

刘局长他们的车在兴隆黄崖关前等待我们。黄崖关位于兴隆西南方的一段长城中，是最重要的一个关口。关东军、华北方面军都曾出入此处追击八路军。从那里进入兴隆后，稍走一段就到了茅山的小学。刘先生曾在此地任支书，在任期间利用"支援中国山区教育会"提供的志愿者资金建起了这所学校。

看了那里后，我们进入北面的山区，途中看到一块写有"青松岭　黄华"的巨大岩石。这里曾拍过一部《青松岭》的电影，表现的是与八路军共同抗日的山区农民的故事。何女士说她以前不清楚黄华曾写过这字。我们在此地合影留念。

越过山岭，就进入了兴隆县城。我们先去了第一小学，只去大田图书馆看了一眼，然后去第一中学。这是个完全靠自己的力量建起来的漂亮学校。何女士无论在哪个学校，都很自然地与学生们一起交流。对老师们，则在黄华先生撰写的"回忆录"上签字后送给他们，并对他们表示慰问。为了不打搅他们，我竭力装出一副陌

图 5 - 7　2009 年 5 月，在兴隆写有"青松岭"的碑前（左起
第二人起依次为高益民、作者、何理良、教育局刘局长）

生人的样子，站在边上。而何女士的话语，总是充满了适度的关
心。她展示了一位前外交官夫人的风范。

　　第二天一早，从兴隆县城出发，我们去看了蘑菇峪中学的宿
舍。这个宿舍是用"支援中国山区教育会"的志愿者资金和会员
的 400 万日元捐款修建而成的。每年夏天访华团都要来这里住宿。
无论是对日本的团员，还是对当地村民来说，大家围着篝火交流，
都是一件很快乐的事情。蘑菇峪全体村民出动，仿佛过节一般地等
着我们的到来。我们是上午到达的，参观了宿舍与人圈遗迹，还看
了大杖子中学（外务省小规模无偿资金援建）、高杖子小学（"支
援中国山区教育会"募捐款援建），之后奔向兴隆。经过六道河、
二道河后进入县境内，再与兴隆的人道别后，回到了北京。

　　何理良的父亲曾就读东大，母亲曾就读御茶水女高师，二人在
延安时担负教育俘虏中的日本人的任务。

　　黄华从燕京大学时代起就是学生运动的领袖。1936 年为斯诺
当向导，一起来到延安。《红星照耀中国》中出现的"王牧师"

（王汝梅）就是黄华。因为斯诺经黄华的翻译才可能进行采访等活动，所以可以说，如果没有黄华，就没有《红星照耀中国》。送斯诺与黄华去延安的，是宋庆龄。延安方面提出，希望能有记者与医生过来，所以宋庆龄推荐了斯诺、黄华、乔治·海德姆（马海德）。乔治·海德姆曾在上海当医生，如果被人知道去了延安，那么有可能会对以前他在上海医治过的患者引来麻烦，所以去延安一事一直没有宣扬。

黄华与何理良是在延安相识结婚的。

新中国成立后，黄华在外交战线工作，后来任外交部部长，负责发展与各国的友好关系。

1954 年 4~7 月，周恩来总理兼外交部部长率团出访，为和平解决朝鲜问题和印度支那问题，参加日内瓦会议，黄华作为团员参加。1955 年黄华在万隆会议上，为促进亚非团结做了发言，显示了新中国为维护国际和平做出的努力，获得了国际社会的赞赏。1960 年，黄华被任命为驻加纳大使，推动中国逐步与摆脱了殖民地统治的亚洲、非洲、阿拉伯各国建立外交关系，1971 年任驻加拿大大使，1971~1976 年期间，任联合国安理会代表。他为世界各国与中国的交流不断发挥作用。1976 年回国后，挑起了外交部长的重担。福田赳夫任首相之时，缔结了《日中和平友好条约》，黄华为此亲自多次访问日本，也多次邀请日本的政治家来华访问，并做了大量充分的准备。

我与他们相识于黄华任宋庆龄基金会主席之时，从那以后交往渐多。每年我要去北京一两次，基本上每次都要拜访他家，每次都要报告兴隆县的情况。

我很希望能自由、无拘束地与他交流，他曾接待"支援中国山区教育会"赴兴隆的访华团，在宋庆龄故居的大厅与团员交谈，那是 2000 年和 2004 年夏天的事情。2004 年那次，他谈兴很浓，与访华团交流了 2 个小时。团员把从日本带过去的山形县出产的御殿鞠（注：球形手工艺装饰品）送给他，他非常喜欢，最后大家围着黄华，把"再见，再见，能再见到你真好"译成汉语歌唱。后来他说想了解这首乐谱，我请松岛赫子女士写好后送给了他。

> 再见，再见，能再见到你真好；再见，再见，真的真的很高兴；再见，再见，何日再相会；再见，再见，祝你永远健康！

我想对读完本书的您，由衷地说一声"谢谢"与"再见"。如果本书中的哪一段话能与您的心贴近，能引发您的思索，能与您对话，我将很高兴。若能告诉我您的感想，那更是我的望外之喜。

在这经济不景气的时期，朵梅斯出版社的鹿岛光代先生下决心出版本书，为了与她的友谊干杯！山形县的朋友们为我录入原稿，平岩实和子女士为我编辑稿件，在此向他们致谢，同时也向他们告别。

我的脑中回响着寒冷冬夜的星星回旋曲。

2010 年 4 月

仁木富美子

附录1　在民间交流中思考

抚顺奇迹继承会　代表

非营利组织 中归联和平纪念馆代表理事

仁木富美子

1　何谓民间交流

民间交流就是人与人的交流，人与人之间如有共同感受的话，就会产生友情。这里不存在国境线，也与纠缠于利害关系和充满尔虞我诈的政治经济往来截然不同。

一个人来到一个完全陌生的地方，他首先得熟悉当地的历史，了解当地现在面临什么问题。在与当地人的对话中，体察自己作为朋友，能为他们做些什么。如果打着调查团的旗号大张旗鼓地走一趟的话，是听不到什么真心话的。

老人才会接受他们，与那些像自己的孙子、曾孙一样年纪的年轻人握手。唯有如此，才能开展后面的活动。

"支援中国山区教育会"与兴隆县开展的十余年的交流正表明了这一点。我们每年组织由大中小学的教师组成的访问团去兴隆，给山区学校的师生们带去了几千台计算器和键盘口风琴，并以此为教材，在山区小学举办公开课。直接为中国教师进行示范教学，比单纯的口头说明解释更有效。我们还给三个乡的三所中学各捐赠了 30 台 600~800 倍的显微镜，并安排了高中教师上示范课。还给中学送了键盘口琴，开音乐课。上完课后，以学生和教师为中心展开交流。在生物课上，我们让学生提问题，写感想。

从这以后，村里的老年人才把在战争时期发生的事情告诉我们。在西北的一个村子里，我们见到了一位老人，他是在听到有日本客人来后，走了一个多小时的山路，从很远的深山赶来的，他见到我们后就说："你们是天皇的孩子，所以我告诉你们。"他告诉我们说，昨天邻居有个老人到他家，对他说：听说你要去见天皇的子孙，见到后，代我打他们几拳。"但是，来以后一看，你们又是给学生上课，又是建学校，又非常认真地听我讲话，我觉得你们不一样，与那时的日本人不一样。"对这些山区的老人来讲，他们对日本人的印象仍停留在 50 多年以前。

10 余年来，我们在兴隆县内建设了 6 所中学和 6 所小学，在兴隆第一小学还建了一所图书馆，那是日本教育学会前会长大田尧先生捐资的，故命名为大田图书馆，山住先生的夫人等也出资购买了很多图书。

兴隆教育局局长对我们说："还有 20 余所小学需要改建，这些都由我们自己来做吧。"去年，经与兴隆县长协商后，应当地的要求，我们承担了东蘑菇峪医院的改建工作，主要是新建一个 X 光室，从上海采购了最新式的 X 光机。在这之前，整个兴隆县只有一台 X 光机，山里人根本没有接受透视治疗的机会。

"支援中国山区教育会"诞生在中国的温州。1923 年关东大地震时，侨居在东京的温州劳工有许多人遇难。60 多年后，我们来到温州，到遇难者家庭中探访，他们的子孙大都上不了学，最多上到小学三年级就退学了。为了帮助他们上学，我们建立了"振兴温州山区教育基金会"，向家庭经济困难的遇难者家庭的子孙发放奖学金和助学金。关东大地震 70 周年时，在温州的华盖山重建了当年日军侵略温州市期间毁坏的王希天纪念碑，并举行了揭幕仪式。向温州下属的每个县中学捐建一所学生宿舍，在瑞安湖岭新建了中学。为了向女生进行职业教育，我们在芳庄中学捐建了一栋缝纫教学楼，30 台缝纫机及剪刀、卷尺等，日本的家庭课的教师连续 3 年到当地进行指导，还给他们带去教材，以及裙子、马甲等布料。温州当时很缺少缝纫技术人才，如果会裁剪、缝纫的话，就业第一年的工资比中学教师还高。我们希望这里能成为女生职业教育的据点，但是因温州的女市长（她大力支持开展女生职业教育，并亲自与工厂交涉，为学校争取到校服、帽子等加工业务）的工作调动，校长也换人了，这一教学大楼从去年开始停课了。

　　鉴于各地经济的发展情况，对温州和兴隆的经济支援在 2005 年和 2006 年先后完成，从去年开始团体名称也改为"与中国山区民众交流会"，继续开展各种活动。

　　"你们都好吗？"此类问候之旅永远不会结束。

2　NPO "中归联和平纪念馆" 的活动

　　"中归联"，全称"中国归还者联络会"，会员包括从西伯利亚转送到抚顺战犯管理所的 969 名战犯和收容在山西太原的 130 余名战犯。1956 年在沈阳最高人民法院军事法庭被审判的 45 名战犯以外，其他都被当场释放回国了。战犯获刑最高的为 20 年，刑期从 1945 年投降之日算起，到 1964 年止，在中国大陆服过刑的战犯全部释放归国了。在战争中，他们都是鬼，不成鬼就杀不了人。但是在尊重他们的人格、人道地对待他们的管理人员的启发下，这些人又恢复了人性，慢慢地认识到自己在战争期间的罪行，逐步认罪和谢罪。当他们下定决心，坦白时，指导员们和战犯一样感到非常高兴，等待他们的是特赦。回国后的第二年，1957 年 9 月，他们正式成立了"中国归国者联络会"，在"反战、和平""日中友好"的旗帜下，广泛向日本国民现身说法，警示一旦战争开始，又会发生同样的悲剧，提醒人们长鸣警钟。在他们再生之地抚顺，战犯管理所的职工们曾锲而不舍、坚忍不拔地等待他们觉醒，对他们的感谢和报恩之情一直支持着中归联。但是，由于健康原因，他们连办公室的维护都很困难，只得在2002年宣布解散。就在他们宣布解散的第二天，"抚顺奇迹继承会"就宣告诞生了，也许起名为"中归联精神继承会"更为明了。我把抚顺战犯管理所所长赠予的两匹立马塑像作为贺礼送给了"继承会"。

"抚顺奇迹继承会"在不断右倾化的日本社会中坚持正确的观点，不向右倾政治屈服，对抗所谓的自由主义历史观，接手中归联编写出版的《中归联》杂志，从第16期开始发行，现在已经出到第41期了。"抚顺奇迹继承会"在各地还有支部，支部成员每次到老兵家去访问时都要录像，作为资料保存。

中归联的会员为下一代年轻人留下了许多珍贵的资料，希望年轻人能通过这些资料思考战争和和平问题。更有许多学者，赞同他们的做法，把自己的藏书捐赠给了他们。如原东京都立大学校长山住正己捐赠了2万余册，庆应大学教授松村高夫捐赠了1万余册。现在总共有藏书35000余册，另外还有照片（与抚顺有关的）数百张，录像带750余盘，画册、油画等35张，各种未整理的记录、儿童读物等1500余册。

这里的图书整理工作，继承会的日常运营都是由继承会会员们义务奉献，真是当代的奇迹。经费来自"抚顺奇迹继承会"会员缴的会费以及会友们的捐助。

诸位若赞同我们的宗旨，就请加入"朋友会"吧。

3　如何超越国境

战后日本人在很长的一段时间里只谈论自己遭受的伤害，所以中归联谈自己加害的经历是相当难能可贵的。但是，只谈受害和加害是无法超越国境的。若在当地听取曾经发生在那儿抵抗残暴、顽强不屈的故事，你会从他身上获得勇气，哪怕是只有一个人，也绝不会屈服。我认为，抵抗会像核爆炸一样产生连锁反应，超越国界，将人们团结在一起。

附录 2　祝贺上海宋庆龄基金会
　　　　成立 20 周年

仁木富美子

　　根据我的记录，在 1986 年 5 月的成立大会上，我是代表日本宋庆龄基金会在这里致辞的。

　　1977 年，宋庆龄女士亲自给我介绍了中国福利会的情况，当时一起在场的有沈粹缜大姐，陈维博先生，国际妇幼保健院的张佩珠女士，儿童艺术剧院院长任德耀先生。这些人都是非常令我怀念的，可惜已经再也见不到他们了。

　　1989 年，当我开始进行对中国山区教育进行援助时，杜淑贞女士考虑到我一个人进山调查不方便，便派了非常能干的王稳进女士陪我一起去。中国山区教育援助会主要是帮助两处因日本侵略陷入贫困的地区。

　　一处是温州，1923 年日本关东地区发生大地震，当时有 700 多名温州劳工在地震的混乱中惨遭杀害。失去青壮劳力的山村跌入了贫困的低谷，至今仍无法恢复元气，当地的孩子们一般上到小学 3 年级就辍学了。为了遇难者的后代能上学，我们在 1993 年成立了振兴温州山区教育基金会，记得当天许德馨女士专程赶到温州，把上海少儿出版社的图书送到孩子们的手中。第二年，我们准备了许多教材，打算从日本运到温州，金顺德先生不仅为我们办理了通关手续，还和我们一起到当地学校上课。我们在温州地区 3 县建了中学和学生宿舍。另外还援助他们开展职业教育，建立了一栋缝纫教学大楼，捐赠了 50 台缝纫机，让这里的女孩子将来能够自食其力。日本每年派 7 名教师指导他们学习缝纫技术。我们很高兴地看到，温州山区的孩子们今天基本都能接受完九年义务教育，有能力的孩子还能上到高中乃至大学。在这里，我要向大家报告，经济援助在去年已经胜利结束。

另一个地方是河北的兴隆县，那是侵华战争中日军制造无人区的地方，在世界闻名的长城脚下。由于日军实施三光政策，那一带的山区也失去了生机。一下大雨就泛滥，3 天不下雨就干旱。我们去的时候兴隆县还没对外国人开放，是北京宋庆龄基金会帮助我们进入到这一地区的。在吴全衡女士的帮助下，冯岭安先生用自己的车把我送到石家庄，把我介绍给了河北省人民政府秘书长。当时进入张家口和承德地区需要特别许可证。1994 年，我第一次去兴隆时，由河北省政府前秘书长、宋庆龄基金会理事陈中保先生全程陪同。

之后，由日本大中小学教师组成的访华团每年都到兴隆去，在当地的小学用键盘口琴、算数教具等给孩子们上课，在中学则用显微镜上生物课，使用乐器上音乐课等。孩子们和教师愉快地交流，音乐的五线谱和生物符号跨越了国境。上完课后，我们又在当地调查，搞清楚了侵华战争时期，日军在这里都犯下了什么罪行。回到日本后，再将这些见闻告诉日本的孩子们。到夏天时，日本的孩子再将自己亲手制作的礼物托老师带给中国的小朋友。

在过去的 10 年中，我们捐建了 6 所中学和学生宿舍，6 所小学，会长大田尧先生还捐建了儿童图书馆。艾柏英先生捐赠了大量儿童图书，上海少儿出版社又以半价的优惠价格援助了 3200 册图书。我每次到中国来都要购买中国的少儿图书，捐赠给广岛的大田儿童图书馆。在广岛的中国留学生，用日语将这些图书读给日本的孩子听。日本的孩子都非常喜欢中国的图书。

　　我们每年都去兴隆，迄今为止先后去了 8 次的人有 13 名，今年 3 月我们又去了当年八路军曾经转战的五指山山麓。原本是日本教师和中国教师互相帮助的计划，但到最后还是中国教师帮助了我们。面对日本右翼势力的猖獗，日本的教师挺身而出，为保卫和平，我们学到了中国人民抗战的智慧和勇气，山区的老人教育了我们。

　　8 月份，我们将向五指山抗日根据地医院捐赠 X 光机，帮助当地改善医疗设备。这台 X 光机，是妇幼保健院院长舒敏院长介绍我们去工厂订购的。购买的具体事务由郑正文先生、刘光雯女士办理。在此再次向所有帮助和支持过我们的人表示感谢！

　　目前，日本教育界的右倾势力十分猖獗，政府强行规定在开学典礼和毕业典礼上必须唱《君之代》，要升太阳旗（国旗），有谁不服从就处罚，扣减工资乃至开除。修改教育基本法，修改宪法的具体方案已经都提交到国会。和平宪法、教育基本法现在已经成了风中残烛。当然，反对运动也在广泛开展，但是事态相当严重，不能掉以轻心。小泉三番五次不顾各国人民的反对，顽固地坚持对靖国神社进行参拜就是其中一个典型的例子。

　　我现在还兼任"抚顺奇迹继承会"的代表，战后被关押在抚顺战犯管理所的原战犯们，在中国方面耐心和诚恳的教育下，认识到自己犯下的滔天罪行，以一死谢罪的决心坦白罪行，获得新生，从昔日战场上的杀人恶魔，脱胎换骨成为新人。1956 年在沈阳法院被审判的 45 人，抚顺和太原战犯管理所的 1100 人陆续被释放回日本。这些人回到日本后组成"中国归国者联络会"，高举反战和中日友好的大旗，坚持揭露自己在战场上犯下的罪行，现身说法教育广大日本民众。这样的审判，在世界上是绝无仅有的，是人道、宽恕的胜利。当时，在周总理的指示下，选拔战犯管理所工作人员，并对他们进行教育的就是新中国第一任司法部部长史良女士，她是当年上海七君子事件的成员之一。释放战俘时，负责安排船只运输事务的，是曾在上海的中国福利会工作过的顾锦心女士。

1996年，打着自由主义史观旗号的日本右翼学者胡说什么"南京大屠杀是没有的""没有什么三光政策"，在右翼政治家和财团的支持下，他们气焰非常嚣张，书籍在日本非常畅销，欺骗了很多日本青少年。当时，中归联的成员拍案而起，与右翼学者展开了针锋相对的斗争。从1997年开始编辑和发行《中归联》季刊，他们以自己亲身经历的事实来反击右翼的胡言乱语。对那些所谓自由主义史观的人来讲，中归联的老人们是他们的眼中钉、肉中刺。中归联的人们都已是七八十岁的高龄了，他们已经很难再继续活动下去，为此，2004年"抚顺奇迹继承会"成立，把中归联的事业继承了下去。我现在是《中归联》季刊的发行人，编辑是一位29岁的年轻人，《中归联》已经成为反战和平的代表性刊物。

我们还在进行着另一项工作，就是建立中归联和平纪念馆，先是在我家后面租借了一间仓库，将分散在各地的资料汇集起来加以整理。去年，中归联的人士又广泛进行募捐，将那个仓库买了下来，我们希望将那里建成一个根据地，作为年轻人和学者进行研究的工作场所。现在收藏了中归联图书4000册，还有前东京都立大学校长山住正己先生的藏书2万册。其他的历史学者也陆陆续续地开始捐书了，还收藏有抚顺期间的图片、照片录像以及他们当年的绘画等，都是非常珍贵的。

其中最有价值的是抚顺战俘的坦白书和供述材料。2004年王毅大使新到日本上任，我见到他时向他提起，我们的证人——中归联的老人将陆续去世，为了将事实真相告诉日本人民，我们需要当年抚顺战犯们自己书写的认罪坦白书的复印件。王大使非常善解人意，他答应我立即和国内有关单位协商，尽快给我们提供一套。去年夏天，王大使将45名被审判的战犯的供述材料交给了我们，并嘱咐说："这是赠给抚顺奇迹继承会的，希望你们用好它。"而后，免予起诉者的资料也陆续寄来，这就弥补了日中战争中空白的部分。

现在，我们组织学者成立了侵略史研究会，对这些资料进行整理和解读，准备今后出版。在具体的出版事项等都确定之后，我们准备正式宣布纪念馆的成立，在做好防止右翼破坏的工作后，再向新闻媒介公开。希望大家能与我们一起把这项工作做好。中日关系在政治方面现在非常不好，我说的只是日本一般老百姓的想法。

谢谢大家，我的话讲完了。

为了筹备纪念馆，有十几位义工在无偿地工作。他们分别住在埼玉、东京、千叶、神奈川等地，往返都是自己掏腰包买票坐车。我们现在资金缺口很大，纪念馆内部装修，购买书架、桌子、椅子等设备需要 400 万日元，建设停车场需要 300 万日元，总共还需要700 万日元。希望能得到大家的赞助，愿意赞助我们的朋友，请加入中归联和平纪念馆的"朋友会"。捐款金额不限，接受捐款的银行账号也写在里面了。虽然现在只是个小木屋，将来我们计划建造钢筋水泥建筑，目前先筹集开馆经费，希望各位慷慨解囊。谢谢大家。

2006 年 5 月 27 日

附录3 仁木富美子简略年谱

公历	年龄	个人相关事项	其他相关事项
1926	0	10 月 30 日出生在中国山东省济南	1931 年 9 月,九一八事变
1933	7	入济南日本小学上学。暑假时去别府	
1934	8	3 月,母亲去世	
1935	9	小学三年级,9 月转学去京都的锦林小学	1937 年 7 月,日中战争开始
1938	12	小学六年级,9 月转学去青岛的日本第一小学	
1939	13	4 月进入青岛日本高等女子学校	1941 年 12 月,太平洋战争开始
1943	17	3 月毕业,4 月去东京,进入实践女专国文科预科	
1944	18	4 月进入实践女专本科一年级	1944 年 8 月公布《学徒勤劳令》
1945	19	东京被空袭,去大分县的朋友家	1945 年 8 月战败,11 月"拯救海外父兄学生同盟"成立
1946	20	在德岛的伯父家。3 月去东京。4 月复课,参加"拯救海外父兄学生同盟"	1946 年 2 月公布《金融紧急措施令》,11 月公布《日本国宪法》
1948	22	3 月毕业。4 月进入文部省教育研修所	1947 年 3 月《教育基本法》公布实施

公历	年龄	个人相关事项	其他相关事项
1949	23	5 月去大分县立盲人学校。11 月开始停职,在大分县教员保养所	1949 年 10 月中华人民共和国成立
1952	26	2 月恢复县立盲人学校职务	
1963	37	4 月去县立别府鹤见丘高中学校	
1964	38	4 月去县立别府青山高中学校	1966 年 10 月中教审答复"理想的人才形象"
1968	42	4 月去县立大分工业高中学校	
1969	43	任大分高中教职员工会妇女部部长	1966 ~ 1976 年中国发生"文化大革命"
1972	46	参加第三届国际工会会议(布拉格),围绕妇女劳动者的各种问题讨论	1972 年 9 月日中两国建交
1973	47	任大分高中教职员工会执行委员	1975 年国际妇女年,6 月召开第一届世界妇女大会(墨西哥城)
1974	48	大分县工会评议会妇女协议会成立,任议长	1976 ~ 1985 年是"联合国妇女的 10 年"
1976	50	"全国高中女子教育问题研究会"成立,任会长	1978 年 10 月《日中和平友好条约》生效
1979	53	随全国高中女子研讨会访华团,在北京会见宋庆龄	
1980	54	9 月开始停职,9 月去上海华东师范大学	1980 年 7 月召开第二届世界妇女大会(哥本哈根),7 月在"废除歧视妇女条约"上签名
1982	56	7 月回国,9 月恢复在大分工业高中学校的职务	
1983	57	9 月任日本教职员工会中央执行委员,妇女部部长。参加 WCOTP 亚洲地区会议(新加坡)	

续表

公历	年龄	个人相关事项	其他相关事项
1984	58	参加 WCOTP 世界大会（多哥）。任宋庆龄日本基金会副理事长	
1985	59	参加 WCOTP 亚洲地区会议（汉城）。日本教职员工会妇女部组成"考察侵略地遗迹访华团"	1985 年 7 月召开第三届世界妇女大会（内罗毕）
1986	60	参加 WCOTP 世界大会（加拿大萨斯喀切温省），参加世界和平教育小组（温哥华）	1986 年 4 月开始实施《男女雇用机会均等法》，7 月实施《劳动者派遣法》
1988	62	组织"反核、裁军、保卫地球妇女集会"在日本举办，任事务局局长	1989 年 11 月总评解散，联合·全劳联成立。
1989	63	9 月卸任日本教职员工会中央执行委员	
1991	65	"悼念关东大地震时遇害中国工人会"成立，开始支援温州	1992 年 4 月修改后的《学习指导要领》规定，"日之丸、《君之代》"成为义务
1995	69	"悼念会"改称为"支援中国山区教育会"，开始支援兴隆	1995 年 8 月召开第 4 次世界妇女大会（北京）
1996	70	任上海宋庆龄基金会理事。任季刊《中归联》编委	
2001	75	任中国宋庆龄基金会名誉理事	
2002	76	"中国归还者联络会"解散，"抚顺奇迹继承会"成立，任代表	
2006	80	NPO 中归联和平纪念馆（川越市）开馆，任馆长	2006 年 12 月，《教育基本法》修改
2012	86	8 月 9 日逝世。	

图书在版编目（CIP）数据

直面战后：活在中日之间的人生／（日）仁木富美
子著；周颖昕译. －－北京：社会科学文献出版社，
2017.2

（中日历史问题译丛）

ISBN 978 - 7 - 5097 - 9110 - 3

Ⅰ.①直… Ⅱ.①仁… ②周… Ⅲ.①仁木富美子 -
自传 Ⅳ.①K833.135.46

中国版本图书馆 CIP 数据核字（2016）第 096244 号

· 中日历史问题译丛 ·

直面战后
——活在中日之间的人生

著　　者／〔日〕仁木富美子
译　　者／周颖昕

出 版 人／谢寿光
项目统筹／徐碧姗
责任编辑／徐碧姗　夏仲壮

出　　版／社会科学文献出版社·近代史编辑室（010）59367256
　　　　　　地址：北京市北三环中路甲29号院华龙大厦　邮编：100029
　　　　　　网址：www.ssap.com.cn
发　　行／市场营销中心（010）59367081　59367018
印　　装／三河市尚艺印装有限公司

规　　格／开　本：787mm×1092mm　1/16
　　　　　　印　张：18.5　字　数：254 千字
版　　次／2017 年 2 月第 1 版　2017 年 2 月第 1 次印刷
书　　号／ISBN 978 - 7 - 5097 - 9110 - 3
著作权合同
登 记 号／图字 01 - 2017 - 0292 号
定　　价／65.00 元

本书如有印装质量问题，请与读者服务中心（010 - 59367028）联系